高等院校医学实验系列教材

系统解剖学实验

主　审　孙　俊
主　编　范　艳　叶　频
副主编　陈学秋　袁德凯　巴迎春　傅希玥
编　委　（按姓氏笔画排序）

于　洋（昆明医科大学）	巴迎春（昆明医科大学）
石兰岚（昆明医科大学）	叶　频（昆明医科大学）
冯成安（昆明医科大学）	刘承杏（昆明医科大学）
孙　威（昆明医科大学）	孙　俊（昆明医科大学）
李仲铭（昆明医科大学）	李姗姗（昆明医科大学）
李恒希（昆明医科大学）	杨　萍（昆明医科大学）
杨美凤（昆明医科大学）	杨新旺（昆明医科大学）
邹智荣（昆明医科大学）	宋庆鸣（云南中医药大学）
张　祥（昆明医科大学）	陈伟伟（昆明学院）
陈学秋（云南中医药大学）	陈媛丽（昆明医科大学）
范　炜（昆明医科大学）	范　艳（昆明医科大学）
罗明英（昆明医科大学）	和凤军（云南中医药大学）
孟步亮（昆明医科大学）	赵树生（昆明学院）
袁德凯（昆明学院）	曹珍珍（昆明医科大学）
傅希玥（昆明医科大学）	

科学出版社

北　京

内 容 简 介

实验教学是人体解剖学教学的重要组成部分，是培养医学生实践能力和创新能力的重要环节。本教材按照人体器官系统阐述，包括运动系统、内脏学、脉管系统、感觉器、神经系统和内分泌系统共21章，每一章由三部分组成：实验目的、实验内容和练习题。教材中文字简明、图文并茂，并附有丰富的练习题。

本教材可供基础、临床、预防、口腔、护理等专业本科生使用，也可供长学制医学生、研究生及青年教师学习参考。

图书在版编目（CIP）数据

系统解剖学实验 / 范艳，叶频主编. —北京：科学出版社，2021.1
高等院校医学实验系列教材
ISBN 978-7-03-066654-3

Ⅰ. ①系… Ⅱ. ①范… ②叶… Ⅲ. ①系统解剖学－实验－高等学校－教材 Ⅳ. ① R322-33

中国版本图书馆 CIP 数据核字（2020）第 214128 号

责任编辑：李　植 / 责任校对：贾娜娜
责任印制：霍　兵 / 封面设计：陈　敬

*科学出版社*出版
北京东黄城根北街 16 号
邮政编码：100717
http://www.sciencep.com

三河市骏杰印刷有限公司印刷
科学出版社发行　各地新华书店经销

*

2021 年 1 月第　一　版　　开本：787×1092　1/16
2026 年 1 月第八次印刷　印张：14
字数：385 000
定价：58.00 元
（如有印装质量问题，我社负责调换）

前　言

《系统解剖学实验》是在教育改革不断深入、教学理念不断创新的指导下，按照新的人才培养方案，总结多年的教学经验编写而成。本教材的编写坚持基础理论、基本知识和基本技能的原则，以简洁的文字和大量的图表进行归纳总结，对教材中的重点和难点进行了扩充和详释，努力做到重点突出，通俗易懂，便于学生自学，使之更适用于教师的知识传授和学生对知识的学习和运用。

本教材按篇编排，全书包括运动系统、内脏学、脉管系统、感觉器、神经系统五篇，配插图约100幅。每一章分为三部分：第一部分为实验目的，主要依据最新版五年制医学本科人才培养方案编写，并融入了情感、态度和价值观目标。第二部分为实验内容，在编排上与《系统解剖学》教材对应，此部分为本教材的主要部分，对重点和难点问题用精练的文字和图表进行归纳和总结，易学易记。第三部分是练习题，为了使学生更好地适应国家执业资格考试，在章节后配有大量的名词解释、A_1型题（单句型最佳选择题）、A_2型题（病例摘要型最佳选择题）和B_1型题（标准配伍题）及临床案例式思考题，以加强基础与临床的结合，拓展学生的知识面，培养学生的临床综合思维能力。

本教材可供医学院校各专业的本科生使用，也可供长学制医学生、研究生及青年教师学习参考。本教材编写内容参考国家级规划教材等，在此特向其作者表示感谢。由于编者知识水平有限，本教材的编写不妥之处在所难免，敬请各位同仁、专家和师生批评指正，使本教材在教学中不断提高、日臻完善。

范　艳　叶　频
2020年1月于昆明

敬重无语良师 志做医学精英

每一位步入医学院校的天之骄子，肩上都承担着未来的神圣使命：救死扶伤。要能胜任这一神圣职责，医学生必须努力学好各门医学课程。其中，人体解剖学是医学学科的坚实基础，是支撑医学大厦重要的磐石之一。要学好人体解剖学，不仅需要解剖学教师的严谨治学、同学们的奋发努力，更需仰仗人体解剖实物标本——"无语良师"的帮助。

无数具有非凡勇气的先辈们，怀着"生为人民服务，死为医学捐躯"的崇高信念，克服重重困难，毅然在生前许下诺言，愿在百年之后捐献其躯体，为医疗卫生事业的发展和医学生的培养做出贡献。正是有了这些前辈们的献身，才有了今天我们赖以学习的标本；每一位即将学习解剖学的医学生、每一位已经从这些"无语良师"中得到过帮助的医学生和医师，都应向这些前辈们致以崇高的敬意！

我们每一次观察标本，都是抱以医学学习之目的！标本不是我们舞弄的道具，也不是我们留影的布景，更不是我们在网络中炫耀自己的资本！我们能面对标本，不是证明我们能正视死亡，而是我们选择学医所得到的与"无语良师"交流的机会。人体标本是具有非凡勇气的遗体捐献者们的生命的另一种延续，不允许我们对其有一丝的不敬。任何以炫耀为目的而对标本照相、传播及其他对标本不敬的行为，是对神圣医德的亵渎，是对遗体捐献者良好心愿的伤害！

我们每一次解剖操作，都是在与"无语良师"交流，这不是非医疗工作者所能理解的。医学的特殊性，要求医学生从一开始就必须用与众不同的眼光来看待人之躯体。我们通过遗体捐献者们的躯体获取知识，是为了救治更多处于病痛之中的人们，绝非对逝者的亵渎。

每一位医学生，应终生铭记《希波克拉底誓言》中所说，"凡授我艺者敬之如父母""凡我所见所闻，无论有无业务关系，我认为应守秘密者,我愿保守秘密"。对待解剖标本，我们的"无语良师"，我们应保守其应有的秘密，不妄加传播，敬重之如对父母。只有如此，我们才可能从医学的一开始就学会敬重每一个帮助过我们的人，在未来的工作中懂得尊重患者，成为一名医德高尚、医技精湛的医学精英。

目 录

绪论 ·· 1

第一篇　运动系统

第一章　骨学 ·· 3
第二章　骨连结 ·· 17
第三章　肌学 ·· 28

第二篇　内脏学

第四章　内脏学总论 ·· 39
第五章　消化系统 ·· 42
第六章　呼吸系统 ·· 55
第七章　泌尿系统 ·· 65
第八章　男性生殖系统 ··· 74
第九章　女性生殖系统 ··· 81
第十章　腹膜 ·· 89

第三篇　脉管系统

第十一章　心血管系统 ··· 96
第十二章　淋巴系统 ·· 120

第四篇　感觉器

第十三章　感觉器总论 ··· 126
第十四章　视器 ·· 129
第十五章　前庭蜗器 ·· 136

第五篇　神经系统

第十六章　神经系统总论 ·· 143
第十七章　中枢神经系统 ·· 149
第十八章　周围神经系统 ·· 167
第十九章　神经系统的传导通路 ·· 187
第二十章　脑和脊髓的被膜、血管及脑脊液循环 ··· 195
第二十一章　内分泌系统 ·· 203

期末模拟试卷 ··· 208

绪 论

【实验目的】

一、知识目标

1. 能够说出人体的标准解剖学姿势。
2. 能够阐述人体的方位术语。
3. 能够描述人体的轴与面。

二、技能目标

1. 能够判断人体的轴和面。
2. 能够应用方位术语进行器官位置的描述。

三、情感、态度和价值观目标

能够通过解剖学姿势和方位术语的应用，领悟科学研究的标准性、统一性及差异性原则。

【实验内容】

一、强调实验室基本要求

尊重人体标本，严禁拍照；动手观察，严肃认真；团队合作，爱惜标本。

二、人体的标准解剖学姿势

人体的标准解剖学姿势，是指身体直立，面向前方，两眼平视正前方，双上肢下垂于躯干的两侧，掌心向前，两足并拢，足尖向前。

三、人体的方位术语

按照人体的标准解剖学姿势规定的一些表示方位的术语，正确描述各器官或结构的位置关系（表0-1）。

表 0-1 人体的方位术语

术语	描述	方位
上与下	器官或结构距颅顶或足底的相对距离关系	近颅者为上 近足者为下
前与后（腹侧、背侧）	距身体前、后面相对距离关系	距身体腹侧面近者为前 距身体背侧面近者为后
浅与深	与皮肤表面相对距离关系	近皮肤者为浅 远离皮肤且距身体内部中心近者为深

续表

术语	描述	方位
内与外	空腔器官相互位置关系	近内腔者为内 离内腔远者为外
内侧与外侧	局部或器官、结构与人体正中矢状面相对距离关系	近正中矢状面者为内侧，反之为外侧 上肢常用尺侧和桡侧表示内侧和外侧，下肢常用胫侧与腓侧表示内侧和外侧
近侧与远侧	四肢结构与躯干连接的相对距离	距肢根部较近者为近侧 距肢根部较远者为远侧

四、人体的轴与面

人体的轴与面如图 0-1、表 0-2。

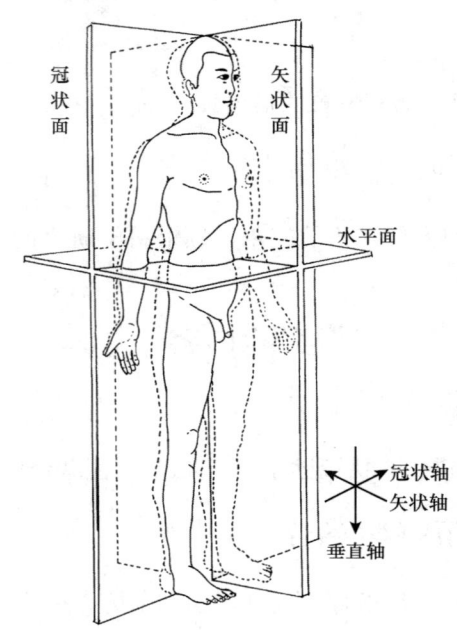

图 0-1 人体的轴与面

表 0-2 人体的轴与面

轴与面		描述
轴	垂直轴	上下方向，并与地平面相垂直的轴
	矢状轴	前后方向，同时与垂直轴成直角交叉的轴
	冠状轴	左右方向，与水平面平行，与垂直轴和矢状轴相垂直的轴
面	矢状面	前后方向，将人体分成左、右两部的剖面，该切面与地平面相垂直
	冠状面	左右方向，将人体分成前、后两部的剖面，该切面与水平面及矢状面相垂直
	水平面	与地平面平行，将人体分成上、下两部的剖面，该切面与矢状面及冠状面相垂直

在描述器官切面时，常以器官自身的长轴为标准，与其长轴平行的切面称纵切面，与其长轴垂直的切面称横切面。

（范　艳　邹智荣）

第一篇 运动系统

第一章 骨 学

【实验目的】

一、知识目标

1. 能够描述骨的分类。
2. 能够描述骨的构造。
3. 能够说明骨的理化特性。
4. 能够说出躯干骨的组成；描述椎骨的一般形态和各部椎骨的主要特征，胸骨的组成，胸骨角的位置和特点；说出肋的构成及形态特点。
5. 能够描述颅骨的构成；描述颅的侧面观，骨性鼻腔的构成、鼻旁窦的组成及开口；说出颅底内面观、外面观。
6. 能够描述上肢带骨和自由上肢骨的构成及特点。
7. 能够描述下肢带骨和自由下肢骨的构成及特点。

二、技能目标

1. 能够辨认各骨的表面结构。
2. 能够辨认骨的体表标志。

三、情感、态度和价值观目标

能够联系骨的可塑性、年龄变化和相对稳定的外形，理解哲学基本原理，即物质是变化的，具有保持动态平衡的特点。

【实验内容】

一、骨的分类

1. 按照位置分类（图 1-1）

骨（206 块）
- 躯干骨：51 块
- 颅骨：29 块（包括 6 块听小骨）
- 四肢骨
  - 上肢骨 64 块
  - 下肢骨 62 块
  } 126 块

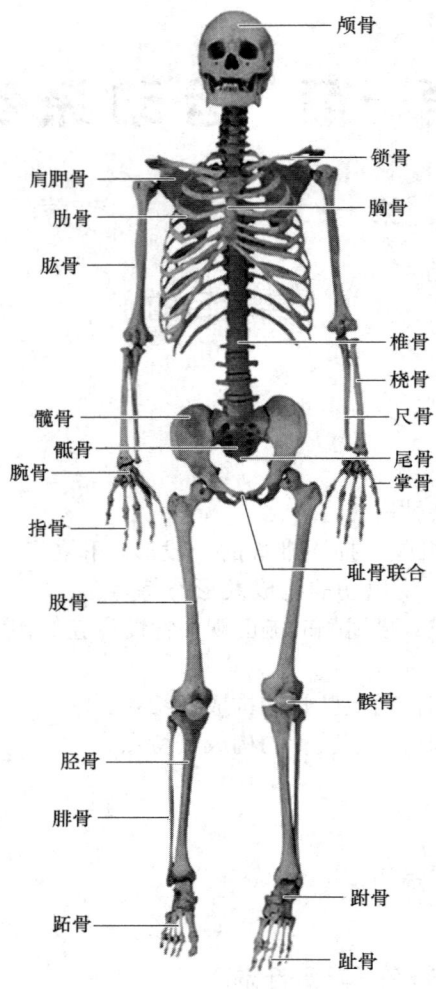

图 1-1 全身骨骼

2. 按形态分类（表 1-1）

表 1-1 骨的分类及结构特点

类型	结构特点	分布
长骨	呈管状，一体（骨干）两端（骺）。体部有髓腔，干骺端，骺软骨，骺线	四肢，如肱骨、股骨
短骨	似立方形	腕部、踝部，如腕骨、跗骨
扁骨	板状	参与构成颅腔、胸腔，如颅骨、胸骨
不规则骨	形状不规则	主要分布于颅底、面部和脊柱，如椎骨，还包括含气骨和籽骨

二、骨的构造

骨由骨质、骨膜、骨髓和神经、血管等构成（表 1-2）。

表 1-2　骨的主要构造

构成	分部	位置和结构特点	作用
骨质	骨密质	位于骨表面，致密。扁骨分内、外板	抗压、抗扭曲
	骨松质	位于骨内部，呈海绵状，由骨小梁构成。颅盖部形成板障	承重大
骨膜	骨外膜	位于骨表面（关节面以外），较厚，致密	营养、再生、感觉
	骨内膜	位于骨髓腔、骨松质内，菲薄	
骨髓	红骨髓	位于骨髓腔和骨松质内，含有不同发育阶段的红细胞和其他幼稚型血细胞	有造血能力
	黄骨髓	5 岁后骨髓腔内的骨髓，由脂肪组织替代	无造血能力

三、骨的化学成分和物理性质

骨由有机质和无机质组成。有机质主要是骨胶原纤维束和黏多糖蛋白，赋予骨的韧性和弹性。无机质主要是碱性磷酸钙，赋予骨的硬度和脆性。两种成分的比例，随着年龄的增长而发生变化（表 1-3）。

表 1-3　不同年龄阶段骨的有机质和无机质比例变化及物理性质

年龄	有机质∶无机质	物理特性
幼儿	5∶5	韧性强，易变形
中年人	3∶7	硬度大、弹性好
老年人	2∶8	脆，易骨折

四、躯干骨

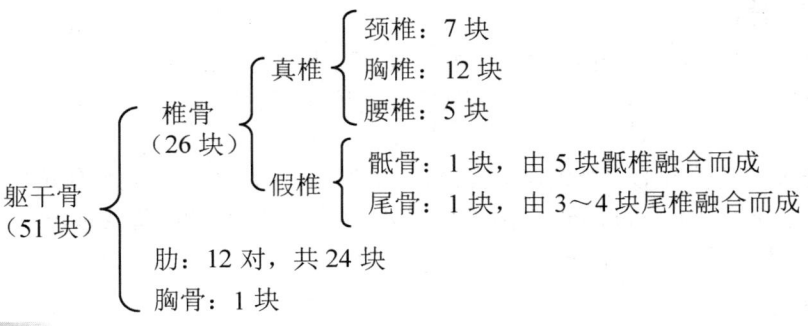

（一）椎骨

1. 一般形态　一体一弓七突起。

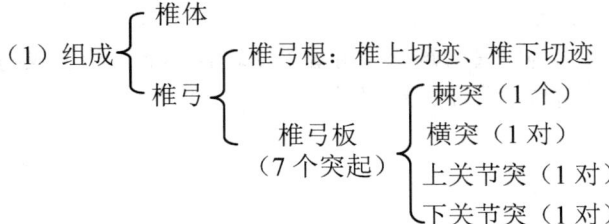

（2）椎孔 vertebral foramen：由椎体和椎弓围成，各椎孔上下贯通构成椎管，容纳和保护脊髓。

（3）椎间孔 intervertebral foramen：由相邻椎骨的椎上切迹与椎下切迹共同围成，内有脊神经和血管通过。

2. 各部椎骨的结构特点（表 1-4）

表 1-4　各部椎骨的结构特点

名称	结构特点
颈椎	①椎体较小，横断面呈椭圆形 ②棘突短，末端分叉（第 2～6 颈椎），水平向后；有横突孔 ③关节突关节面近水平位
胸椎	①椎体横断面呈心形 ②棘突长，斜向后下方呈叠瓦状；椎体两侧有上、下肋凹，横突末端有横突肋凹 ③关节突关节面近冠状位
腰椎	①椎体粗壮，横断面呈肾形 ②棘突宽短呈板状，水平伸向后 ③关节突关节面近矢状位
骶骨	由 5 块骶椎融合而成，呈三角形，底向上，尖向下。盆面（前面）凹陷，上缘中份为骶骨岬，中部有四条横线及 4 对骶前孔；背面有骶正中嵴和 4 对骶后孔。骶前、后孔均与骶管相通，骶管上通椎管，下端为骶管裂孔。骶骨外侧部有耳状面和骶粗隆
尾骨	由 3～4 块尾椎融合而成，上连骶骨，下端游离称尾骨尖

3. 非典型颈椎

（1）第 1 颈椎：又名寰椎，呈环状，无椎体、棘突和关节突。由前弓、后弓和左、右侧块组成。

（2）第 2 颈椎：又名枢椎，其特点是椎体上面有齿突。

（3）第 7 颈椎：又名隆椎，棘突长，末端不分叉，活体易触及，常作为计数椎骨序数的标志。

（二）胸骨

胸骨为长方形扁骨，位于胸前壁正中，自上而下分为三部分。

1. 胸骨柄　上宽下窄，上缘中份为颈静脉切迹，两侧有锁切迹，柄外侧缘上份有第 1 肋切迹。

2. 胸骨体　呈长方形，外侧缘有第 2～7 肋切迹。胸骨柄与胸骨体之间连结处微向前突的角，称胸骨角 sternal angle，两侧平对第 2 肋，是计数肋的重要标志。

3. 剑突　扁而薄，下端游离。

（三）肋

1. 组成　肋由肋软骨和肋骨构成，共 12 对。

2. 分部

（1）真肋：第 1～7 对肋，肋前端直接与胸相连。

（2）假肋：第 8～10 对肋，不直接与胸骨相连，肋前端借肋软骨与上位肋形成肋弓。

（3）浮肋：第 11～12 对肋，肋前端游离于腹壁肌层中。

五、颅骨

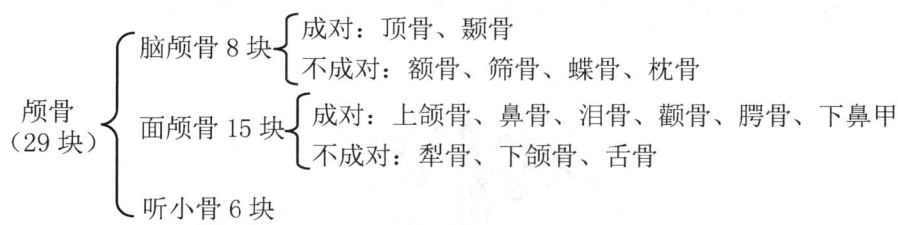

（一）颅的整体观

1. 翼点 pterion 位于颅骨的侧面颞窝的前下部，由额、顶、颞、蝶四骨连接处汇合呈"H"形的缝，其内面有脑膜中动脉前支通过，此处骨板薄弱，骨折时易伤及该动脉，形成硬膜外血肿（图1-2）。

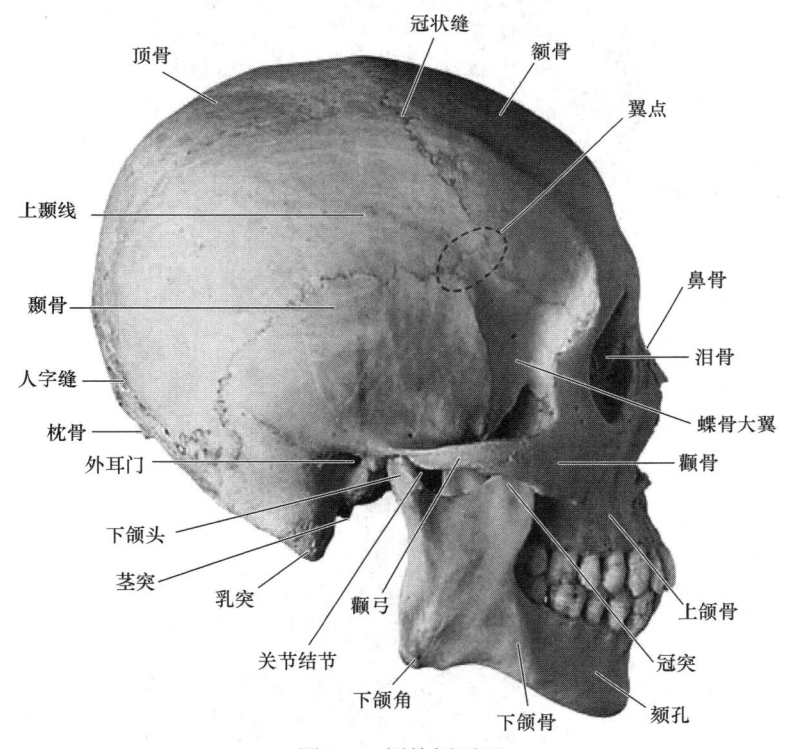

图1-2 颅的侧面观

2. 骨性鼻腔

骨性鼻腔 {
前——梨状孔
后——鼻后孔
上（顶）——筛板
下（底）——骨腭
内侧——骨性鼻中隔，由筛骨垂直板及犁骨构成
外侧——上、中鼻甲（均为筛骨的一部分），下鼻甲和相应的上、中、下鼻道
}

3. 鼻旁窦 是上颌骨、额骨、蝶骨及筛骨内含气的空腔，位于鼻腔周围并开口于鼻腔，具有发音共鸣及减轻颅骨重量的作用。上颌窦最大，与第一、二磨牙及前磨牙紧邻，

窦口高于窦底，窦内积液时直立位不易引流。

（二）颅底内面观和颅底外面观（图 1-3、图 1-4，表 1-5）

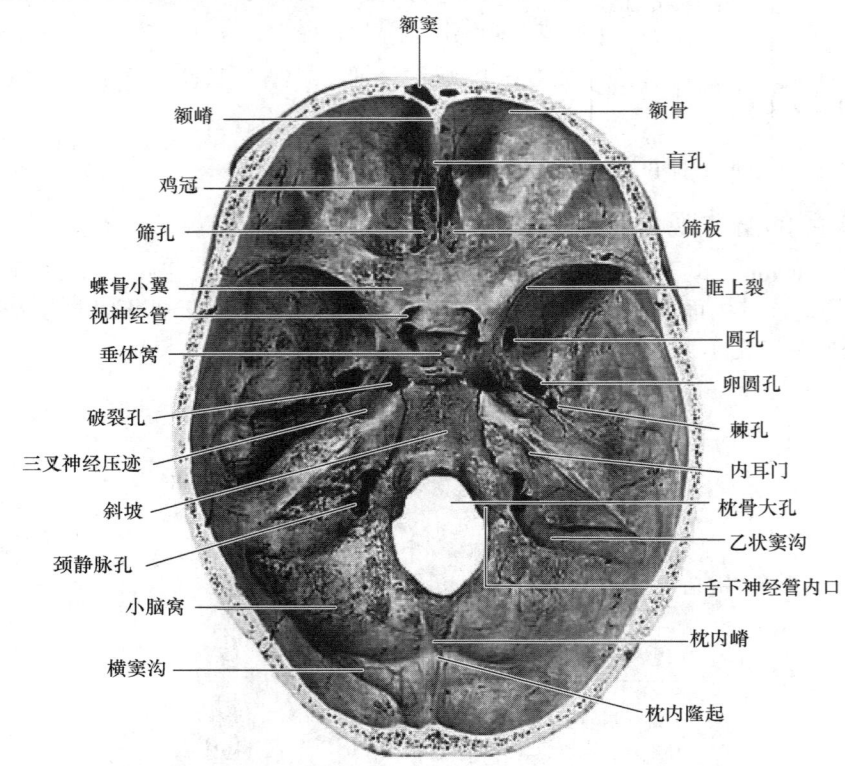

图 1-3　颅底（内面观）

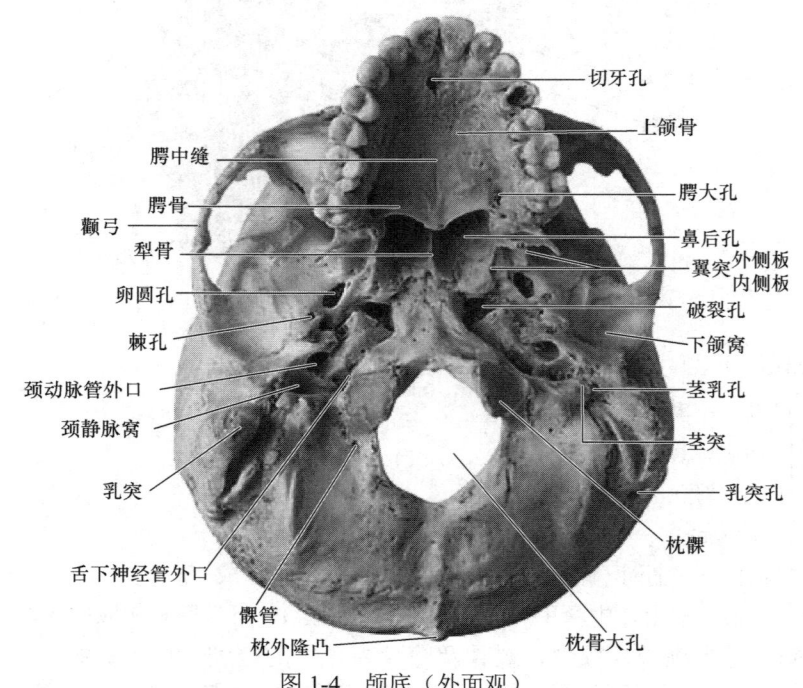

图 1-4　颅底（外面观）

表 1-5　颅底内面观和外面观主要结构

位置	颅底内面观主要结构	颅底外面观主要结构
前部	颅前窝：额嵴、盲孔、鸡冠、筛孔	牙槽弓、腭骨、切牙孔、腭大孔
中部	颅中窝：垂体窝、视神经管、颈动脉沟、破裂孔、圆孔、卵圆孔、棘孔、弓状隆起、鼓室盖、三叉神经压迹	鼻后孔、翼突内外侧板、卵圆孔、棘孔、破裂孔、下颌窝、关节结节
后部	颅后窝：枕骨大孔、斜坡、舌下神经管内口、枕内隆起、横窦沟、乙状窦沟、颈静脉孔、内耳门	枕骨大孔、枕髁、舌下神经管外口、颈静脉窝、颈动脉管外口、茎突、乳突孔

新生儿颅的特征：胎儿时期由于脑及感觉器官发育早，而咀嚼和呼吸器官尤其是鼻旁窦尚不发达，因此脑颅远大于面颅。新生儿面颅仅占全颅的1/8，而成人占1/4。颅顶骨尚未完全发育，从颅顶观察，新生儿颅呈五角形，在多骨交接处，间隙的膜较大，称颅囟。前囟（额囟）最大，呈菱形，位于矢状缝与冠状缝相接处。后囟（枕囟）位于矢状缝与人字缝汇合处，呈三角形。还有蝶囟和乳突囟。前囟在生后1～2岁时闭合，其余各囟均于生后不久闭合。

六、附肢骨

（一）上肢骨和下肢骨的配布（表1-6）

表 1-6　上肢骨和下肢骨的配布

分部	上肢骨	下肢骨
肢带骨	锁骨、肩胛骨	髋骨
自由肢骨	近侧部：肱骨	近侧部：股骨
	中间部：尺骨、桡骨	中间部：胫骨、腓骨、髌骨
	远侧部：腕骨（8块，手舟骨、月骨、三角骨、豌豆骨、大多角骨、小多角骨、头状骨、钩骨）	远侧部：跗骨（7块，内侧楔骨、中间楔骨、外侧楔骨、足舟骨、骰骨、距骨、跟骨）
	掌骨（5块）	跖骨（5块）
	指骨（14块）	趾骨（14块）

（二）肩胛骨和髋骨

1. 肩胛骨　为三角形扁骨，贴于胸廓后外面，介于第2～7肋之间（图1-5）。

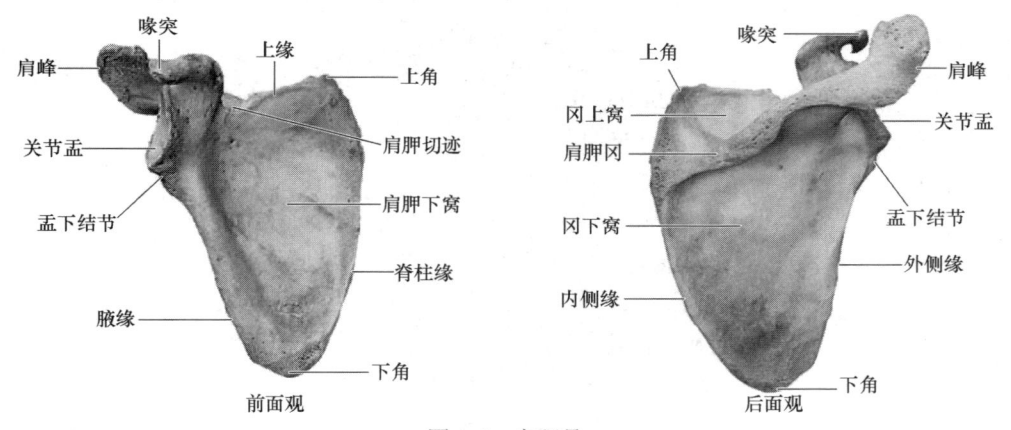

图 1-5　肩胛骨

$$
肩胛骨
\begin{cases}
两面 \begin{cases} 前面：肩胛下窝 \\ 后面：肩胛冈、肩峰、冈上窝、冈下窝 \end{cases} \\
三缘 \begin{cases} 上缘：肩胛切迹 \\ 内侧缘（脊柱缘） \\ 外侧缘（腋缘） \end{cases} \\
三角 \begin{cases} 上角平对第2肋 \\ 下角平对第7肋或第7肋间隙 \\ 外侧角：关节盂、盂上结节、盂下结节 \end{cases}
\end{cases}
$$

2. 髋骨 为不规则骨，上部扁阔，中部窄厚，朝向下外的深窝称髋臼；下部的大孔为闭孔（图1-6、图1-7）。

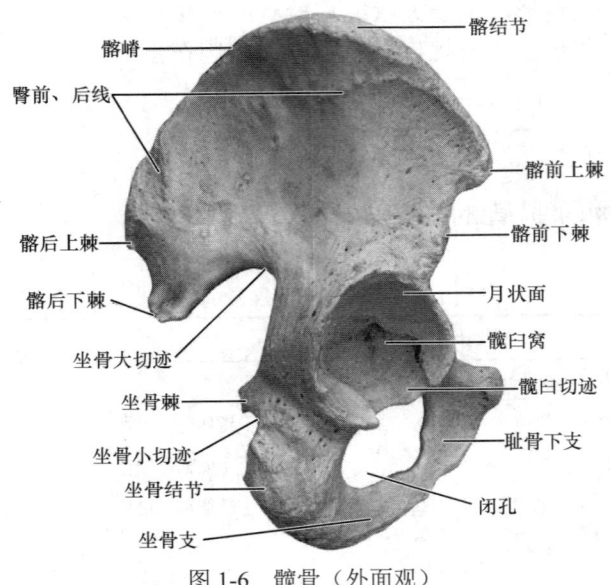

图1-6 髋骨（外面观）

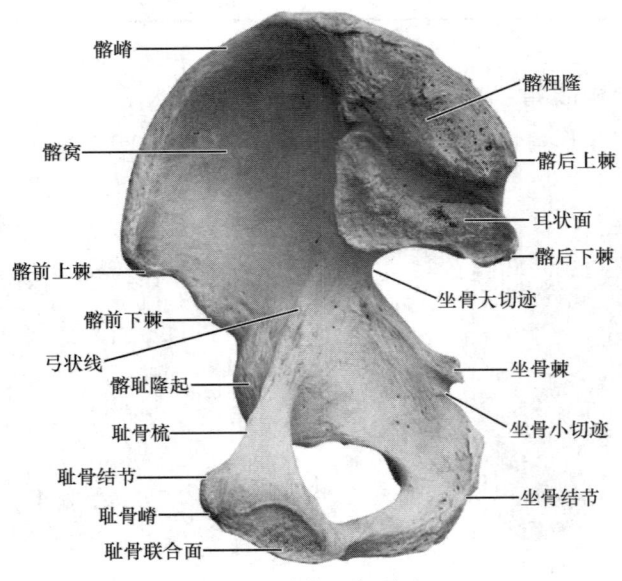

图1-7 髋骨（内面观）

$$\text{髋骨} \begin{cases} \text{髂骨} \begin{cases} \text{髂骨体：构成髋臼的上 2/5} \\ \text{髂骨翼：髂嵴、髂前上棘、髂前下棘、髂后上棘、髂后下棘、髂结节、} \\ \phantom{\text{髂骨翼：}}\text{髂窝、弓状线、耳状面、髂粗隆} \end{cases} \\ \text{坐骨} \begin{cases} \text{坐骨体：构成髋臼的后下 2/5，有坐骨棘、坐骨小切迹、坐骨大切迹} \\ \text{坐骨支：为坐骨体的后下部向前上内延伸的部分，体与支移行处有坐骨结节} \end{cases} \\ \text{耻骨} \begin{cases} \text{耻骨体：构成髋臼的前下 1/5，与髂骨体结合处形成髂耻隆起} \\ \text{耻骨支：耻骨上支和耻骨下支。有耻骨梳、耻骨结节、耻骨嵴、耻骨联合面} \end{cases} \end{cases}$$

（三）肱骨和股骨（图 1-8、图 1-9，表 1-7）

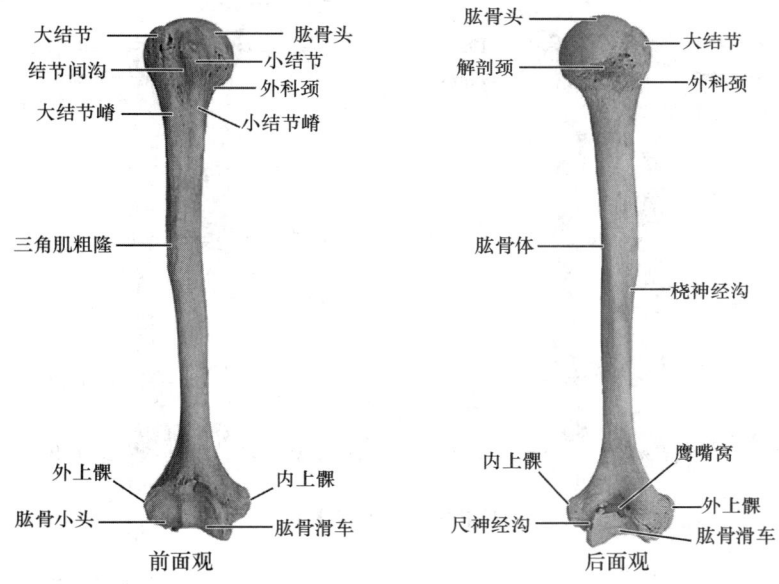

图 1-8　肱骨

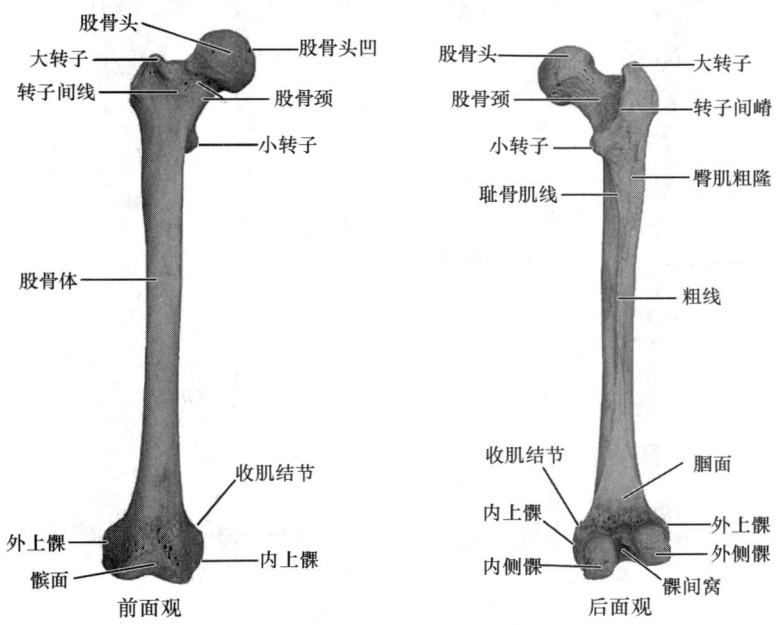

图 1-9　股骨

表 1-7　肱骨和股骨主要结构

部位	肱骨主要结构	股骨主要结构
上端	肱骨头、解剖颈、大结节、小结节、大结节嵴、小结节嵴、结节间沟、外科颈	股骨头、股骨头凹、股骨颈、大转子、小转子、转子间线、转子间嵴
体	三角肌粗隆、桡神经沟	臀肌粗隆、粗线、耻骨肌线、腘面
下端	肱骨滑车、肱骨小头、冠突窝、桡窝、鹰嘴窝、内上髁、外上髁、尺神经沟	内侧髁、外侧髁、髌面、髁间窝、内上髁、外上髁、收肌结节

（四）前臂骨和小腿骨（图 1-10、图 1-11，表 1-8）

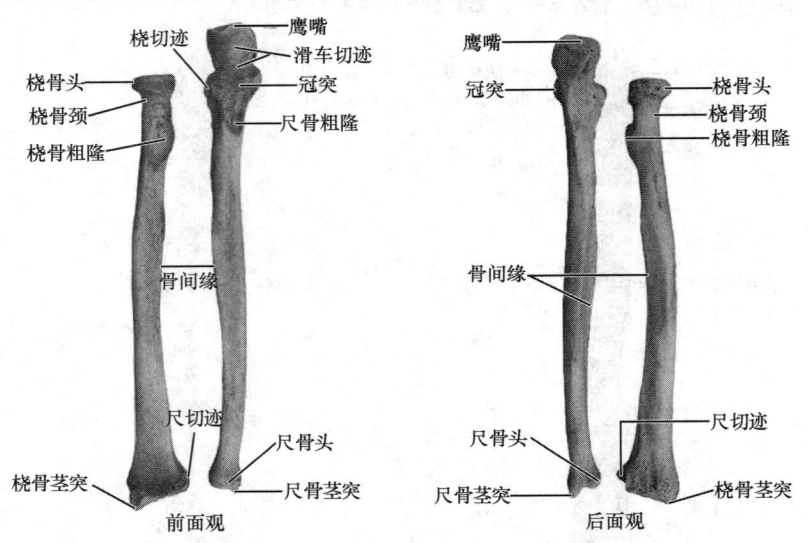

图 1-10　尺骨和桡骨

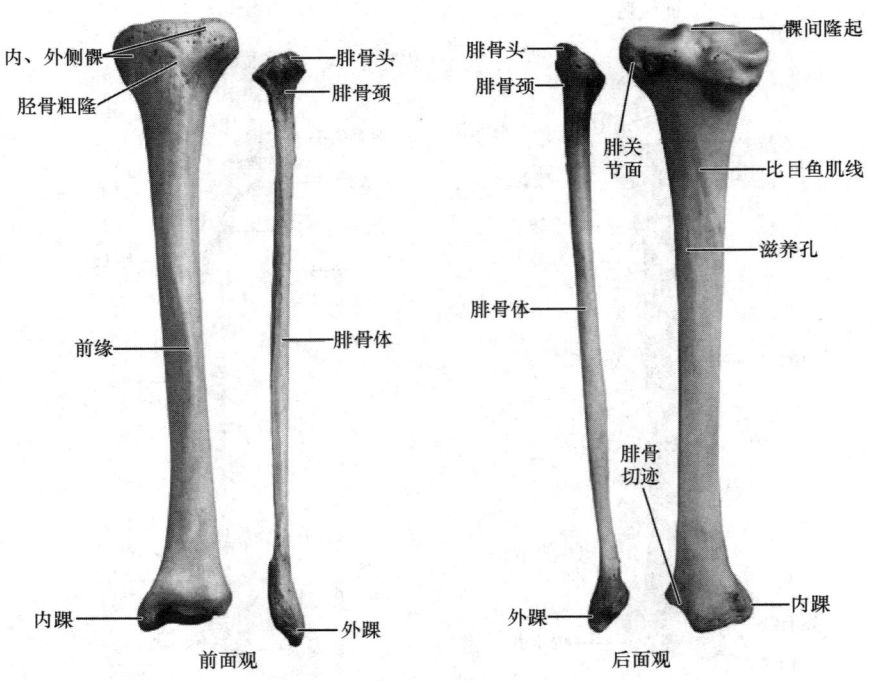

图 1-11　胫骨和腓骨

表 1-8　前臂骨和小腿骨构成

部位	尺骨	桡骨	胫骨	腓骨
上端	鹰嘴、滑车切迹、冠突、桡切迹、尺骨粗隆	桡骨头、关节凹、环状关节面、桡骨颈、桡骨粗隆	内侧髁、外侧髁、髁间隆起、腓关节面、胫骨粗隆	腓骨头、腓骨颈
体	骨间缘（外侧缘）	骨间缘（内侧缘）	骨间缘（外侧缘）、比目鱼肌线	骨间缘（内侧缘）
下端	尺骨头、尺骨茎突	桡骨茎突、尺切迹、腕关节面	内踝、踝关节面、腓骨切迹	外踝、踝关节面

【练习题】

一、名词解释

1. 椎孔 vertebral foramen
2. 椎间孔 intervertebral foramen
3. 胸骨角 sternal angle
4. 翼点 pterion

二、A_1 型题（单句型最佳选择题）

1. 下列骨中属于长骨的是
A. 胸骨　　　　B. 肱骨　　　　C. 椎骨　　　　D. 肋骨　　　　E. 跟骨

2. 下列骨中具有板障的是
A. 额骨　　　　B. 尺骨　　　　C. 指骨　　　　D. 股骨　　　　E. 距骨

3. 下列骨中属于扁骨的是
A. 椎骨　　　　B. 肋骨　　　　C. 肱骨　　　　D. 髌骨　　　　E. 筛骨

4. 胸骨角是
A. 胸骨柄上缘的突起
B. 胸骨柄与锁骨连接处的突起
C. 胸骨体与剑突连接处的突起
D. 胸骨柄与胸骨体连接处向前的突起
E. 剑突下端的突起

5. 关于椎间孔的构成，下列叙述正确的是
A. 由椎体与椎弓围成
B. 由上、下关节突围成
C. 由上、下相邻的棘突围成
D. 由上、下相邻的横突围成
E. 由上、下相邻的椎弓根围成

6. 关于颈椎的叙述，正确的是
A. 颈椎棘突都分叉
B. 颈椎均有椎体
C. 颈椎都有横突孔
D. 颈椎都有椎体钩
E. 颈椎棘突都较短

7. 颈动脉结节位于
A. 寰椎　　　　B. 枢椎　　　　C. 第 5 颈椎
D. 第 6 颈椎　　E. 隆椎

8. 有肋凹的椎骨是
A. 颈椎　　　　B. 胸椎　　　　C. 腰椎　　　　D. 骶椎　　　　E. 尾椎

9. 与颅中窝相通的结构是
A. 筛孔　　　　B. 视神经管口　　　　C. 枕骨大孔
D. 颈静脉孔　　E. 舌下神经管口

10. 脑膜中动脉穿行结构是
A. 眶上裂　　　B. 圆孔　　　　C. 卵圆孔
D. 棘孔　　　　E. 破裂孔

11. 垂体窝位于
A. 额骨　　　　B. 筛骨　　　　C. 蝶骨　　　　D. 颞骨　　　　E. 枕骨

12. 三叉神经的眼神经穿行的结构是
A. 视神经管口　　　　B. 眶上裂　　　　C. 圆孔
D. 卵圆孔　　　　E. 棘孔

13. 穿行于颈静脉孔的结构不包括
A. 颈内静脉　　　　B. 舌咽神经　　　　C. 迷走神经
D. 副神经　　　　E. 颈外静脉

14. 构成翼点的骨是
A. 额骨、蝶骨、腭骨、枕骨　　　　B. 额骨、蝶骨、顶骨、枕骨
C. 额骨、蝶骨、颞骨、枕骨　　　　D. 蝶骨、腭骨、颞骨、枕骨
E. 额骨、顶骨、颞骨、蝶骨

15. 组成骨性鼻中隔的骨是
A. 鼻骨和筛骨　　　　B. 鼻骨和泪骨　　　　C. 筛骨和犁骨
D. 犁骨和腭骨　　　　E. 犁骨和上颌骨

16. 鼻旁窦位于下列哪些颅骨中
A. 额骨、蝶骨、枕骨、筛骨　　　　B. 额骨、蝶骨、筛骨、颞骨
C. 额骨、蝶骨、筛骨、上颌骨　　　　D. 额骨、上颌骨、下颌骨、筛骨
E. 蝶骨、额骨、颞骨、下颌骨

17. 开口于上鼻道的鼻旁窦是
A. 额窦　　　　B. 筛窦前、中群　　　　C. 筛窦后群
D. 蝶窦　　　　E. 上颌窦

18. 躯干骨包括
A. 锁骨、肩胛骨、椎骨　　　　B. 胸骨、椎骨、肋　　　　C. 锁骨、肱骨、胸椎
D. 锁骨、胸骨、椎骨　　　　E. 锁骨、肩胛骨、肋

19. 桡神经沟位于
A. 锁骨　　　　B. 肩胛骨　　　　C. 肱骨　　　　D. 尺骨　　　　E. 桡骨

20. 肩胛骨下角平对
A. 第 3 肋　　　　B. 第 5 肋　　　　C. 第 7 肋　　　　D. 第 9 肋　　　　E. 第 11 肋

21. 三角肌粗隆位于
A. 肩胛骨　　　　B. 锁骨　　　　C. 肱骨　　　　D. 尺骨　　　　E. 桡骨

22. 尺神经沟为
A. 尺骨上端的浅沟　　　　B. 尺骨下端的浅沟　　　　C. 肱骨滑车下方的浅沟
D. 肱骨内上髁后下方的浅沟　　　　E. 肱骨外上髁后下方的浅沟

23. 关于髋臼的描述，正确的是
A. 又称为髋臼窝　　　　B. 呈完整的环状　　　　C. 整个表面都是关节面
D. 中央凹陷的部分称股骨头凹　　　　E. 由髂骨、坐骨和耻骨的体合成

24. 下列骨中属于面颅骨的是
A. 额骨　　　　B. 蝶骨　　　　C. 上鼻甲　　　　D. 中鼻甲　　　　E. 下鼻甲

25. 组成人字缝的骨是
A. 额骨、顶骨　　　　B. 左、右顶骨之间　　　　C. 两侧顶骨和枕骨
D. 额骨和双侧顶骨　　　　E. 两侧颞骨和顶骨

三、A₂型题（病例摘要型最佳选择题）

1. 患者，男性，65岁。因跌倒并手、肘着地后，右肩出现局部肿胀、疼痛、压痛，肩关节活动功能障碍，上臂上段有瘀斑，X线可见肱骨解剖颈下2～3cm处的骨折，提示是
   A. 肱骨大结节骨折　　　　B. 肱骨小结节骨折　　　　C. 肱骨解剖颈骨折
   D. 肱骨外科颈骨折　　　　E. 肱骨头骨折

2. 患者，女性，30岁，车祸导致近侧腕骨损伤。最有可能损伤的骨是
   A. 头状骨　　　　　　　　B. 钩骨　　　　　　　　　C. 大多角骨
   D. 三角骨　　　　　　　　E. 小多角骨

3. 患者，男性，55岁，外伤致颅底骨折，出现脑脊液鼻漏和嗅觉障碍，下列骨中最可能发生骨折的是
   A. 额骨　　　B. 筛骨　　　C. 蝶骨　　　D. 颞骨　　　E. 枕骨

4. 患者，女性，出现血象异常，拟诊断为白血病，需进行骨髓穿刺进行检查，临床进行骨髓穿刺常选择的部位是
   A. 椎骨　　　B. 肱骨　　　C. 髂骨　　　D. 颞骨　　　E. 枕骨

5. 患者，男性，40岁，意外撞击太阳穴，入院诊断为"硬膜外血肿"，最可能损伤的部位是
   A. 眉弓　　　B. 颧弓　　　C. 翼点　　　D. 顶骨　　　E. 枕骨

6. 患儿，男性，6个月，入院诊断为"脑水肿"，问患儿颅内压变化的颅部观察部位是
   A. 前囟　　　B. 后囟　　　C. 蝶囟　　　D. 鼻腔　　　E. 口腔

7. 患者，女性，50岁，外伤，出现臂部肿胀，疼痛，手不能抬，出现腕下垂，可能损伤的部位是
   A. 肱骨外科颈　　　　　　B. 肱骨三角肌粗隆　　　　C. 肱骨桡神经沟
   D. 肱骨内上髁　　　　　　E. 肱骨外上髁

8. 患者，男性，29岁，因车祸致胸痛、呼吸困难入院，诊断为气胸，需行胸腔穿刺术，辨认肋间隙的标志是
   A. 肩胛骨下角　　　　　　B. 胸骨角　　　　　　　　C. 胸骨下角
   D. 左剑肋角　　　　　　　E. 右剑肋角

9. 患者，女性，29岁，行骶管麻醉术，辨认骶管的标志是
   A. 耳状面　　B. 骶粗隆　　C. 骶角　　　D. 尾骨尖　　E. 坐骨

10. 患者，男性，63岁，意外从楼梯跌落，昏迷，耳内有血性脑脊液流出，问患者颅底骨折的部位可能是
    A. 额骨眶板　　　　　　　B. 筛骨筛板　　　　　　　C. 蝶骨体
    D. 鼓室盖　　　　　　　　E. 内耳门

四、B₁型题（标准配伍题）

（1～3题共用备选答案）
A. 额窦　　　B. 蝶窦　　　C. 筛窦　　　D. 上颌窦　　　E. 海绵窦

1. 垂体窝下方的鼻旁窦是
2. 眉弓深面的鼻旁窦是
3. 体积最大的鼻旁窦是

（4～6题共用备选答案）
A. 颈椎　　　B. 胸椎　　　C. 腰椎　　　D. 骶骨　　　E. 尾骨

4. 上、下关节突近呈水平位的椎骨是

5. 上、下关节突近呈冠状位的椎骨是
6. 上、下关节突近呈矢状位的椎骨是

（7～10题共用备选答案）
A. 筛孔　　　B. 圆孔　　　C. 卵圆孔　　　D. 棘孔　　　E. 破裂孔
7. 嗅神经穿经
8. 三叉神经的上颌神经穿经
9. 三叉神经的下颌神经穿经
10. 脑膜中动脉穿经

五、思考题

患者，男性，35岁，因被暴力打击右侧太阳穴，出现昏迷，意识丧失，送往医院就诊，影像学提示硬膜外血肿。

问题：
1. 太阳穴位于何处？为什么该处受损易导致硬膜外血肿？
2. 破裂出血的动脉最有可能是哪条动脉的分支？

【参考答案】

一、名词解释

1. 椎孔 vertebral foramen：由椎体和椎弓围成，彼此连成椎管，容纳和保护脊髓。
2. 椎间孔 intervertebral foramen：由相邻椎骨的椎上切迹与椎下切迹彼此围成，内有脊神经和血管通过。
3. 胸骨角 sternal angle：胸骨柄与胸骨体之间结合处形成的微向前突的角，两侧平对第2肋，是计数肋的标志。
4. 翼点 pterion：位于颅骨的侧面颞窝的前下部，由额、顶、颞、蝶四骨汇合呈"H"形的缝，称翼点，其内面有脑膜中动脉前支通过，此处骨质薄弱，骨折时易伤及该动脉，形成硬膜外血肿。

二、A_1型题（单句型最佳选择题）

1. B　2. A　3. B　4. D　5. E　6. C　7. D　8. B　9. B　10. D　11. C　12. B　13. E　14. E　15. C　16. C　17. C　18. B　19. C　20. C　21. C　22. C　23. E　24. E　25. C

三、A_2型题（病例摘要型最佳选择题）

1. D　2. D　3. B　4. C　5. C　6. A　7. C　8. B　9. C　10. D

四、B_1型题（标准配伍题）

1. B　2. A　3. D　4. A　5. B　6. C　7. A　8. B　9. C　10. D

五、思考题（略）

（范　艳）

第二章 骨 连 结

【实验目的】

一、知识目标

1. 能够说明全身骨连结的组成和配布。
2. 能够阐述椎骨的连结和运动。
3. 能够说明颞下颌关节的组成、辅助结构和运动。
4. 能够描述肩关节、髋关节的基本结构、辅助结构和运动。
5. 能够描述肘关节、膝关节的基本结构、辅助结构和运动。

二、技能目标

1. 能够辨认脊柱、胸廓、骨盆的形态结构。
2. 能够辨认主要关节的结构。

三、情感、态度和价值观目标

能够联系关节运动兼顾稳定的特性,理解"矛盾事物既对立又统一"的哲学原理。

【实验内容】

一、全身骨连结的组成和配布

（一）骨连结的类型

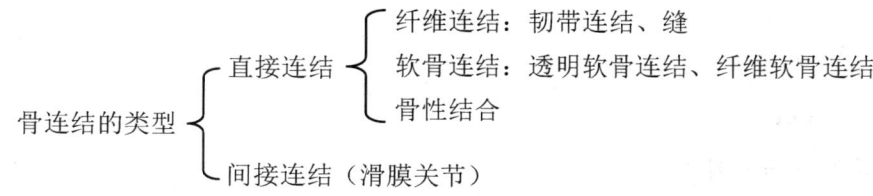

（二）间接连结（滑膜关节）

基本结构 { 关节面：表面覆有关节软骨
关节囊：外层纤维层，内层滑膜层
关节腔：关节面与滑膜层围成，呈负压，有滑液

辅助结构 { 韧带：分囊外与囊内韧带，加固稳定，限制过度运动
关节盘：位于关节面之间，增加关节面适配性，增加运动形式和范围
关节唇：附着于关节窝周缘，加深关节窝，增加稳定性
滑膜襞与滑膜囊：滑膜层折叠突出部分，运动时调节、填充、减少摩擦

（三）关节的运动（表2-1）

表2-1　关节的运动

运动形式	运动轴	描述
屈和伸	冠状轴	运动时，两骨之间的角度变小称为屈；角度增大称为伸 一般来说，关节的屈指的是向腹侧面成角，但膝关节相反。在踝关节，伸亦称背屈，屈亦称跖屈
内收和外展	矢状轴	运动时，骨向正中矢状面靠拢，称收或内收；远离身体正中矢状面，称展或外展。手指的收展是以中指为准的靠拢、散开运动，足趾的收展则以第二趾为准
旋内和旋外	垂直轴	骨向前内侧旋转，称旋内；向后外侧旋转，称旋外 在前臂，旋内亦称旋前，旋外亦称旋后
环转	两轴及以上	关节头在原位转动，骨（肢体）的远侧端做圆周运动，运动时全骨（肢体）描绘出一圆锥形轨迹，实为屈、展、伸、收的连续运动

（四）关节的分类（表2-2）

表2-2　关节的分类

分类	定义	类型及结构特点	举例
单轴关节	绕一个运动轴运动	屈戌关节：又名滑车关节。能在冠状轴上做屈伸运动	指骨间关节
		车轴关节：可沿垂直轴做旋转运动	桡尺近侧关节
双轴关节	两个互相垂直的运动轴，可进行环转运动	椭圆关节：关节头呈椭圆形凸面，关节窝呈相应凹面	桡腕关节
		鞍状关节：相对两关节面都呈鞍状，互为头和窝	拇指腕掌关节
多轴关节	具有三个相互垂直的运动轴，可做屈伸、收展、旋转和环转运动	球窝关节：关节头较大呈球形，关节窝浅小，其面积为关节头的1/3。杵臼关节，亦属球窝关节，但运动幅度受到一定限制	肩关节 髋关节
		平面关节：两骨的关节面均较平坦而光滑，但仍有一定的弯曲和弧度，可做多轴性的滑动或转动	跗跖关节 腕骨间关节

二、躯干骨的连结

（一）脊柱

1. 椎骨的连结（图2-1）

椎骨的连结 ┓
　椎体间的连结 ┣ 椎间盘（纤维环+髓核）
　　　　　　　┗ 韧带：前纵韧带、后纵韧带
　椎弓间的连结 ┣ 韧带：棘上韧带（颈部为项韧带）、棘间韧带、黄韧带、横突间韧带
　　　　　　　┗ 关节：关节突关节、寰枕关节、寰枢关节

2. 脊柱的生理性弯曲及脊柱的运动形式

（1）颈曲：凸向前，支持头部抬起。
（2）胸曲：凸向后，扩大胸腔。
（3）腰曲：凸向前，重心后移，维持身体平衡与直立姿势。
（4）骶曲：凸向后，扩大盆腔。

（5）脊柱的运动形式：屈、伸、侧屈、旋转、环转。

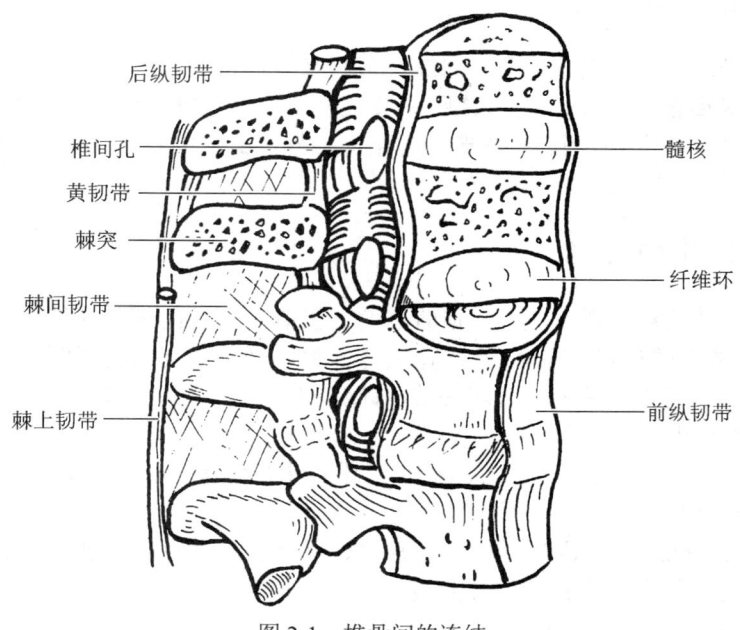

图 2-1　椎骨间的连结

（二）胸廓

1. 组成　胸廓由 12 块胸椎、12 对肋和 1 块胸骨借骨连结构成。胸廓包括上下两口、前后及左右侧壁，前后径小，横径大，具有一定的弹性。

胸廓上口由胸骨柄上缘、第 1 肋和第 1 胸椎体构成，是胸腔与颈部的通道；胸廓下口由第 12 胸椎、第 11 及 12 肋前端、肋弓和剑突围成。两侧肋弓在中线构成向下开放的夹角称胸骨下角 infrasternal angle。

2. 作用　保护、支持，参与呼吸运动。

三、颅骨的连结

（一）颅骨的直接连结

各颅骨之间多借缝（颅顶骨之间）、软骨（颅底骨之间）或骨性结合相连结，连结牢固。

（二）颞下颌关节

1. 组成　颞下颌关节由下颌骨的下颌头、颞骨的下颌窝与关节结节组成。

2. 结构特点　关节囊松弛，前份薄弱，外侧有外侧韧带加固，关节盘将关节腔分为独立的上、下两部分。

3. 运动形式　颞下颌关节属联合关节，双侧同时运动。下颌骨可上提和下降、前进和后退及做侧方运动。易发生下颌骨前脱位。

四、上肢骨的连结

1. 上肢带骨的连结　胸锁关节、肩锁关节和喙肩韧带等。
2. 自由上肢骨的连结　肩关节、肘关节、桡尺连结（前臂骨间膜、桡尺近侧关节和桡尺远侧关节）、手关节（桡腕关节、腕骨间关节、腕掌关节、掌骨间关节、掌指关节和指骨间关节）。

五、下肢骨的连结

1. 下肢带骨的连结　骶髂关节、耻骨联合、髋骨与脊柱间韧带连结等。
2. 自由下肢骨的连结　髋关节、膝关节、胫腓连结（小腿骨间膜、胫腓关节）、足关节（踝关节、跗骨间关节、跗跖关节、跖骨间关节、跖趾关节和趾骨间关节）。

（1）骨盆（图 2-2）
1）组成：由左、右髋骨与后方的骶骨、尾骨借骶髂关节、骶棘韧带、骶结节韧带、耻骨联合等骨连结构成。
2）界线 terminal line：由骶骨岬、骶骨翼、弓状线、耻骨梳、耻骨结节、耻骨联合上缘围成的环形线，是大、小骨盆的分界线。
3）分部 { 大骨盆：又称假骨盆，界线以上构成腹腔的下部。
　　　　　 小骨盆：又称真骨盆，位于界线以下，包括骨盆上口、下口，其内腔为盆腔。
4）作用：是脊柱与自由下肢骨之间的连结支架，具有传导重力、支持保护的作用。
5）骨盆的性别差异：女性骨盆主要具有如下特征，骨盆外形短而宽；骨盆上口近似圆形，较宽大；耻骨下角可达 90º～100º，男性则达 70º～75º。

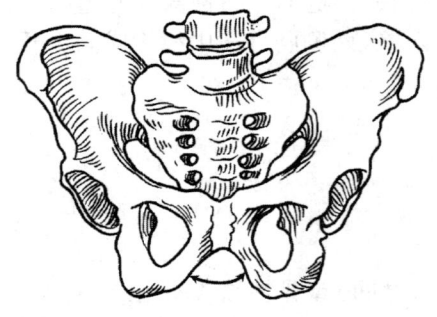
男性：70º～75º

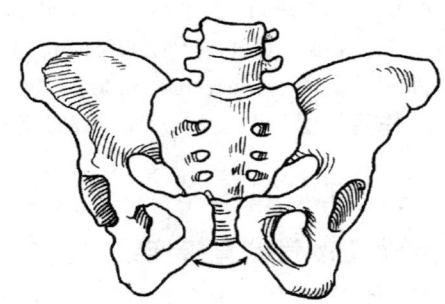
女性：90º～100º

图 2-2　骨盆

（2）耻骨联合：两侧耻骨联合面借耻骨间盘连结构成。分娩时，耻骨间盘中裂隙增宽，以增大骨盆的径线。
（3）足弓 arch of foot：由跗骨和跖骨借骨连结形成的凸向上的弓，可分为内、外侧纵弓和横弓。在行走和跳跃时足弓起到弹性缓冲的作用，同时还可起到保护足底血管和神经免受压迫的作用。

六、上肢骨连结与下肢骨连结的对比

（一）肩关节与髋关节的结构和运动（图2-3、图2-4，表2-3）

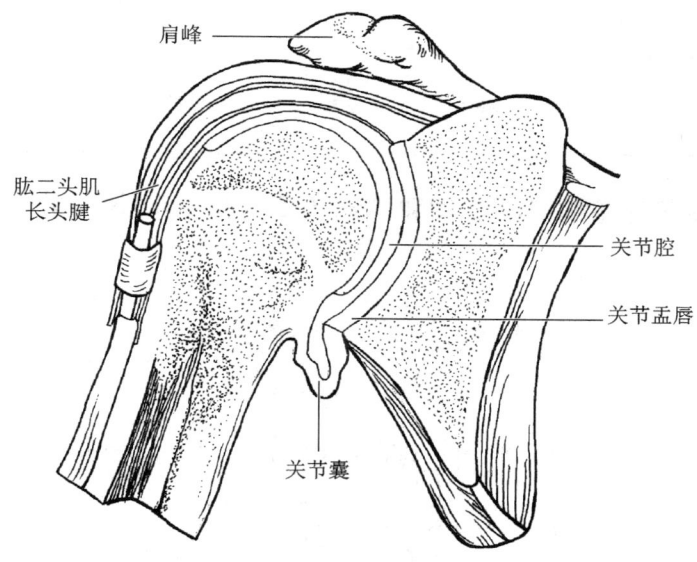

图2-3 肩关节（冠状切面）

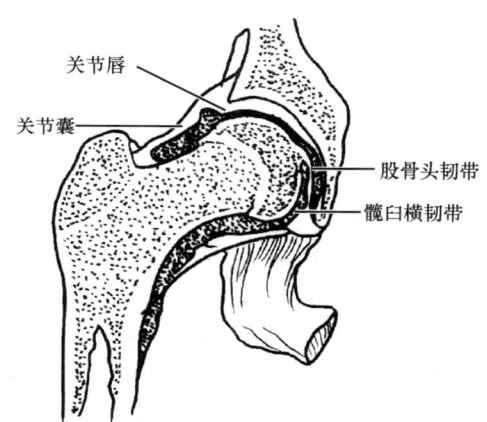

图2-4 髋关节（冠状切面）

表2-3 肩关节与髋关节的结构和运动

项目	肩关节	髋关节
基本结构		
关节面	肱骨头和关节盂（头大盂浅）	股骨头和髋臼（头小臼深）
关节囊	薄而松弛，有肱二头肌长头腱通过，上部、后部及前部有韧带或肌肉加强，下方薄弱，因此，脱位时多脱向前下方	厚而坚韧，前面包裹股骨颈全长，后面仅包裹股骨颈的内侧2/3，外侧1/3露于囊外，后下方相对薄弱
关节腔	负压，有滑液	负压，有滑液

续表

项目	肩关节	髋关节
辅助结构		
韧带	喙肱韧带	髂股韧带、耻股韧带、坐股韧带,髋臼横韧带、股骨头韧带、轮匝带
关节唇	盂唇:加深关节窝	髋臼唇:加深关节窝
运动	多轴关节、屈伸、收展、旋转、环转,灵活性大于稳固性	多轴关节,屈伸、收展、旋转、环转,稳固性大于灵活性

(二)肘关节与膝关节的结构和运动(图 2-5、图 2-6,表 2-4)

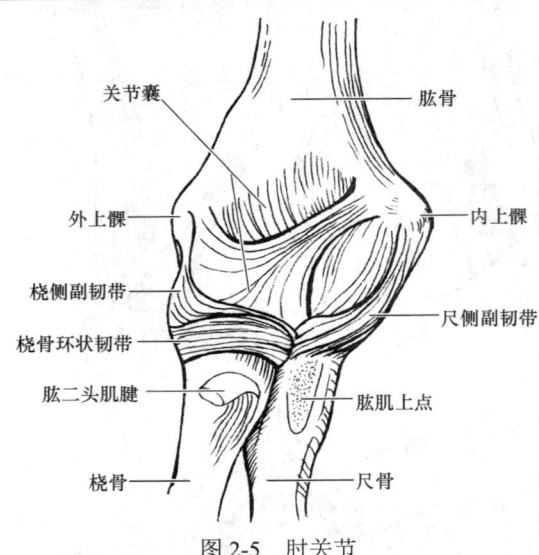

图 2-5 肘关节

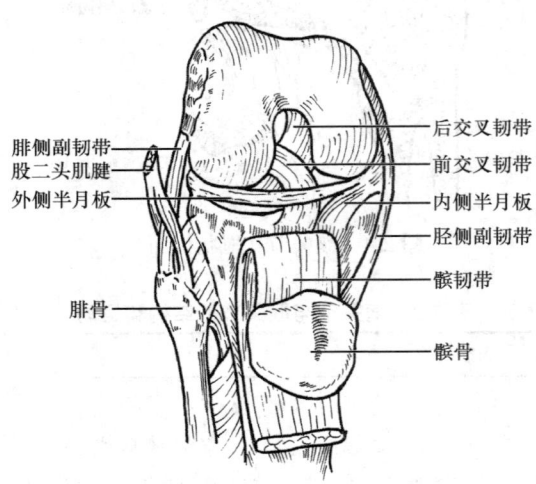

图 2-6 膝关节

表 2-4　肘关节与膝关节的结构和运动

项目		肘关节	膝关节
基本结构			
	关节面	肱尺关节：肱骨滑车与尺骨滑车切迹 肱桡关节：肱骨小头与桡骨头凹 桡尺近侧关节：桡骨环状关节面与尺骨桡切迹	股骨内、外侧髁及髌面 胫骨内、外侧髁 髌骨
	关节囊	前、后壁薄弱而松弛，两侧有韧带加强	前、后壁及两侧有韧带加强
	关节腔	负压，有滑液	负压，有滑液
辅助结构			
	韧带	桡侧副韧带、尺侧副韧带、桡骨环状韧带	髌韧带、胫侧副韧带、腓侧副韧带、腘斜韧带、前交叉韧带（囊内）、后交叉韧带（囊内）
	关节盘	无	内侧半月板，呈"C"形 外侧半月板，呈"O"形
	运动	屈、伸，桡尺近、远侧关节联合运动使前臂旋前和旋后	屈、伸，半屈位时可轻度旋内、旋外

（三）腕关节与踝关节的结构和运动（表 2-5）

表 2-5　腕关节与踝关节的结构和运动

项目		桡腕关节	踝关节
基本结构			
	关节面	关节头：手舟骨、月骨和三角骨的近侧关节面 关节窝：桡骨的桡腕关节面和尺骨头下方的关节盘	胫骨下端、腓骨下端与距骨滑车
	关节囊	松弛，前、后壁和两侧有韧带加强	前、后壁薄而松弛，两侧有韧带加强
	关节腔	负压，有滑液	负压，有滑液
辅助结构		掌侧韧带最为坚韧	内侧韧带（或称三角韧带）坚韧、外侧韧带较薄弱
运动		椭圆关节，屈、伸、展、收及环转	近似屈戌关节，背屈（伸）、跖屈（屈），跖屈时，足可做轻微的侧方运动。关节损伤多发生在跖屈时

【练习题】

一、名词解释

1. 足弓 arch of foot　　2. 界线 terminal line　　3. 胸骨下角 infrasternal angle

二、A_1 型题（单句型最佳选择题）

1. 属于椎弓板之间的连结是
A. 前纵韧带　　　　　　　B. 黄韧带　　　　　　　　　C. 椎间盘
D. 后纵韧带　　　　　　　E. 项韧带
2. 关于脊柱的生理性弯曲，正确的是
A. 颈曲凸向前，胸曲凸向后　　　　　　B. 颈曲凸向后，胸曲凸向前
C. 腰曲凸向后，骶曲凸向前　　　　　　D. 腰曲凸向后，胸曲凸向前
E. 胸曲凸向后，骶曲凸向前

3. 参与构成椎管前壁的韧带是
A. 前纵韧带　　　　　　　　B. 后纵韧带　　　　　　　　C. 棘间韧带
D. 黄韧带　　　　　　　　　E. 棘上韧带
4. 参与围成胸廓上口的结构有
A. 锁骨　　　B. 肩胛骨　　　C. 第1肋　　　D. 第7颈椎　　　E. 胸骨角
5. 滑膜关节的辅助结构有
A. 关节面　　　B. 关节囊　　　C. 关节腔　　　D. 关节盘　　　E. 关节软骨
6. 滑膜关节的基本结构有
A. 关节唇　　　B. 关节盘　　　C. 韧带　　　D. 滑膜襞　　　E. 关节面
7. 关于肩关节，正确的是
A. 由肱骨头和肩峰构成　　　　　　　　　　B. 关节腔内有关节盘
C. 关节囊内有肱三头肌长头腱通过　　　　　D. 关节头与关节窝的面积大致相当
E. 关节囊下壁缺乏肌腱加固
8. 关于肘关节，正确的是
A. 由肱尺关节、肱桡关节组成　　　　　　　B. 关节囊前壁最薄弱
C. 运动以肱桡关节为主　　　　　　　　　　D. 主要的运动方式为屈和伸
E. 属于联合关节
9. 参与构成颞下颌关节的结构是
A. 下颌骨冠突　　　　　　　B. 颞骨乳突　　　　　　　　C. 下颌头
D. 下颌颈　　　　　　　　　E. 下颌切迹
10. 关于桡腕关节，正确的是
A. 由桡骨下端、尺骨头和近侧列腕骨构成　　B. 属于典型的球窝关节
C. 关节囊紧张　　　　　　　　　　　　　　D. 可以做屈、伸、内收、外展、环转运动
E. 包括了桡尺远侧关节
11. 关于骨盆，正确的是
A. 以界线为界，分为大骨盆和小骨盆　　　　B. 男性骨盆上口呈椭圆形，女性的呈心形
C. 骶棘韧带参与围成骨盆下口　　　　　　　D. 耻骨下角男女均相同
E. 骶髂关节具有较大的活动度
12. 关于髋关节，正确的是
A. 股骨头大，髋臼小　　　　　　　　　　　B. 关节囊包裹了股骨颈的全部
C. 关节囊厚而松弛　　　　　　　　　　　　D. 关节囊外的各个面均有韧带加固
E. 关节囊内有股骨头韧带
13. 髋关节的韧带有
A. 髂股韧带　　　　　　　　B. 耻股韧带　　　　　　　　C. 坐股韧带
D. 股骨头韧带　　　　　　　E. 以上都正确
14. 可防止胫骨过度后移的韧带是
A. 前交叉韧带　　　　　　　B. 后交叉韧带　　　　　　　C. 胫侧副韧带
D. 腓侧副韧带　　　　　　　E. 腘斜韧带
15. 内侧半月板容易损伤的原因是
A. 内侧半月板较大　　　　　B. 其边缘与关节囊及胫侧副韧带紧密相连
C. 呈"O"形　　　　　　　　D. 屈膝时向前滑动　　　E. 有后交叉韧带的牵拉固定
16. 参与构成膝关节的骨是
A. 股骨、胫骨　　　　　　　B. 股骨、胫骨、腓骨　　　　C. 股骨、腓骨、髌骨

D. 股骨、胫骨、髌骨　　　　　　　　E. 股骨、胫骨、腓骨、髌骨

17. 关于踝关节的描述，正确的是
A. 关节囊前后壁紧张，两侧壁松弛　　　　　B. 由胫骨下端与距骨滑车构成
C. 腓骨不参与构成踝关节　　　　D. 距骨滑车前窄后宽　　　　E. 背屈位时，关节最稳定

18. 肩关节的结构特点，错误的是
A. 关节囊薄而松弛　　　　B. 肱骨头大，关节盂浅　　　　C. 关节腔宽大
D. 关节盂周围有盂唇加深关节盂　　　　E. 前后上下均有肌腱或韧带加固

19. 关于踝关节，错误的是
A. 关节囊前后松弛　　　　B. 内侧有三角韧带加固　　　　C. 外侧韧带较薄弱
D. 在背屈时最稳定　　　　E. 能做屈、伸、内翻、外翻运动

20. 构成足内侧纵弓的骨中，不包括
A. 距骨　　　B. 跟骨　　　C. 足舟骨　　　D. 骰骨　　　E. 第1、2、3跖骨

21. 关节腔内有关节盘的是
A. 肩关节　　　B. 肘关节　　　C. 桡腕关节　　　D. 髋关节　　　E. 踝关节

22. 关于颞下颌关节的描述，错误的是
A. 由下颌窝、关节结节、下颌头构成　　　　　　　B. 关节囊内有关节盘
C. 关节囊松弛，下颌骨易向下方脱位　　　　　　　D. 囊外侧面有韧带加固
E. 属于联合关节

23. 关于肘关节，错误的是
A. 由肱尺关节、肱桡关节、桡尺近侧关节构成　　　　B. 关节囊薄而松弛
C. 有尺侧、桡侧副韧带和桡骨环状韧带加固　　　　　D. 主要能做屈伸运动
E. 三个关节有各自独立的关节囊

24. 关于肩关节，错误的是
A. 属于多轴关节　　　　B. 为全身最灵活的关节　　　　C. 上方有喙肱韧带
D. 有肩袖加固　　　　E. 囊内有肱二头肌短头腱通过

25. 关于椎弓间的连结，不包括
A. 棘上韧带　　　　B. 棘间韧带　　　　C. 横突间韧带
D. 黄韧带　　　　E. 后纵韧带

三、A₂型题（病例摘要型最佳选择题）

1. 一中年男子在抬储物箱时，突然感到腰部和臀部剧烈疼痛，疼痛沿大腿后面向下放射，至小腿和足背，MRI显示第5腰椎至第1骶椎之间的椎间盘突出，最可能突出的方向是
A. 前外侧　　　B. 前内侧　　　C. 后内侧　　　D. 后外侧　　　E. 外侧

2. 患者，男性，40岁，因高热、头痛、呕吐2天入院。经检查后诊断为"脑脊髓膜炎"，需行腰椎穿刺抽取脑脊液化验。腰椎穿刺依次要经过的韧带是
A. 棘上韧带、棘间韧带、黄韧带　　　　B. 棘间韧带、棘上韧带、黄韧带
C. 棘上韧带、黄韧带、棘间韧带　　　　D. 黄韧带、棘间韧带、棘上韧带
E. 后纵韧带、棘上韧带、黄韧带

3. 在医学院举行的"活力杯"篮球赛中，小王运球奔跑中足踝受伤。经检查左踝外侧部有明显淤血肿胀，左足不能维持站立，诊断为"左踝外侧韧带撕裂"，导致足踝外侧韧带易损伤的解剖因素不包括
A. 外侧韧带厚而坚韧　　　　B. 内侧韧带厚而坚韧　　　　C. 距骨滑车前宽后窄
D. 跖屈时关节囊内间隙增大　　　　E. 跖屈时足有轻微内翻

4. 在院系足球比赛中，小王带球突破时被对方后卫飞踢到小腿后面，疼痛剧烈无法站立，队医检查膝关节时前"抽屉征"呈阳性，即胫骨向前移动明显，这是何种结构受损伤所致
  A. 前交叉韧带断裂　　　　　　　B. 后交叉韧带断裂　　　　　　C. 胫侧副韧带断裂
  D. 腓侧副韧带断裂　　　　　　　E. 腘斜韧带断裂

5. 2岁半的阳阳在横过马路时，父亲提起其左手拉其快速跑过，随后其哭闹不止，前臂不能旋转、肘部肿胀，可能是
  A. 桡尺远侧关节脱位　　　　　　B. 尺骨冠突撕脱性骨折　　　　C. 桡骨头半脱位
  D. 前臂骨间膜撕裂　　　　　　　E. 肱尺关节脱位

6. 李先生在驾车行驶中不慎追尾，右膝重重地抵到仪表盘下方，"120"赶到时，发现其右下肢明显短于左侧，呈内收、旋内状态，右髋部疼痛，无法站立。最有可能的脱位是
  A. 膝关节脱位　　　　　　　　　B. 髋关节前脱位　　　　　　　C. 髋关节上脱位
  D. 骶髂关节脱位　　　　　　　　E. 髋关节后下方脱位

7. 小李在骤然打了一个哈欠后，立即感到双侧耳屏前方剧烈疼痛，张口、闭口时疼痛加剧且闭口困难，最有可能的情况是
  A. 咬肌撕裂伤　　　　　　　　　B. 下颌骨下脱位　　　　　　　C. 下颌骨上脱位
  D. 下颌骨后脱位　　　　　　　　E. 下颌骨前脱位

8. 在学生公寓洗衣间内清洗衣物时，由于地面湿滑，小李不慎向后跌倒，右手下意识地外展、后伸，以手掌撑地，随后出现右肘部肿胀、疼痛，肘关节运动障碍，腕部无异常，校医检查发现鹰嘴向后突出，肘部骨性标志的正常三点关系改变，最有可能的诊断是
  A. 冠突骨折　　　　　　　　　　B. 鹰嘴骨折　　　　　　　　　C. 桡尺骨远侧端骨折
  D. 肘关节前脱位　　　　　　　　E. 肘关节后脱位

9. 王阿姨患类风湿关节炎近20年，自诉手部疼痛逐渐加重，僵硬，活动受限，检查见双手的掌指关节和近侧指间关节等多个关节均呈梭形肿胀，不同程度畸形，掌指关节正常的运动不包括
  A. 屈　　　B. 伸　　　C. 内收、外展　　　D. 环转　　　E. 旋转

10. 55岁的老王因肩关节疼痛、活动受限1年半前来就诊，检查发现肩关节各方向活动均受限，肱二头肌长头腱压痛，MRI显示肩关节囊厚度明显增加，诊断为粘连性肩关节囊炎（肩周炎），以下肩关节的运动形式会受影响的是
  A. 旋内　　　B. 旋外　　　C. 后伸　　　D. 外展　　　E. 以上均受影响

四、B₁型题（标准配伍题）

（1～4题共用备选答案）
  A. 髂股韧带　　　　　　　　　　B. 耻股韧带　　　　　　　　　C. 坐股韧带
  D. 股骨头韧带　　　　　　　　　E. 轮匝带

1. 限制大腿过伸并维持直立的是
2. 限制大腿的外展及旋外的是
3. 限制股骨头向外脱出的是
4. 限制大腿旋内的是

（5～8题共用备选答案）
  A. 前交叉韧带　　　　　　　　　B. 后交叉韧带　　　　　　　　C. 胫侧副韧带
  D. 腓侧副韧带　　　　　　　　　E. 髌韧带

5. 伸膝时限制胫骨前移的是
6. 屈膝时限制胫骨后移的是

7. 与内侧半月板紧密结合的是
8. 止于胫骨粗隆的是

（9～10题共用备选答案）
A. 肩关节　　　　　　　B. 肘关节　　　　　　　C. 颞下颌关节
D. 拇指腕掌关节　　　　E. 髋关节
9. 有关节盘的是
10. 属于复关节的是

五、思考题

患者，女性，28岁，在羽毛球比赛过程中，当完成了一次后排起跳扣球落地时，出现左侧膝关节内侧剧烈疼痛、肿胀，下蹲时疼痛加剧，用手按压膝关节间隙，有明显的压痛。

问题：
1. 该患者损伤的结构可能是何处？
2. 为什么容易出现膝关节内侧损伤？

【参考答案】

一、名词解释

1. 足弓 arch of foot：跗骨和跖骨借骨连结形成的凸向上的弓，称为足弓，可分为内、外侧纵弓和横弓。在行走和跳跃时足弓起到弹性缓冲的作用。
2. 界线 terminal line：将骨盆分为上方的大骨盆和下方的小骨盆的环形线称界线，由骶岬向两侧经弓状线、耻骨梳、耻骨结节至耻骨联合上缘构成。
3. 胸骨下角 infrasternal angle：两侧肋弓在中线构成的向下开放的角称胸骨下角，由剑突将其分为左、右剑肋角。

二、A_1型题（单句型最佳选择题）

1. B　2. A　3. B　4. C　5. D　6. E　7. E　8. D　9. C　10. D　11. A　12. E　13. E　14. B
15. B　16. D　17. E　18. E　19. E　20. D　21. C　22. C　23. E　24. E　25. E

三、A_2型题（病例摘要型最佳选择题）

1. D　2. A　3. A　4. A　5. C　6. E　7. E　8. E　9. E　10. E

四、B_1型题（标准配伍题）

1. A　2. B　3. E　4. C　5. A　6. B　7. C　8. E　9. C　10. B

五、思考题（略）

（赵树生）

第三章 肌 学

【实验目的】

一、知识目标

1. 能够说出全身肌的组成和配布。
2. 能够说出头肌的组成和功能。
3. 能够说出颈肌的组成和功能,描述胸锁乳突肌的位置、起止和功能。
4. 能够说出胸肌的组成,描述胸大肌的位置、起止和功能。
5. 能够描述膈的位置、形态和功能。
6. 能够说出腹前外侧群肌的层次和纤维方向。
7. 能够说出上肢肌的组成,描述三角肌、肱二头肌、肱三头肌的位置、功能。
8. 能够说出下肢肌的组成,描述臀大肌、股四头肌、小腿三头肌的位置、功能。

二、技能目标

能够辨认全身重要体表标志肌。

三、情感、态度和价值观目标

能够通过肌的形态、纤维走向、起止点与功能的内在联系,理解形态决定功能的科学基本原理。

【实验内容】

一、全身肌的组成和配布

1. 肌的构造 由肌腹和肌腱两部分组成。
2. 肌的形态 按其外形可分为长肌、短肌、扁肌和轮匝肌四种。
3. 肌的辅助装置 包括筋膜、滑膜囊和腱鞘。
4. 肌的配布 肌配布在关节周围,配布的方式和数量与关节的运动类型有关。骨骼肌从配布上始终保持既相互对抗又相互协调的位置和作用。

二、头肌

头肌包括面肌和咀嚼肌。面肌又称表情肌,位置表浅,为扁薄的皮肌,肌起自颅骨面或表面的筋膜,止于皮肤。咀嚼肌配布在颞下颌关节周围,参与咀嚼运动(表3-1)。

表 3-1　头肌的组成、主要作用及神经支配

肌群	肌名	主要作用	神经支配
表情肌	枕额肌	可向后牵拉帽状腱膜,同时提眉,使额部皮肤出现皱纹	面神经
	眼轮匝肌	闭合眼裂	
	口轮匝肌	闭合口裂	
	颊肌	使唇、颊紧贴牙齿,帮助咀嚼和吮吸,牵拉口角向外	

续表

肌群	肌名	主要作用	神经支配
咀嚼肌	咬肌	上提下颌骨（闭口）；使下颌骨向前运动	三叉神经
	颞肌	同上	
	翼内肌	同上	
	翼外肌	两侧收缩拉下颌下降（张口），一侧收缩拉下颌向对侧	

三、颈肌（图 3-1）

颈肌的组成、主要作用和神经支配见表 3-2。

表 3-2　颈肌的组成、主要作用和神经支配

肌群	肌名	主要作用	神经支配
颈浅肌与颈外侧肌	颈阔肌	收缩时可紧张颈部皮肤，并降口角	面神经
	胸锁乳突肌	一侧收缩使头向同侧屈，面转向对侧；双侧收缩使头后仰	副神经
颈前肌 舌骨上肌群	二腹肌	上提舌骨，可使舌升高；当舌骨固定时，可张口	前腹：三叉神经 后腹：面神经
	下颌舌骨肌	同上	三叉神经
	茎突舌骨肌	同上	面神经
	颏舌骨肌	同上	第1颈神经前支
舌骨下肌群	肩胛舌骨肌	下降舌骨和喉	颈袢分支
	胸骨舌骨肌	同上	同上
	胸骨甲状肌	同上	同上
	甲状舌骨肌	同上	同上
颈深肌 外侧群	前斜角肌	使颈侧屈，两侧收缩使颈前屈；上提第1~2肋，助吸气	颈神经前支
	中斜角肌	同上	同上
	后斜角肌	同上	同上

斜角肌间隙 scalenus interspace 位于颈根部，由前、中斜角肌和第 1 肋围成，内有臂丛及锁骨下动脉。前斜角肌肥厚或痉挛可压迫这些结构，产生相应症状，称前斜角肌综合征。

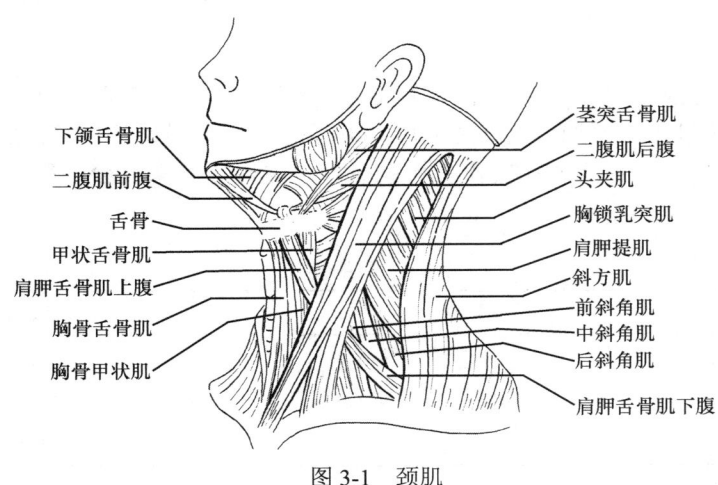

图 3-1　颈肌

四、躯干肌

（一）背肌

背肌的名称、起止点、主要作用和神经支配见表3-3。

表3-3　背肌的名称、起止点、主要作用和神经支配

肌群	肌名	起点	止点	主要作用	神经支配
背浅肌	斜方肌	上项线、枕外隆凸、项韧带、全部胸椎棘突	锁骨外1/3、肩峰、肩胛冈	拉肩胛骨向中线靠拢，上部纤维提肩胛骨，下部纤维降肩胛骨	副神经
	背阔肌	下6对胸椎棘突、全部腰椎棘突、髂嵴	肱骨小结节嵴	肩关节后伸、内收及旋内	胸背神经
	肩胛提肌	上位颈椎棘突	肩胛骨上角和内侧缘上部	上提肩胛骨	肩胛背神经
背深肌	竖脊肌	骶骨背面、髂嵴后部、棘突和腰椎	肋骨、椎骨及颞骨乳突等	一侧收缩使脊柱向同侧屈；两侧收缩使脊柱后伸和仰头	脊神经后支

（二）胸肌

胸肌的组成、主要功能和神经支配见表3-4。

表3-4　胸肌的组成、主要作用和神经支配

肌群	肌名	主要作用	神经支配
胸上肢肌	胸大肌	肩关节内收、旋内和前屈	胸内、外侧神经
	胸小肌	拉肩胛骨向前下方	胸内侧神经
	前锯肌	拉肩胛骨向前和紧贴胸廓	胸长神经
胸固有肌	肋间外肌	提肋助吸气	
	肋间内肌	降肋助呼气	肋间神经
	肋间最内肌	降肋助呼气	

胸大肌位于胸前壁浅层，起自锁骨内侧半、胸骨和上6对肋软骨，止于肱骨大结节嵴。作用是使肩关节内收、旋内和前屈，上肢固定时可上提躯干，也可提肋助吸气。

（三）膈

膈位于胸、腹腔之间，是向上呈穹隆状的宽阔扁肌。周边是肌性部，中央为腱膜，称中心腱。它是重要的呼吸肌，收缩时膈穹隆下降，助吸气；舒张时膈穹隆上升，助呼气。膈肌与腹肌同时收缩，则能增加腹压，协助排便、呕吐、咳嗽及分娩等活动。膈肌上有三个裂孔（图3-2、表3-5）。

表3-5　膈的裂孔

名称	位置	通行结构
腔静脉孔	约平第8胸椎	下腔静脉
食管裂孔	约平第10胸椎	食管、迷走神经
主动脉裂孔	平第12胸椎	主动脉、胸导管

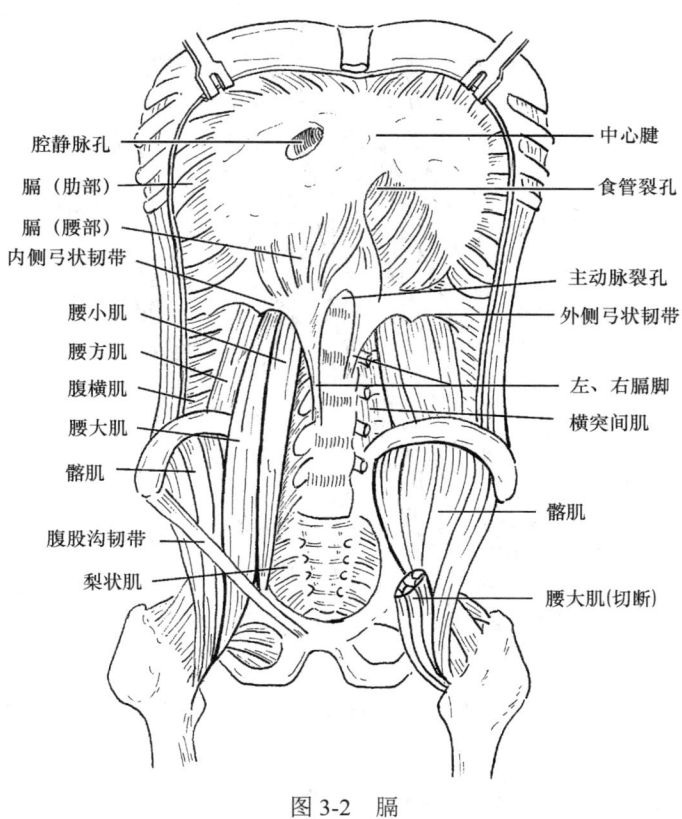

图 3-2 膈

（四）腹肌

腹肌的组成、位置、起止点、主要作用和神经支配见表 3-6。

表 3-6 腹肌的组成、位置、起止点、主要作用和神经支配

肌群	肌名	位置	起点	止点	主要作用	神经支配
前外侧群	腹外斜肌	腹外侧壁浅层	下8对肋骨外面	髂嵴前部、腹股沟韧带、白线	保护腹腔脏器，维持腹内压。收缩时，增加腹压；使脊柱前屈、侧屈及旋转；降肋助呼气	第5～11肋间神经、肋下神经、髂腹下神经、髂腹股沟神经
	腹内斜肌	腹外侧壁中层	胸腰筋膜、髂嵴和腹股沟韧带外侧1/2			
	腹横肌	腹外侧壁深层	下6对肋软骨内面、胸腰筋膜、髂嵴和腹股沟韧带外侧1/3	白线		
	腹直肌	腹前正中线两旁	耻骨联合、耻骨嵴	胸骨剑突、第5～7肋软骨前面		第5～11肋间神经、肋下神经
后群	腰方肌	位于腰大肌的外侧	髂嵴后份	第12肋、第1～4腰椎棘突	降第12肋；使脊柱侧屈	腰神经前支

五、上肢肌

上肢肌的前面观和后面观如图 3-3、图 3-4 所示，组成和主要作用见表 3-7。

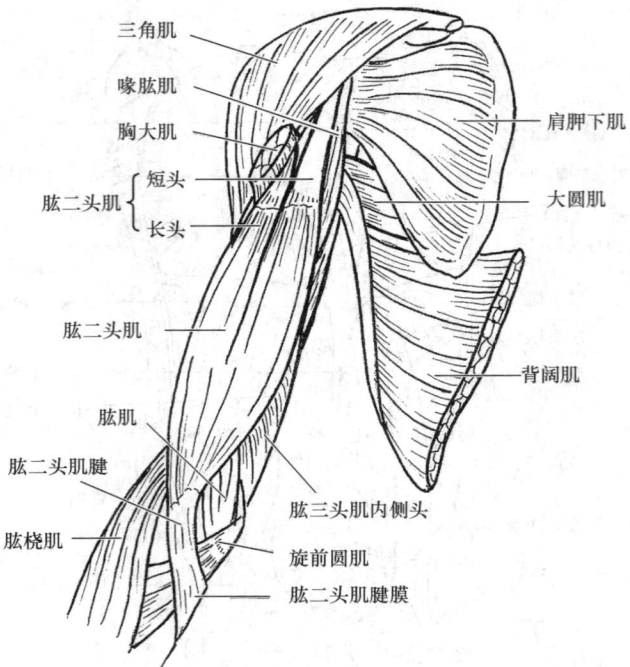

图 3-3　上肢肌（前面观）

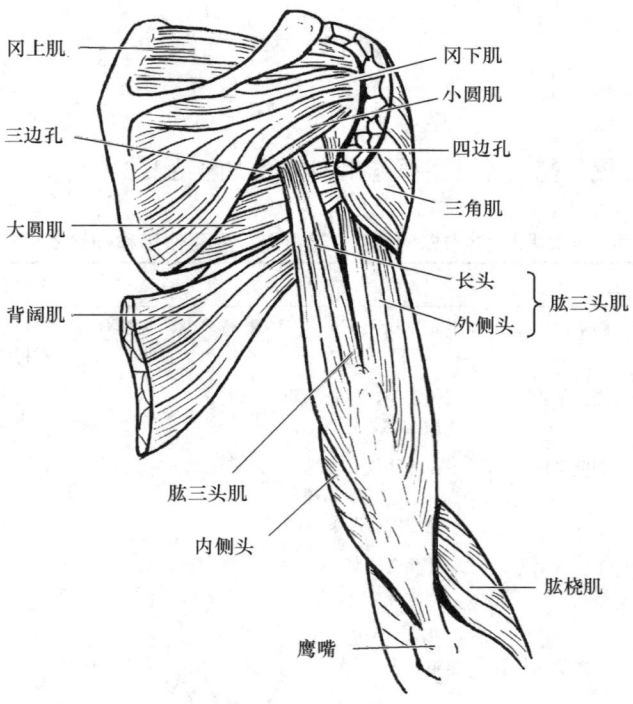

图 3-4　上肢肌（后面观）

表 3-7 上肢肌的组成和主要作用

肌群		肌名称	主要作用
上肢带肌		三角肌、冈上肌、冈下肌、小圆肌、大圆肌、肩胛下肌	运动肩关节并加强肩关节的稳定性
臂肌	前群	肱二头肌、肱肌、喙肱肌	屈肘屈肩
	后群	肱三头肌	伸肘、伸肩
前臂肌	前群	第1层：肱桡肌、旋前圆肌、桡侧腕屈肌、掌长肌、尺侧腕屈肌 第2层：指浅屈肌 第3层：指深屈肌、拇长屈肌 第4层：旋前方肌	主要运动桡腕关节和指骨间关节
	后群	浅层：桡侧腕长伸肌、桡侧腕短伸肌、指伸肌、小指伸肌、尺侧腕伸肌 深层：旋后肌、拇长展肌、拇短伸肌、拇长伸肌、示指伸肌	
手肌	外侧群	拇短展肌、拇短屈肌、拇对掌肌、拇收肌	参与手部精细运动
	中间群	蚓状肌、骨间掌侧肌、骨间背侧肌	
	内侧群	小指展肌、小指短屈肌、小指对掌肌	

部分上肢肌的位置、起止点、主要作用和神经支配见表 3-8。

表 3-8 部分上肢肌的位置、起止点、主要作用和神经支配

肌名称	位置	起点	止点	主要作用	神经支配
三角肌	位于肩部，呈三角形，分前、中、后三部分肌束	锁骨外侧1/3、肩峰和肩胛冈	肱骨三角肌粗隆	外展肩关节，前部可屈、旋内肩关节，后部可伸、旋外肩关节	腋神经
肱二头肌	位于臂肌前群的浅层	长头：肩胛骨盂上结节 短头：肩胛骨喙突	桡骨粗隆	屈肩、屈肘及使前臂旋后	肌皮神经
肱三头肌	位于臂后区，有长头、内侧头和外侧头	长头：肩胛骨盂下结节 外侧头：桡神经沟外上方的肱骨骨面 内侧头：桡神经沟内下方的肱骨骨面	尺骨鹰嘴	伸肘关节；协助肩关节伸及内收（长头）	桡神经

六、下肢肌

下肢肌的组成和主要作用见表 3-9。髋肌和大腿肌前、后群如图 3-5、图 3-6 所示。

表 3-9 下肢肌的组成和主要作用

肌群		肌名称	主要作用
髋肌	前群	髂腰肌、阔筋膜张肌	又称盆带肌，主要运动髋关节
	后群	臀大肌、臀中肌、臀小肌、梨状肌、闭孔内肌、闭孔外肌、股方肌	
大腿肌	前群	缝匠肌、股四头肌	主要运动髋关节，前群和后群肌，还参与膝关节运动
	内侧群	耻骨肌、长收肌、股薄肌、短收肌、大收肌	
	后群	股二头肌、半腱肌、半膜肌	
小腿肌	前群	胫骨前肌、踇长伸肌、趾长伸肌	与踝关节运动，足内翻、外翻等运动有关，后群的腓肠肌、比目鱼肌有屈膝、屈踝关节作用
	外侧群	腓骨长肌、腓骨短肌	
	后群	腓肠肌、比目鱼肌、腘肌、趾长屈肌、踇长屈肌、胫骨后肌	
足肌	足背肌	踇短伸肌、趾短伸肌	各肌作用同其名，主要作用是维持足弓
	足底肌	内侧群、中间群、外侧群	

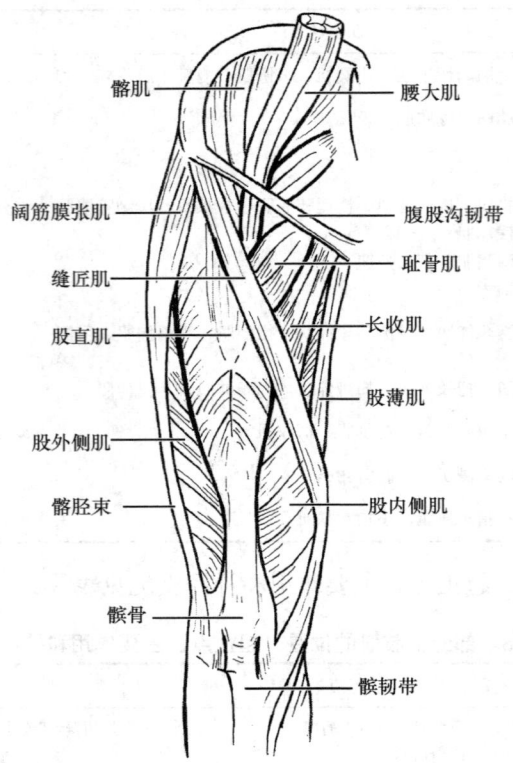

图 3-5　髋肌和大腿肌前群

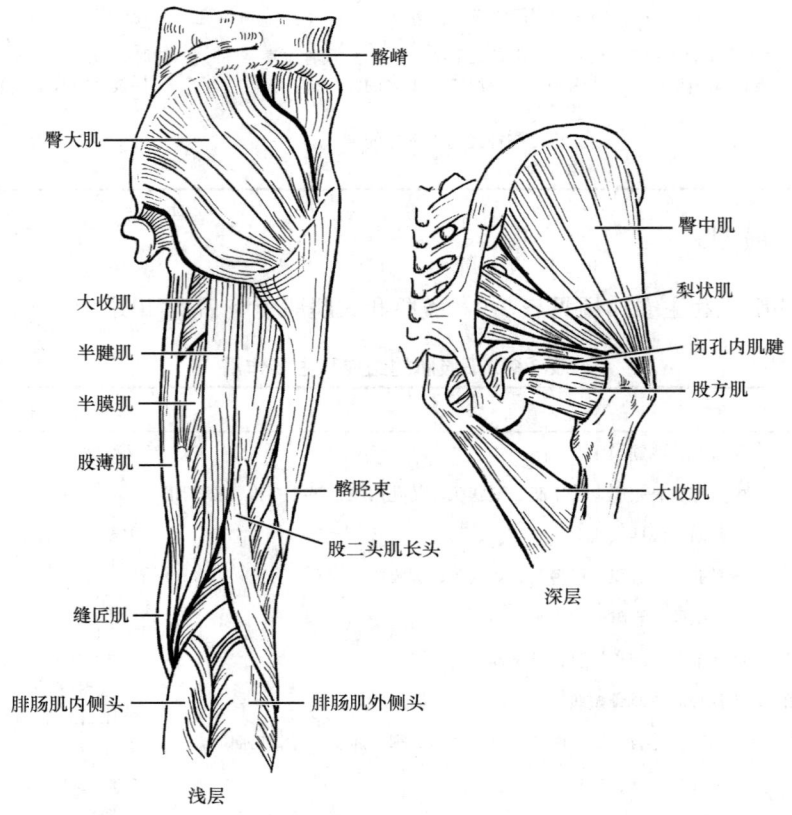

图 3-6　髋肌和大腿肌后群

部分下肢肌的位置、起止点、主要作用和神经支配见表 3-10。

表 3-10　部分下肢肌的位置、起止点、主要作用和神经支配

肌名	位置	起点	止点	主要作用	神经支配
臀大肌	骨盆后外侧，臀部皮下	髂骨翼外面、骶骨背面	臀肌粗隆、髂胫束	伸髋及旋外	臀下神经
股四头肌	大腿前面	髂前下棘、股骨粗线内外侧唇、股骨体前面	胫骨粗隆	屈髋、伸膝	股神经
小腿三头肌	小腿后面，包括腓肠肌（浅层）、比目鱼肌（深层）	腓肠肌起自股骨内、外侧髁后面，比目鱼肌起自胫骨比目鱼肌线、腓骨上端的后面	汇合形成跟腱，止于跟骨结节	屈膝，屈踝（跖屈），维持直立	胫神经

【练习题】

一、名词解释

斜角肌间隙 scalene fissure

二、A_1 型题（单句型最佳选择题）

1. 咀嚼肌不包括
A. 颞肌　　　B. 颊肌　　　C. 翼内肌　　　D. 咬肌　　　E. 翼外肌
2. 属于表情肌的是
A. 咬肌　　　B. 头长肌　　C. 胸锁乳突肌　D. 颞肌　　　E. 枕额肌
3. 胸锁乳突肌的起止点是
A. 起于胸骨柄前端，止于颞骨乳突　　　　B. 起于胸锁关节，止于下颌骨
C. 起于锁骨前端，止于颞骨乳突　　　　　D. 起于锁骨胸骨端和胸骨柄前面，止于颞骨乳突
E. 起于锁骨胸骨端和胸骨柄前面，止于下颌骨
4. 一侧胸锁乳突肌收缩时
A. 头后仰　　　　　　　B. 颈椎充分屈曲　　　C. 颈椎充分伸展
D. 头向同侧屈曲　　　　E. 头向对侧屈曲
5. 斜方肌
A. 止于肩胛冈　　　　　　　　B. 起于胸椎棘突
C. 两侧同时收缩可使头后仰　　D. 起于枕外隆凸和项韧带　　　E. 以上均正确
6. 背阔肌
A. 使肱骨内收、旋内和后伸　　B. 止于肩峰　　　　　C. 起于全部腰椎棘突
D. 起于全部胸椎和腰椎棘突　　E. 使肩关节外展、旋外和后伸
7. 肩胛提肌
A. 位于斜方肌深面　　　　　　B. 上提肩胛骨
C. 止于肩胛骨上角和内侧缘上部　D. 起于上位颈椎横突
E. 以上均正确
8. 胸大肌起于
A. 肱骨小结节嵴　　　　B. 肱骨大结节嵴　　　C. 肱骨小结节
D. 锁骨内侧半、胸骨、第 1～6 肋软骨　　　　E. 胸骨和第 1～6 肋软骨

9. 参与呼吸运动的肌有

A. 前锯肌　　　　　　　　　　　　B. 膈肌　　　　　　　　　　　C. 肋间外肌和肋间内肌

D. 胸大肌和胸小肌　　　　　　　　E. 以上均正确

10. 关于膈肌的描述，以下正确的是

A. 主动脉裂孔位于第 12 胸椎前方　　　B. 食管裂孔位于腔静脉孔右前方

C. 腔静脉孔位于食管裂孔左前方　　　　D. 主动脉裂孔位于第 10 胸椎前方

E. 食管裂孔约平第 8 胸椎

11. 腹外斜肌

A. 起于白线　　　　　　　　　　　B. 腹外斜肌腱膜形成腹股沟韧带

C. 腹外斜肌腱膜形成腹直肌鞘前层　　D. 起于上 8 对肋骨外侧面

E. 止于腹股沟韧带

12. 三角肌

A. 起于锁骨全长、肩峰和肩胛冈　　　B. 止于肱骨大结节

C. 可使肩关节内收　　　　　　　　　D. 可使肩关节旋内　　　　E. 不能使肩关节外展

13. 能使肩关节外展的肌是

A. 肱二头肌　　　　　　　　　　　B. 三角肌　　　　　　　　　C. 肱三头肌

D. 大圆肌　　　　　　　　　　　　E. 肩胛下肌

14. 具有屈肘关节并使前臂旋后的肌是

A. 肱肌　　　　B. 胸大肌　　　C. 肱二头肌　　　D. 旋前圆肌　　　E. 旋后肌

15. 使前臂旋转的肌有

A. 肱二头肌　　　　　　　　　　　B. 旋后肌　　　　　　　　　C. 旋前圆肌

D. 旋前方肌　　　　　　　　　　　E. 以上均正确

16. 前臂前群肌的功能不包括

A. 屈腕　　　　B. 伸腕　　　C. 屈指　　　D. 旋前　　　E. 以上均不正确

17. 手肌

A. 外侧群称为小鱼际　　　　　　　B. 蚓状肌属于中间群　　　　C. 骨间背侧肌位于手掌侧

D. 内侧群的支配神经为正中神经　　E. 拇收肌收缩可使拇指外展

18. 关于髂腰肌的描述，错误的是

A. 屈髋关节　　　　　　　　　　　B. 包括腰大肌和髂肌　　　　C. 起于股骨大转子

D. 髂肌起于髂窝　　　　　　　　　E. 使股骨旋外

19. 可屈髋关节的肌有

A. 臀大肌　　　　B. 髂腰肌　　　C. 臀中肌　　　D. 梨状肌　　　E. 股方肌

20. 既能屈髋关节又能屈膝关节的肌是

A. 股四头肌　　　B. 股二头肌　　　C. 缝匠肌　　　D. 股直肌　　　E. 半膜肌

21. 由坐骨神经支配的肌包括

A. 股四头肌　　　B. 缝匠肌　　　C. 股二头肌　　　D. 臀大肌　　　E. 大收肌

22. 股四头肌

A. 伸膝、伸髋　　　　　　　　　　B. 起于髂前上棘　　　　　　C. 支配神经为闭孔神经

D. 止于胫骨粗隆　　　　　　　　　E. 使髋关节内收、旋外

23. 与屈膝关节有关的肌是

A. 股二头肌　　　B. 胫骨前肌　　　C. 腓骨长肌　　　D. 股四头肌　　　E. 阔筋膜张肌

24. 以下描述，错误的是
   A. 股二头肌位于大腿前面　　　　　　　　　　B. 大腿内收肌群有 5 块
   C. 小腿三头肌可屈踝关节和膝关节
   D. 小腿前群肌包括胫骨前肌、踇长伸肌、趾长伸肌　　　E. 以上均不正确
25. 使足内翻的肌有
   A. 踇长伸肌　　B. 腓骨长肌　　C. 胫骨前肌　　D. 趾长伸肌　　E. 腓肠肌

三、A₂ 型题（病例摘要型最佳选择题）

1. 患者，男性，35 岁，上肢及胸部肌肉力量锻炼后一天不能做推车运动，最有可能是由哪块肌肉用力过度所致
   A. 三角肌　　B. 肩胛提肌　　C. 胸小肌　　D. 前锯肌　　E. 斜方肌
2. 患者，男性，18 岁，酒后斗殴，右手腕部被刀砍伤，清创缝合后收治入院，右手指不能内收，拇指对掌功能丧失，最有可能损伤的神经是
   A. 正中神经　　　　　　　　B. 尺神经　　　　　　　　C. 桡神经
   D. 桡神经和正中神经　　　　E. 尺神经和正中神经
3. 患者，男性，36 岁，半小时前搬运重物时右上臂被砸伤，局部肿胀畸形，无开放性外伤，X 线片显示肱骨中段粉碎性骨折，体检时还应检查患者
   A. 有无伸肘功能障碍　　　　B. 有无伸腕功能障碍　　　C. 有无屈肘功能障碍
   D. 有无屈腕功能障碍　　　　E. 有无拇指对掌功能障碍
4. 患者，男性，7 岁，左手被水果刀切割伤，检查时发现屈指浅、深肌腱均断裂，患者的主要表现是
   A. 两指间关节不能屈曲　　　B. 近侧指间关节不能屈曲　　C. 远侧指间关节不能屈曲
   D. 掌指关节不能屈曲　　　　E. 两指间关节及掌指关节不能屈曲
5. 患者，男性，45 岁，臀部被刀刺伤后下肢跛行 3 个月，有可能损伤的神经是
   A. 臀上神经　　B. 臀下神经　　C. 坐骨神经　　D. 腓总神经　　E. 胫神经
6. 患者，男性，15 岁，因不小心摔跤导致肱骨髁上骨折，考虑尺神经损伤。治疗康复期间最应该防止出现的畸形是
   A. 肘外翻畸形　　　　　　　B. 肘内翻畸形　　　　　　C. 肘关节前脱位
   D. 肘关节后脱位　　　　　　E. 向前成角畸形
7. 患者，男性，30 岁，外伤致肱骨干骨折，患者不能伸腕，最有可能损伤的神经是
   A. 正中神经　　B. 尺神经　　C. 桡神经　　D. 肌皮神经　　E. 腋神经
8. 患者，男性，35 岁，网球运动员，主诉右手抓握和提举物体时肘部外侧疼痛，活动后加重，持续半个月，医生初步诊断为肱骨外上髁炎，患者最有可能损伤的是
   A. 肱桡肌　　　　　　　　　B. 桡侧腕短伸肌　　　　　C. 桡侧腕屈肌
   D. 尺侧腕屈肌　　　　　　　E. 尺侧腕伸肌
9. 患者，男性，28 岁，重体力劳动后出现上下楼梯和跳跃时膝关节处疼痛明显，检查发现其髌骨上缘压痛明显，局部有轻度肿胀，但髌骨无压痛，该患者最有可能的病因是
   A. 髌骨软化症　　　　　　　B. 髌骨骨折　　　　　　　C. 膝关节韧带损伤
   D. 股四头肌肌腱断裂　　　　E. 关节腔积液
10. 患者，女性，25 岁，因车祸导致左上臂骨折，X 线片显示为肱骨上端骨折，查体时发现肩关节外展受限，患者最有可能损伤的肌肉和神经是
   A. 三角肌和腋神经　　　　　B. 三角肌和正中神经　　　C. 肩胛下肌和腋神经
   D. 小圆肌和桡神经　　　　　E. 肩胛下肌和尺神经

四、B₁型题（标准配伍题）

（1～5题共用备选答案）

A. 旋后肌　　　　　　　B. 尺侧腕伸肌　　　　　　C. 指伸肌
D. 肱三头肌　　　　　　E. 桡侧腕屈肌

1. 同时具有伸肘、伸腕和伸指作用的肌是
2. 同时具有伸肘、前臂旋后作用的肌是
3. 同时具有伸腕、腕内收作用的肌是
4. 同时具有屈肘、屈腕作用的肌是
5. 同时具有伸肩、伸肘关节的肌是

（6～10题共用备选答案）

A. 肱二头肌　　B. 缝匠肌　　C. 股四头肌　　D. 大圆肌　　E. 胫骨后肌

6. 同时屈髋、伸膝的肌是
7. 同时屈髋、屈膝的肌是
8. 可使足内翻的肌是
9. 同时屈肩、屈肘关节的肌是
10. 使上臂内收、旋内和后伸的肌是

五、思考题

患者，女性，60岁，晾晒衣物时不慎跌倒致右侧坐骨支骨折，出现患侧下肢髋关节内收功能障碍。

问题：
1. 该患者的运动功能障碍可能与哪些肌的瘫痪有关？
2. 患者肌瘫痪的原因是什么？

【参考答案】

一、名词解释

斜角肌间隙 scalenus interspace：前、中斜角肌与第1肋之间形成的呈三角形的间隙，内有锁骨下动脉和臂丛神经通过。

二、A₁型题（单句型最佳选择题）

1. B　2. E　3. D　4. D　5. E　6. A　7. E　8. D　9. E　10. A　11. B　12. D　13. B　14. C
15. E　16. B　17. B　18. C　19. B　20. C　21. C　22. D　23. A　24. A　25. C

三、A₂型题（病例摘要型最佳选择题）

1. D　2. E　3. B　4. A　5. C　6. B　7. C　8. B　9. D　10. A

四、B₁型题（标准配伍题）

1. C　2. A　3. B　4. E　5. D　6. C　7. B　8. E　9. A　10. D

五、思考题（略）

（陈伟伟）

第二篇 内 脏 学

第四章 内脏学总论

【实验目的】

一、知识目标

1. 能够说出内脏的概念。
2. 能够描述内脏的一般结构。
3. 能够描述胸部的标志线和腹部的分区。

二、技能目标

能够运用胸部标志线和腹部分区进行内脏器官的定位。

三、情感、态度和价值观目标

能够通过内脏参与人体物质代谢的活动，理解"生命体的存在方式是与外界不断的新陈代谢"这一自然辩证法论点。

【实验内容】

一、内脏学

解剖学上，将位于胸、腹、盆腔内的消化、呼吸、泌尿和生殖系统的器官，称为内脏 viscera。研究内脏器官的位置、形态结构和功能的科学，称为内脏学。某些与内脏密切相关的结构，如胸膜、腹膜和会阴等，也归于内脏学范畴。

二、内脏的一般结构

（一）中空性器官

1. 特点 呈管状或囊状，内部均有空腔。
2. 管壁构造 由数层组织构成。呼吸道、泌尿道、生殖道由3层结构构成。消化管为4层，由内向外依次为黏膜、黏膜下层、肌层和外膜。

（二）实质性器官

1. 特点 无特定空腔，多属腺组织，表面包以被膜或浆膜。
2. 门 是实质性器官的血管、功能性导管、神经和淋巴管等出入该器官的凹陷处。

三、胸部标志线及腹部分区

（一）胸部标志线

1. 胸前壁 前正中线、胸骨线、胸骨旁线、锁骨中线。

2. 胸侧壁 腋前线、腋中线、腋后线。

3. 胸后壁 肩胛线、后正中线。

（二）腹部分区（表 4-1）

表 4-1　腹部分区（三部九区）

区域	右侧	中部	左侧
上腹部	右季肋区	腹上区	左季肋区
中腹部	右外侧区（腰区）	脐区	左外侧区（腰区）
下腹部	右髂区（腹股沟区）	腹下区（耻区）	左髂区（腹股沟区）

【练习题】

一、名词解释

内脏 viscera

二、A_1 型题（单句型最佳选择题）

1. 下列器官中属于内脏器官的是
A. 松果体　　B. 垂体　　C. 胸腺　　D. 子宫　　E. 甲状腺
2. 下列器官中不属于实质性器官的是
A. 肾　　B. 腮腺　　C. 子宫　　D. 肝　　E. 乳房
3. 下列器官中属于中空性器官的是
A. 胃　　B. 卵巢　　C. 胰　　D. 肺　　E. 睾丸
4. 胸骨线是
A. 通过身体前正中线所作的垂直线　　B. 沿胸骨最宽处的外侧缘所作的垂直线
C. 通过锁骨中点的垂直线　　D. 沿腋前襞向下所作的垂直线
E. 沿胸骨中点所作的垂直线
5. 下列器官中具有"门"的形态结构的是
A. 胸腺　　B. 小肠　　C. 子宫　　D. 肾　　E. 甲状腺
6. 下列位于右季肋区的器官是
A. 胆囊　　B. 阑尾　　C. 子宫　　D. 脾　　E. 胃

三、A_2 型题（病例摘要型最佳选择题）

1. 患者，男性，30 岁，右腹股沟区压痛及反跳痛 1 天，疼痛逐渐加重。最有可能引起疼痛的器官是
A. 空肠　　B. 胆囊　　C. 胰　　D. 胃　　E. 阑尾
2. 患者，男性，25 岁，体型消瘦，自诉重体力劳动后出现胸痛、气短、呼吸困难，入院诊断为右侧气胸。胸腔穿刺术应在何处进行
A. 右锁骨中线与第 2 肋间隙交点处　　B. 右锁骨中线与右肋弓交点处
C. 右肋弓与腹直肌外侧缘交点处　　D. 麦氏点　　E. 右脊肋角

四、B₁型题（标准配伍题）

（1～3题共用备选答案）

A. 前正中线　　B. 胸骨线　　C. 锁骨中线　　D. 胸骨旁线　　E. 肩胛线

1. 通过肩胛骨下角的垂直线是
2. 沿身体前正中线所作的垂直线是
3. 经胸骨最宽处的外侧缘与锁骨中线之间的中点所作的垂直线是

五、思考题

患者，男性，43岁，因意外导致重物严重压迫胸壁，出现胸痛、呼吸困难就诊，曾一度出现窒息而行胸膜腔穿刺抽气。经X线检查，发现患者左侧多发性肋骨骨折，左肺萎缩，左侧胸膜腔有积气、积液。

问题：

1. 该患者的胸膜腔穿刺抽气在何处进行？
2. 若需引流胸膜腔里的积液，应在何处施行？

【参考答案】

一、名词解释

内脏 viscera：指位于体腔内参与执行消化、呼吸、泌尿和生殖等功能，并借一定的孔道直接或间接与外界相通的器官。

二、A₁型题（单句型最佳选择题）

1. D　2. C　3. A　4. B　5. D　6. A

三、A₂型题（病例摘要型最佳选择题）

1. E　2. A

四、B₁型题（标准配伍题）

1. E　2. A　3. D

五、思考题（略）

（于　洋）

第五章 消化系统

【实验目的】

一、知识目标

1. 能够说出消化系统的组成和功能。
2. 能够阐述消化管各段的名称、分界标志和通连关系。
3. 能够说出口腔的分部和境界；阐述三对唾液腺的位置和开口部位；说出牙的种类和排列、舌的形态和构造、颏舌肌的作用。
4. 能够阐述咽的位置、分部和通连关系。
5. 能够阐述食管的分段和狭窄。
6. 能够阐述胃的形态、分部和位置。
7. 能够说出小肠的组成，十二指肠的形态和结构，空、回肠的位置及结构特征。
8. 能够说出大肠的分部、盲肠和结肠的形态特征；阐述阑尾的形态、常见位置和体表投影；阐述直肠与肛管的位置和形态。
9. 能够阐述肝和胆囊的位置、形态和结构特点；输胆管道的组成和胆汁排出途径。
10. 能够说出胰的位置、形态和分部。

二、技能目标

1. 能够在体表确认胃的触诊部位。
2. 能够在体表确认胆囊底和阑尾根部的体表投影位置。

三、情感、态度和价值观目标

能够通过消化系统关于食物消化、营养吸收的整体功能，分析学习各消化器官的结构和具体作用，从而认识还原论——科学研究的基本方法。

【实验内容】

一、消化系统的组成和功能

组成（图5-1）:
- 消化管
  - 上消化管：口腔至十二指肠的消化管，包括口腔、咽、食管、胃、十二指肠
  - 下消化管：空肠以下的消化管，包括空肠、回肠、盲肠、阑尾、结肠、直肠、肛管
- 消化腺
  - 大消化腺：大唾液腺、肝、胰
  - 小消化腺：广泛存在于消化管壁内

功能：消化食物、吸收营养物质、排出食物残渣。

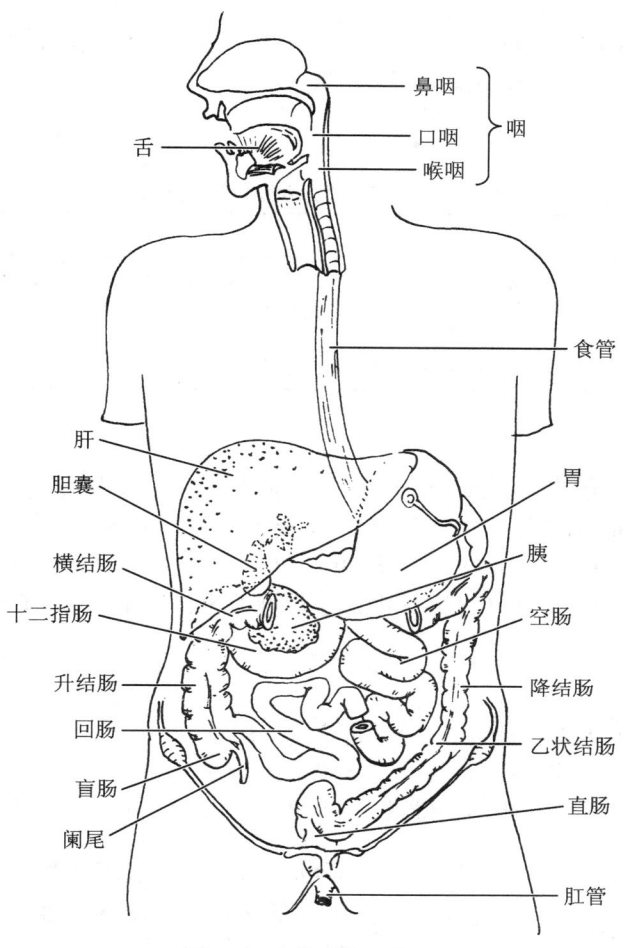

图 5-1 消化系统示意图

二、消化管

（一）消化管各段通连关系

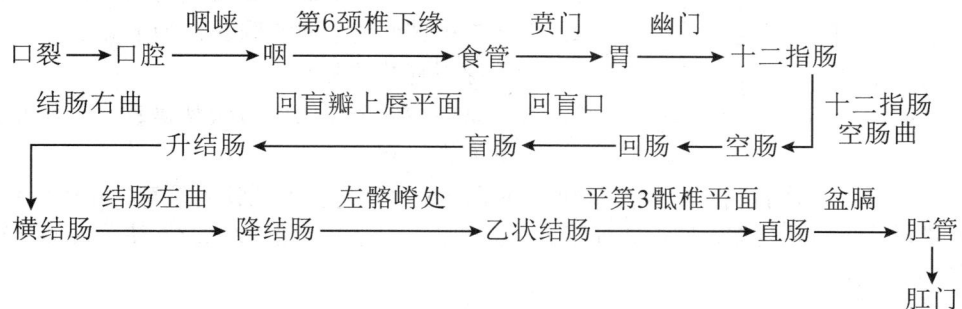

（二）口腔

1. 分部　口腔分为口腔前庭和固有口腔。
2. 境界　前壁为唇，侧壁为颊，上壁为腭，下壁为口底。

3. 咽峡 isthmus of fauces 是由腭舌弓、软腭游离缘、腭垂及舌根共同围成，是口腔与咽的分界处，也是口腔和咽之间的狭窄部。

4. 唾液腺 见表 5-1。

表 5-1 三对唾液腺的位置和开口

名称	位置	开口
腮腺	耳郭前下方	平上颌第二磨牙所对颊黏膜上的腮腺管乳头
下颌下腺	下颌下三角内	开口于舌下阜
舌下腺	舌下襞的深面	大管与下颌下腺管合并开口于舌下阜；小管开口于舌下襞表面

5. 牙

（1）乳牙：全部出齐，共 20 个，即上、下颌左右各 5 个，用罗马数字（Ⅰ～Ⅴ）表示，分别是乳中切牙、乳侧切牙、乳尖牙、第一乳磨牙、第二乳磨牙。

（2）恒牙：28～32 个（第三磨牙约 30% 终生不萌出），即上、下颌左右各 7～8 个，用阿拉伯数字（1～8）表示，分别是中切牙、侧切牙、尖牙、第一前磨牙、第二前磨牙、第一磨牙、第二磨牙、第三磨牙。

6. 舌

（1）舌的形态
- 舌根：舌背上"V"形界沟后 1/3
- 舌体：舌背上"V"形界沟前 2/3
- 舌尖：舌体的前端

（2）舌黏膜
- 上面（舌背）
  - 舌乳头
    - 丝状乳头：含一般感受器
    - 菌状乳头：含味觉感受器
    - 叶状乳头：含味觉感受器
    - 轮廓乳头：含味觉感受器
  - 舌扁桃体：舌根部黏膜内淋巴组织形成结节状隆起
- 下面（舌底）
  - 舌系带：中线上连于口底的纵行黏膜皱襞
  - 舌下阜：舌系带根部两侧的黏膜隆起，为下颌下腺和舌下腺大管的共同开口
  - 舌下襞：舌下阜向后外侧延续的带状黏膜皱襞，有舌下腺小管的直接开口

（3）舌肌：为骨骼肌，分舌内肌和舌外肌。颏舌肌起自下颌骨的颏棘，止于舌中线两侧。两侧颏舌肌同时收缩，拉舌向前下方，即伸舌；一侧颏舌肌收缩时，使舌尖伸向对侧。

（三）咽

1. 位置 第 1～6 颈椎前方，上至颅底，下方在第 6 颈椎处移行为食管（图 5-2）。

2. 咽的分部及通连关系

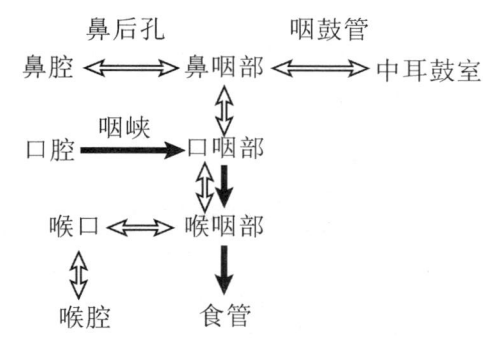

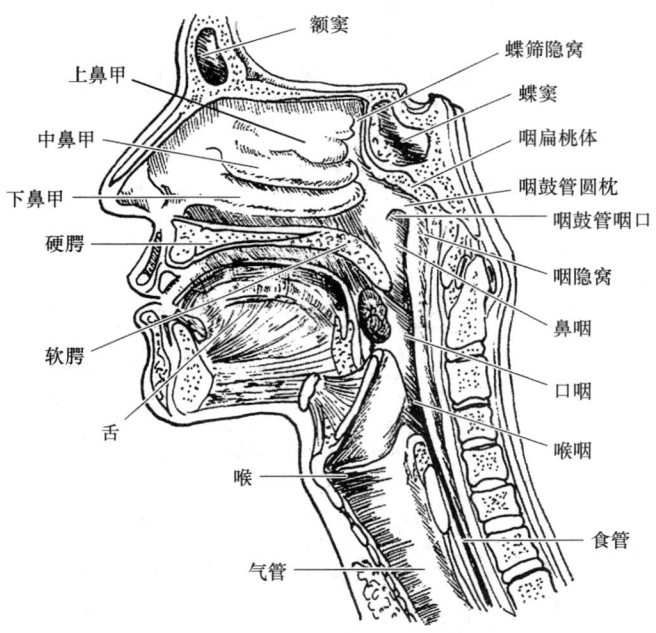

图 5-2 头、颈部正中矢状断面

（四）食管

1. 分部
- 颈部：第 6 颈椎下缘至胸骨颈静脉切迹平面之间
- 胸部：颈静脉切迹平面至膈的食管裂孔之间
- 腹部：膈的食管裂孔至胃贲门之间

2. 食管的狭窄 全程有 3 处生理性狭窄，常为异物滞留和病变及内镜损伤的好发部位（表 5-2）。

表 5-2 食管的狭窄

名称	位置	距中切牙距离
第一狭窄	食管起始部	约 15cm
第二狭窄	左主支气管跨越食管处	约 25cm
第三狭窄	食管穿膈的食管裂孔处	约 40cm

(五)胃

胃的形态和分部见表 5-3、图 5-3。胃中等度充盈时,大部分位于左季肋区,小部分位于腹上区。

表 5-3 胃的形态和分部

项目		描述
形态		
	两口	入口:贲门,上接食管 出口:幽门,下与十二指肠相续
	两壁	前壁:朝向前上方 后壁:朝向后下方
	两缘	上缘:称胃小弯,凹向右上方,最低弯曲处为角切迹 下缘:称胃大弯;凸向左下方,食管左缘与胃大弯起始处形成贲门切迹
分部		
	贲门部	贲门附近的部分
	胃底	贲门平面以上部分,亦称胃穹隆
	胃体	自胃底向下至角切迹处的中间部分
	幽门部	角切迹至幽门的部分,又可分为左侧幽门窦,右侧幽门管

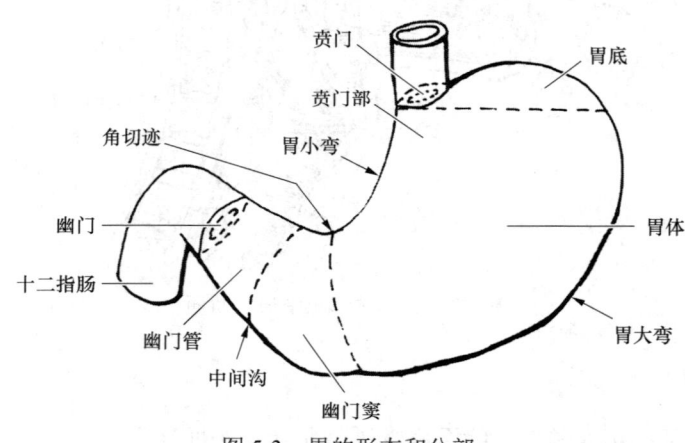

图 5-3 胃的形态和分部

(六)小肠

1. 十二指肠

(1)形态:上连胃的幽门,下续空肠,紧贴腹后壁,呈"C"形包绕胰头。

(2)分部:分 4 部。

分部 { 上部:近幽门 2~5cm 的一段肠管,称十二指肠球,是十二指肠溃疡好发部位
降部:位于第 1~3 腰椎体右侧,后内侧壁上有十二指肠纵襞,纵襞的下端有十二指肠大乳头
水平部:平第 3 腰椎,自右向左横过第 3 腰椎,肠系膜上动、静脉贴其前面下行
升部:向前下方转折的弯曲处为十二指肠空肠曲,是十二指肠和空肠的分界标志

(3)十二指肠大乳头 major duodenal papilla:距中切牙约 75cm,位于十二指肠降部后内侧壁上,是胆总管和胰管共同开口的部位。

（4）十二指肠悬韧带：又称 Treitz 韧带，由十二指肠悬肌和其表面的腹膜皱襞共同形成，位于十二指肠空肠曲与右膈脚之间，是手术中确定空肠起始端的重要标志。

2. 空肠和回肠　鉴别特征见表 5-4。

表 5-4　空肠和回肠的鉴别特征

部位	空肠	回肠
管壁	厚而重	薄而轻
血供	丰富	较少
系膜内直动脉	较长	较短
系膜内动脉弓	动脉弓级数较少，一般 1～2 级	动脉弓级数较多，一般 3～4 级
壁内绒毛皱襞	高而密集	短而稀少
淋巴结、淋巴滤泡	较少；孤立淋巴滤泡	较多；集合淋巴滤泡

（七）大肠

1. 分部　盲肠、阑尾、结肠（升结肠、横结肠、降结肠、乙状结肠）、直肠、肛管。

2. 特征性结构　盲肠和结肠具有结肠带、结肠袋和肠脂垂三大特征性结构，是区分大肠与小肠的关键标志。三条结肠带汇集于阑尾根部。

3. 阑尾

（1）位置：下端游离，上端连于盲肠的后内侧壁。其位置变化较大，有回肠前位、回肠后位、盲肠下位、盲肠后位及盆位等。

（2）体表投影：麦氏点 McBurney point 位于右髂前上棘与脐连线的中外 1/3 交点处（图 5-4）；Lanz 点位于左、右髂前上棘连线的右中 1/3 交点处。

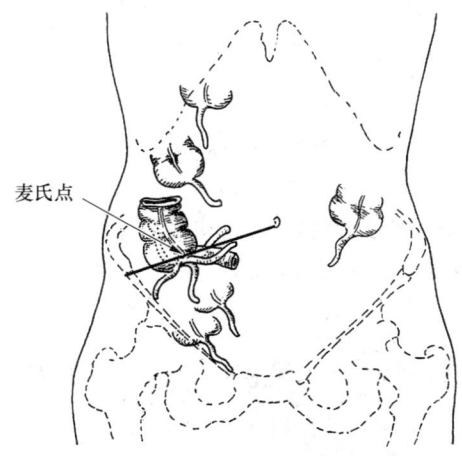

图 5-4　阑尾的位置

4. 直肠

（1）位置：位于盆腔后部，骶、尾骨前方。其上端约平第 3 骶椎高度并与乙状结肠相接，下端穿盆膈后延续为肛管。

（2）形态：有骶曲和会阴曲。临床进行直肠镜或乙状结肠镜检查时，应注意这些弯曲。

5. 肛管

（1）位置：自盆膈处起自直肠，终于肛门。

（2）肛管形态：内部有纵行皱襞形成的肛柱，6～10 条；相邻肛柱的下端相连的半月形的黏膜皱襞称肛瓣；肛瓣与肛柱下端共同围成开口向上的隐窝为肛窦，是肛窦炎、肛周脓肿或肛瘘的好发部位。

（3）齿状线：为连接肛柱下端与肛瓣边缘的锯齿状线。

三、消化腺

（一）肝

1. 位置 肝的大部分位于右季肋区和腹上区，小部分位于左季肋区。肝上界与膈穹窿一致。肝下界右侧与右肋弓一致，中部超出剑突下约 3cm，左侧被左肋弓掩盖。3 岁以下的健康幼儿，肝下缘可比右肋弓低约 2cm。7 岁以后，在右肋弓下如能触及肝的下界，可考虑病理性肝大。

2. 形态

（1）两面：上面为膈面，下面为脏面。

（2）四缘
- 前缘：也称下缘，是脏面与膈面的分界线。薄而锐利，有肝圆韧带切迹和胆囊切迹
- 后缘：钝圆，朝向脊柱
- 右缘：钝圆，是肝右叶的右下缘
- 左缘：薄而锐利，是肝左叶的左缘

（3）三沟
- 左纵沟
  - 前部：称肝圆韧带裂，有肝圆韧带通过。肝圆韧带为胚胎时期脐静脉闭锁的遗迹
  - 后部：称静脉韧带裂，容纳静脉韧带。静脉韧带为胚胎时期静脉导管闭锁的遗迹
- 右纵沟
  - 前部：胆囊窝，容纳胆囊
  - 后部：腔静脉沟，容纳下腔静脉
- 横沟（肝门）

3. 肝门 porta hepatis 肝的脏面横沟处，是肝左右管、肝固有动脉左右支、肝门静脉左右支及神经、淋巴管出入肝的门户（图 5-5）。

4. 肝蒂 出入肝门的结构被结缔组织包绕构成肝蒂。

5. 肝的韧带 有镰状韧带，肝圆韧带，左、右冠状韧带，左、右三角韧带等，起固定作用。

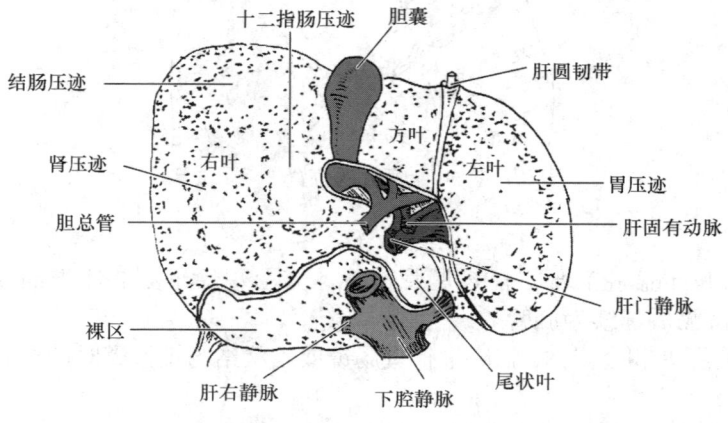

图 5-5 肝的下面（脏面）

6.肝外胆道 由肝左管、肝右管、肝总管、胆囊和胆总管构成。

（1）胆囊。

1）位置：肝脏面的胆囊窝内，借疏松结缔组织附着于肝，下面游离，覆以腹膜。

2）分部：胆囊底、胆囊体、胆囊颈、胆囊管。

3）体表投影：胆囊底的体表投影位于右锁骨中线与右侧肋弓相交处。胆囊病变时，此处有压痛。

胆囊三角 Calot triangle 为胆囊管、肝总管和肝脏面围成的三角形区域，是胆囊切除术寻找胆囊动脉的标志。

（2）胆汁排出途径：

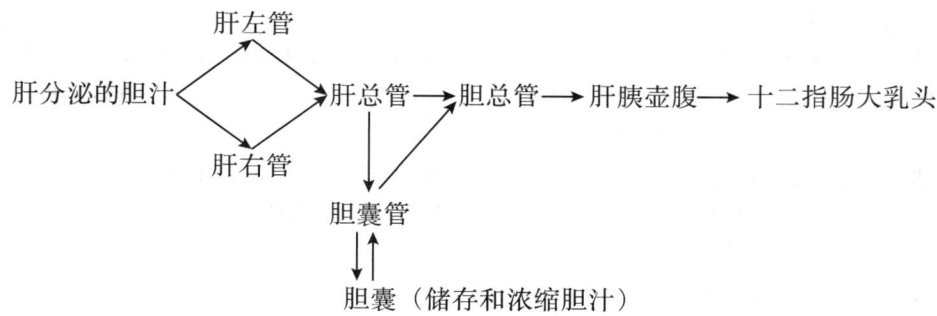

（二）胰

1.位置 横行于第1～2腰椎平面，紧贴腹后壁。

2.分部 分头、颈、体、尾4部（图5-6）。胰头较膨大，被十二指肠包绕。胰颈很短，为头、体移行变窄处。胰体在右侧连接胰颈，走向左侧靠近脾门时逐渐变细。胰尾较细，伸向左上方抵达脾门。

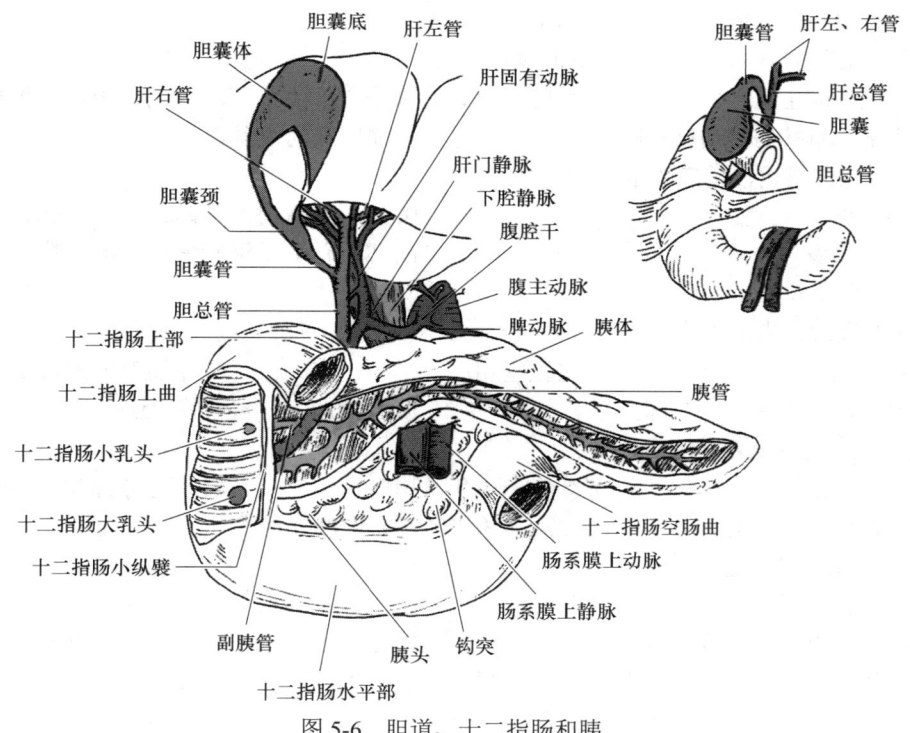

图 5-6 胆道、十二指肠和胰

【练习题】

一、名词解释

1. 咽峡 isthmus of fauces
2. 麦氏点 McBurney point
3. 肝门 porta hepatis
4. 胆囊三角 Calot triangle

二、A_1 型题（单句型最佳选择题）

1. 上消化管是指口腔至
   A. 咽　　　　B. 食管　　　　C. 胃　　　　D. 空肠　　　　E. 十二指肠
2. 关于口腔的描述，正确的是
   A. 是消化管和呼吸道的起始部　　　　B. 分为口腔前庭和固有口腔
   C. 上壁为硬腭　　　　D. 下壁为舌　　　　E. 向后与食管相续
3. 关于舌的描述，下列选项哪个错误
   A. 舌背表面富含舌乳头　　　　B. 舌根与舌体以界沟为界
   C. 舌根背面黏膜下有舌扁桃体　　　　D. 一侧颏舌肌收缩可使舌伸向对侧
   E. 一侧颏舌肌收缩可使舌伸向同侧
4. 下列咽的描述，正确的是
   A. 口咽是消化管和呼吸道的共同通道　　　　B. 上端附着颅底、下通食管和气管
   C. 鼻咽后壁有咽鼓管咽口　　　　D. 口咽侧壁有咽隐窝　　　　E. 喉咽下端续气管
5. 下列属于鼻咽的结构是
   A. 扁桃体窝　　　B. 蝶筛隐窝　　　C. 咽隐窝　　　D. 梨状隐窝　　　E. 半月裂孔
6. 关于食管的描述，下列选项正确的是
   A. 为平滑肌管道　　　　B. 上接口咽，下连胃　　　　C. 全长分颈、胸两部
   D. 颈部位于喉和气管的后方　　　　E. 起始处较狭窄
7. 关于胃的位置描述，下列哪个选项正确
   A. 大部分位于腹上区　　　　B. 贲门位于第 11 胸椎左侧　　　　C. 幽门位于第 2 腰椎左侧
   D. 前壁大部分直接与腹前壁相贴　　　　E. 属腹膜间位器官
8. 下列关于胃的描述，正确的是
   A. 胃上接食管、下续空肠　　　　B. 胃可分贲门部、胃底、胃体和幽门部
   C. 胃底又称胃窦　　　　D. 胃幽门处平滑肌增厚成幽门瓣
   E. 胃属于腹膜间位器官
9. 关于咽的说法，错误的是
   A. 上起自颅底　　　　B. 与鼓室相通　　　　C. 下至第 6 颈椎下缘
   D. 分为鼻咽、口咽和喉咽 3 部分　　　　E. 喉咽的下方与喉腔相通
10. 有关牙的描述，正确的是
    A. 牙腔内有牙髓　　　　B. 牙完全由牙质构成　　　　C. 可分牙冠和牙根两部
    D. 乳牙和恒牙均有前磨牙　　　　E. 牙冠和牙根的表面均覆有釉质
11. 有关大唾液腺的描述，正确的是
    A. 腮腺管开口于舌下襞　　　　B. 最小的一对为下颌下腺
    C. 舌下腺小管也开口于舌下阜　　　　D. 三对大唾液腺均有导管开口于舌下阜
    E. 腮腺管开口于平对上颌第二磨牙的颊黏膜处

12. 有关胃的描述，正确的是

A. 中等度充盈时，大部分位于左季肋区和腹上区　　B. 剑突下方是临床上进行胃触诊的部位

C. 胃底位于胃的最低处　　　　　　　　　　　　　D. 入口幽门，出口贲门

E. 角切迹位于胃大弯的最低处

13. 有关小肠的描述，错误的是

A. 分空肠和回肠两部分　　　　　　　　　　　　　B. 包括十二指肠、空肠和回肠 3 部分

C. 管腔有大量环状皱襞　　　　D. 黏膜有许多肠绒毛　　　　E. 为消化和吸收的主要部位

14. 有关大肠的描述，正确的是

A. 各部均有结肠带、结肠袋和肠脂垂　　　　　　　B. 盲肠为大肠的起始部，位于右髂窝

C. 结肠可分为升结肠、横结肠和乙状结肠 3 部分　　D. 直肠的会阴曲凸向后

E. 阑尾的下端连于盲肠

15. 有关肝的描述，正确的是

A. 位于右季肋区和腹上区　　　　　　　　　　　　B. 上界在右锁骨中线平第 6 肋

C. 膈面凹凸不平，可分 4 叶　　D. 肝下界右侧与右肋弓一致　　E. 肝静脉由肝门出肝

16. 有关胆囊的描述，正确的是

A. 为分泌胆汁的器官　　　　B. 位于肝的胆囊窝内　　　　C. 分底、体、颈 3 部分

D. 胆囊管和肝左、右管合成胆总管

E. 胆囊底的体表投影位于锁骨中线与左肋弓相交处

17. 有关胰的描述，正确的是

A. 兼有内、外分泌部，分泌物全由胰管输送　　　　B. 在第 1、2 腰椎水平横贴于腹后壁

C. 位于胃的前方　　　　　　　　　　　　　　　　D. 可分头、颈、体三部分

E. 胰管与肝总管汇合后共同开口于十二指肠大乳头

18. 位于胃后方的器官是

A. 肝　　　　B. 胰　　　　C. 胆囊　　　　D. 空肠　　　　E. 十二指肠

19. 下列关于肝的描述，正确的是

A. 肝大部分位于右季肋区和腹上区　　　　　　　　B. 肝上界平对第 6 肋

C. 新生儿肝下界完全与右肋弓一致　　　　　　　　D. 肝脏面有"H"形沟，称肝门

E. 肝膈面无腹膜覆盖，称"裸区"

20. 关于第二肝门的描述，正确的是

A. 为肝门静脉汇入下腔静脉处　　　　　　　　　　B. 为肝左、中、右静脉汇入下腔静脉处

C. 为肝短静脉汇入下腔静脉处　　　　　　　　　　D. 为肝门静脉与肝静脉汇入下腔静脉处

E. 为肝左、中、右静脉与肝短静脉汇入下腔静脉处

21. 下列哪个结构不属于固定肝的韧带

A. 大网膜　　　B. 三角韧带　　　C. 冠状韧带　　　D. 镰状韧带　　　E. 肝圆韧带

22. 关于肝外胆道的描述，正确的是

A. 肝左、右管伴肝静脉出肝　　　B. 肝左、右管汇合成胆总管　　　C. 胆囊管汇入肝总管

D. 胆总管与胰管合成肝胰壶腹　　E. 肝胰壶腹开口于十二指肠上部

23. 关于胆总管的描述，正确的是

A. 由左、右肝管汇合而成　　　B. 全程行于肝十二指肠韧带内　　　C. 参与围成胆囊三角

D. 末端膨大成肝胰壶腹　　　　E. 与胰管共同开口于十二指肠大乳头

24. 关于胆囊的描述，下列哪个选项正确

A. 为腹膜内位器官　　　　　　B. 能产生和储存胆汁

C. 胆囊管与胰管汇合开口于十二指肠小乳头　　D. 胆囊结石最容易嵌顿于胆囊底
E. 胆囊底的体表投影为右锁骨中线与右肋弓交点附近

25. 以下对胰的描述，正确的是
A. 横跨第 1~2 腰椎体的后方　　　　　　　B. 为腹膜内位器官
C. 十二指肠包绕胰头和胰体　　　　　　　　D. 胃后壁隔网膜囊与胰头紧贴
E. 副胰管开口于十二指肠小乳头

三、A₂ 型题（病例摘要型最佳选择题）

1. 患者，男性，20 岁，主诉发热、头痛、无力、咬合食物困难，且双侧颞部及耳部肿痛 3 天。医生按压其肿痛区域皮肤时，见口腔内近上颌第二磨牙颊黏膜处有脓性液体流出，提示下列哪个结构发生病变
A. 腮腺　　　B. 下颌下腺　　　C. 舌下腺　　　D. 咽扁桃体　　　E. 咽峡

2. 患者，女性，10 岁，主诉耳痛、流脓、听力下降并伴有咽部疼痛，耳镜检查见鼓膜紧张部内陷、光锥变形，口咽及鼻咽有黏膜充血、血管扩张表现，诊断为中耳炎、咽炎。患者中耳炎是通过下列哪个解剖结构形成咽炎的
A. 梨状隐窝　　　B. 舌下阜　　　C. 咽鼓管咽口　　　D. 咽隐窝　　　E. 咽鼓管圆枕

3. 患者，女性，45 岁，慢性胆囊炎病史 15 年，今晨进油腻食物后上腹剧烈绞痛，阵发性加重，向右肩放射，伴发热，此时给患者做检查时可能在下列哪个位置出现阳性体征
A. 右肋弓与右锁骨中线交点处　　　　B. 左脊肋角　　　　C. 右脊肋角
D. 麦氏点　　　　　　　　　　　　　E. 左肋弓与左锁骨中线交点处

4. 患者，男性，63 岁，患消化性溃疡 20 余年，今晨一阵剧烈咳嗽后感上腹痛。查体：剑突下有压痛，最可能受累的器官是
A. 阑尾　　　B. 胆囊　　　C. 胃　　　D. 回肠　　　E. 食管

5. 某患者有胆道梗阻，但未出现黄疸症状，其梗阻的部位可能在
A. 肝左、右管　　B. 肝总管　　　C. 胆总管　　　D. 胆囊管　　　E. Vater 壶腹

6. 患者，男性，26 岁，自诉餐后 1 小时后出现脐周疼痛，医生询问得知其在餐后半小时进行过剧烈跑动，体格检查麦氏点有压痛及反跳痛，且脐周腹痛转移固定于右下腹，提示以下哪个结构出现病变
A. 肝脏　　　B. 食管　　　C. 回肠　　　D. 阑尾　　　E. 胃

7. 患者，男性，39 岁，患十二指肠溃疡 5 年。十二指肠溃疡的好发部位是
A. 十二指肠上部　　　　B. 十二指肠降部　　　　C. 十二指肠水平部
D. 十二指肠升部　　　　E. 十二指肠悬韧带

8. 患者，女性，71 岁，因右上腹疼痛伴消化不良到医院就诊，体格检查见患者皮肤、黏膜黄染，右上腹触及包块，行 B 超、CT 及肿瘤标志物检查后确诊为胆囊癌，现需手术切除治疗，切除胆囊时应寻找到胆囊动脉并进行结扎。胆囊动脉位于哪些结构围成的三角内
A. 肝左管、肝右管与肝的脏面　　B. 肝右管、胆囊管与尾状叶　　C. 肝总管、门静脉与方叶
D. 肝总管、胆总管与肝的脏面　　E. 肝总管、胆囊管与肝的脏面

9. 患者，男性，50 岁，因呕血、黑便前往医院就诊，自诉长期不定时出现上腹不适、食欲下降、乏力表现，并有长期饮酒史，经 X 线钡餐检查和胃镜检查确诊为胃癌晚期。胃癌的好发部位是
A. 贲门部　　　B. 胃底　　　C. 胃体　　　D. 贲门切迹　　　E. 幽门窦

10. 为全面有效地保护儿童牙齿健康，避免龋齿形成，目前通常采用"窝沟封闭"的预防方法。

"窝沟封闭"材料应涂抹于牙齿的哪个部位
A. 牙根　　　B. 牙冠　　　C. 牙颈　　　D. 牙冠腔　　　E. 牙根管

四、B_1 型题（标准配伍题）

（1～3题共用备选答案）
A. 肝胃韧带　　　B. 肝十二指肠韧带　　　C. 肝圆韧带
D. 冠状韧带　　　E. 镰状韧带
1. 术中寻找肝固有动脉的标志是
2. 肝左右叶的分割标志是
3. 胎儿时期脐静脉在出生后闭锁形成的结构是

（4～6题共用备选答案）
A. 肝管　　　B. 肝总管　　　C. 胆囊管　　　D. 胆囊　　　E. 胆总管
4. 储存浓缩胆汁的结构是
5. 位于肝门处的结构是
6. 与胰管汇合形成肝胰壶腹的结构是

（7～10题共用备选答案）
A. 咽鼓管圆枕　　　B. 咽隐窝　　　C. 会厌谷
D. 梨状隐窝　　　E. 扁桃体隐窝
7. 鼻咽癌的好发部位是
8. 口咽部异物易滞留处是
9. 喉咽部异物易滞留处是
10. 寻找咽鼓管咽口的标志是

五、思考题

患者，男性，51岁，近期出现上腹痛、腹胀、吞咽不适，吞咽时有哽噎感等症状，前往医院就诊，医生初步诊断为胆汁反流性胃炎，需行内镜检查。

问题：
1. 胆汁产生于何处？经过哪些管道排入十二指肠？
2. 十二指肠引流管从口腔放入后，经过哪些结构才能到达胆管开口处？
3. 插放引流管时，常在引流管上标出15cm、25cm、40cm、75cm，其分别表示哪些结构的距离？

【参考答案】

一、名词解释

1. 咽峡 isthmus of fauces：由腭舌弓、软腭游离缘、腭垂及舌根共同围成，是口腔与咽的分界部位，也是口腔和咽之间的狭窄部。
2. 麦氏点 McBurney point：为阑尾根部的体表投影位置，位于右髂前上棘与脐连线的中外 1/3 交点处，阑尾炎时，指压此处可出现压痛和反跳痛的体征。
3. 肝门 porta hepatis：位于肝的脏面横沟处，有肝左右管、肝固有动脉左右支、肝门静脉左右支及神经和淋巴管出入。

4. 胆囊三角 Calot triangle：胆囊管、肝总管和肝脏面围成的三角形区域，三角内常有胆囊动脉通过，故该三角是胆囊手术中寻找胆囊动脉的标志。

二、A_1 型题（单句型最佳选择题）

1. E　2. B　3. E　4. A　5. C　6. E　7. B　8. B　9. E　10. A　11. E　12. B　13. A　14. B
15. D　16. B　17. B　18. B　19. A　20. B　21. A　22. D　23. E　24. E　25. E

三、A_2 型题（病例摘要型最佳选择题）

1. A　2. C　3. A　4. C　5. D　6. D　7. A　8. E　9. E　10. B

四、B_1 型题（标准配伍题）

1. B　2. E　3. C　4. D　5. A　6. E　7. B　8. C　9. D　10. A

五、思考题（略）

（孙　威）

第六章 呼吸系统

【实验目的】

一、知识目标

1. 能够说出呼吸系统的组成和功能，上、下呼吸道的概念。
2. 能够说出外鼻的形态结构，鼻腔的分部及各部的形态结构；描述鼻旁窦的位置、开口。
3. 能够描述喉的位置，喉软骨的组成、形态结构和连结及喉腔的分部；说出喉肌的位置和作用。
4. 能够描述气管的位置和构造特点，左、右主支气管的形态差别。
5. 能够阐述肺的形态、位置和分叶；说出支气管肺段的概念。
6. 能够阐述胸膜的位置和配布、胸膜腔的概念及胸膜隐窝的位置；说出胸膜下界和肺下界的体表投影。
7. 能够说出纵隔的概念、区分及其组成。

二、技能目标

1. 能够辨认呼吸道和肺的形态结构。
2. 能够活体定位甲状软骨、环状软骨和气管颈段的位置。

三、情感、态度和价值观目标

能够通过左、右主支气管形态差异，推理异物易坠入哪侧支气管引起呼吸道阻塞，从而正确把握事物的因果联系，提高医疗活动的自觉性和预见性。

【实验内容】

一、呼吸系统组成和功能

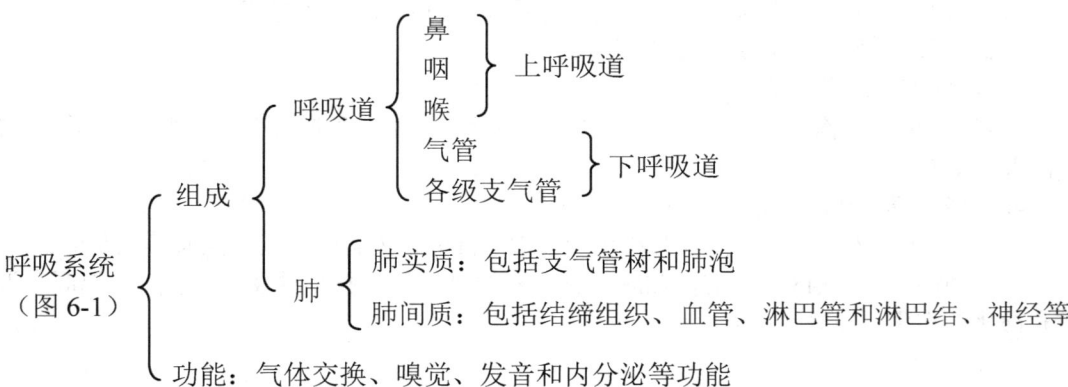

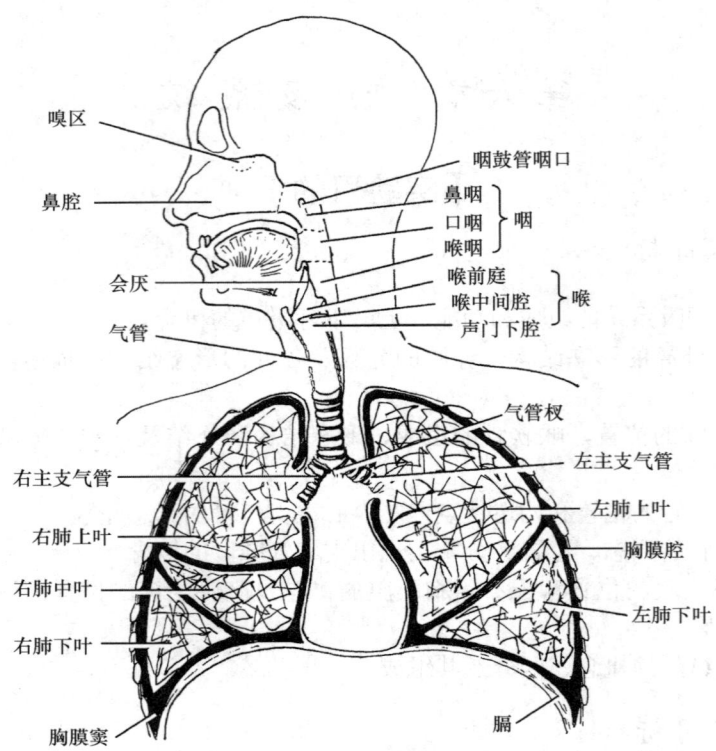

图 6-1 呼吸系统全貌

二、鼻

（一）外鼻

外鼻以鼻骨和鼻软骨作为支架，外覆皮肤，内衬黏膜。

（二）鼻腔

1. 构成 借鼻中隔将鼻腔分为左、右两腔，前方经鼻前孔通外界，后方经鼻后孔通鼻咽。

2. 分部 分为鼻前庭和固有鼻腔。固有鼻腔常简称为鼻腔。

3. 鼻腔的境界

（1）顶：由鼻骨、额骨、筛骨筛板和蝶骨体下面构成，邻颅前窝。

（2）底：口腔顶，由硬腭构成。

（3）内侧壁：鼻中隔。

（4）外侧壁：有 3 个鼻甲（上、中和下鼻甲）、3 个鼻道（上、中和下鼻道）、1 个隐窝（蝶筛隐窝）。

4. 鼻腔黏膜 按功能分类如下。

（1）嗅区：为上鼻甲以上及其相对的鼻中隔部分，内含嗅细胞，具有嗅觉功能。

（2）呼吸区：嗅区以外的鼻黏膜，有丰富的血管与鼻腺，对吸入的空气有温暖、湿润和净化的作用。

（三）鼻旁窦（表6-1）

表6-1　鼻旁窦的名称、位置和开口

名称	位置	开口部位
蝶窦	蝶骨体内	蝶筛隐窝
额窦	额骨眉弓深面	中鼻道
上颌窦	上颌骨体内	中鼻道
筛窦		
前、中群	筛骨迷路内，前中部	中鼻道
后群	筛骨迷路内，后部	上鼻道

三、喉

（一）喉软骨

1. 甲状软骨　为最大的喉软骨。
2. 环状软骨　为唯一完整呈环形的软骨。
3. 会厌软骨　吞咽时，可盖住喉口。
4. 杓状软骨　唯一成对的喉软骨。

（二）喉的连接

1. 甲状舌骨膜　分两部分，甲状舌骨正中韧带、甲状舌骨外侧韧带，两者均含麦粒软骨。
2. 环甲关节　前倾运动使甲状软骨前角与杓状软骨间距加大、声带紧张；复位时，两者间距缩小、声带松弛。
3. 环杓关节　旋内使声带突互相靠近，缩小声门；旋外则作用相反，开大声门。
4. 方形膜　其下缘游离称前庭韧带。
5. 弹性圆锥（环甲膜）　前面中部增厚为环甲正中韧带；声韧带、声带肌和喉黏膜构成声带。

（三）喉腔（图6-2）

1. 喉口　由会厌上缘、杓状会厌襞和杓间切迹围成，朝向后上方。
2. 喉腔的分部和通连关系

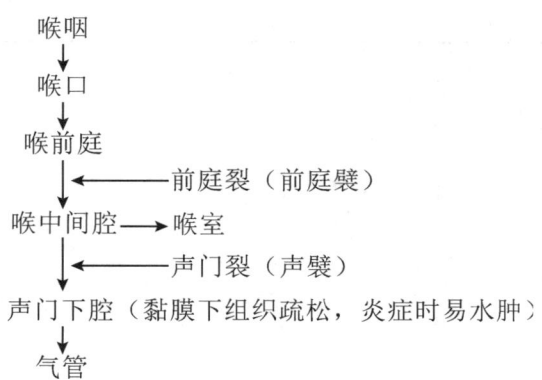

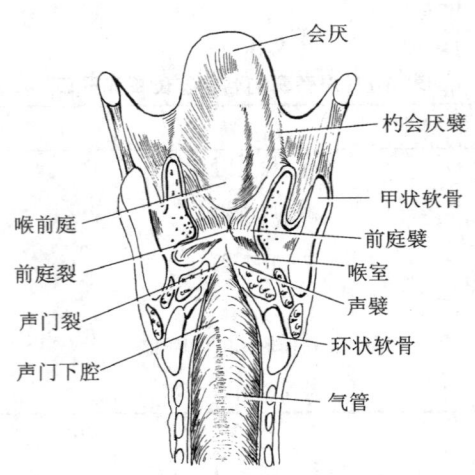

图 6-2　喉腔的冠状切面

（四）喉肌

喉肌属骨骼肌，可紧张或松弛声带，开大或缩小声门裂，并可缩小喉口，包括环甲肌（紧张并拉长声带）、环杓后肌、环杓侧肌、甲杓肌、杓横肌、杓斜肌、杓会厌肌。

四、气管与支气管

（一）气管

气管位于喉与气管杈之间，上端平第 6 颈椎体下缘与环状软骨相连，向下至胸骨角平面分为左、右主支气管。气管全长以胸廓上口为界，分为颈部和胸部。由 14～17 个呈"C"形的软骨环构成，分杈处称气管杈，内面的半月形纵嵴称气管隆嵴（偏左侧）。第 2～4 气管软骨环前方有甲状腺峡，临床气管切开术常在第 3～5 软骨环处施行。

（二）主支气管（表 6-2）

表 6-2　左、右主支气管的形态特征

形态指标	右主支气管	左主支气管
长度	短，长约 2cm	长，4～5cm
管径	粗，1.2～1.5cm	细，0.9～1.4cm
走向（与气管中线延长线的夹角）	陡直，22°～25°	较倾斜，35°～40°

因此，气管异物易坠入右主支气管。

五、肺

（一）位置

肺居胸腔内，纵隔的两侧，左、右各一。

（二）形态（图6-3）

近似呈圆锥形
- 一尖：肺尖从胸廓上口伸入到颈根部，达锁骨内侧1/3段上方2～3cm
- 一底：肺底又称膈面，与膈相贴
- 二面
  - 肋面：即肺的外侧面，毗邻肋和肋间肌
  - 内侧面：又称纵隔面，中部有肺门，与纵隔相邻
- 三缘
  - 前缘：薄而锐，左肺前缘下部有心切迹
  - 后缘：钝圆，贴脊柱两侧
  - 下缘：较薄而锐，其位置随呼吸运动而有变化

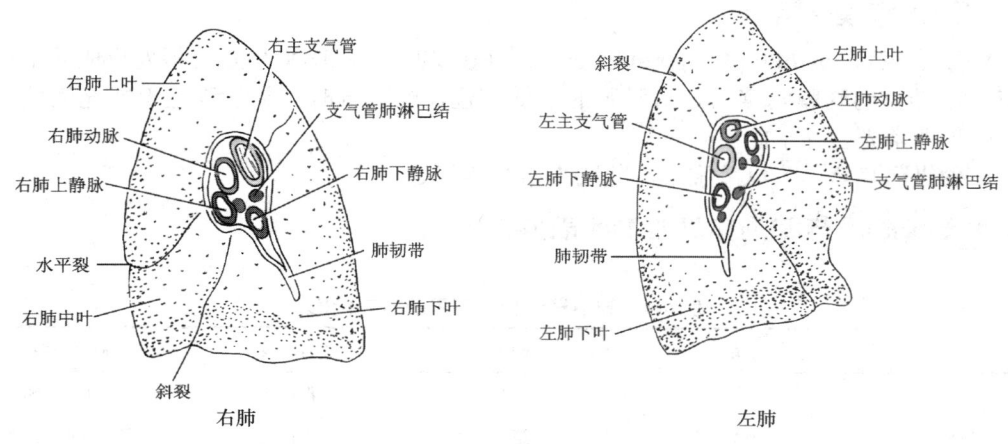

图6-3 肺的内侧面

1. 肺门 hilum of lung 位于肺内侧面中部的椭圆形凹陷，是主支气管、肺动脉、肺静脉、神经、淋巴管等出入的门户。

2. 肺根 root of lung 为出入肺门的结构被结缔组织相连而成，外包以胸膜。

（1）两肺根内的结构排列自前向后依次为肺静脉、肺动脉、主支气管。
（2）左肺根的结构自上而下是左肺动脉、左主支气管、左肺下静脉。
（3）右肺根的结构自上而下为右肺上叶支气管、右肺动脉、右肺下静脉。

（三）肺裂及肺叶

左肺 ——斜裂——> 分上、下叶

右肺 ——斜裂、水平裂——> 分上、中、下三叶

（四）肺段

1. 支气管树 各级支气管在肺叶内反复分支直达肺泡管，形状如树，称为支气管树。

2. 支气管肺段 每一肺段支气管及其所属的肺组织称支气管肺段，简称肺段。支气管肺段呈圆锥形，尖朝向肺门，底朝向肺表面。通常右肺有10个肺段，左肺只有8个肺段。相邻肺段间隔以肺静脉属支及少量结缔组织。

六、胸膜

（一）壁胸膜

壁胸膜分四部，即肋胸膜、膈胸膜、纵隔胸膜、胸膜顶。

（二）脏胸膜

脏胸膜（肺胸膜）被覆于肺的表面，与肺紧密结合。

（三）胸膜腔

1. 概念 是脏胸膜和壁胸膜在肺根处互相延续，围成的封闭潜在性腔隙。
2. 特点 呈负压，左、右各一，互不相通。腔内仅有少量浆液，可减少呼吸时的摩擦。

（四）胸膜隐窝

1. 肋膈隐窝 costodiaphragmatic recess 是肋胸膜与膈胸膜相互转折处形成的半环形间隙，是最大的胸膜隐窝，是胸膜腔的最低部位，深吸气时，肺下缘也不能充满此处。胸膜腔积液常先积存于此。
2. 肋纵隔隐窝 为纵隔胸膜与肋胸膜相互移行处。

（五）胸膜与肺的体表投影（表 6-3）

表 6-3 肺下界和胸膜下界的体表投影

结构	锁骨中线	腋中线	肩胛线	后正中线
肺下界	平第 6 肋	平第 8 肋	第 10 肋	平第 10 胸椎棘突
胸膜下界	平第 8 肋	平第 10 肋	第 11 肋	平第 12 胸椎棘突

七、纵隔

（一）概念

纵隔 mediastinum 为位于两侧纵隔胸膜之间的全部器官、结构和结缔组织的总称。

（二）分区

以胸骨角平面（平对第 4 胸椎下缘）分为上、下纵隔。
1. 上纵隔 内有胸腺、左右头臂静脉、上腔静脉、膈神经、迷走神经、喉返神经、主动脉弓及其三大分支，以及后方的气管、食管、胸导管等。
2. 下纵隔
（1）前纵隔：胸腺或胸腺遗迹、纵隔前淋巴结及疏松结缔组织等。
（2）中纵隔：心及出入心的大血管，心包、心包膈动脉、膈神经和淋巴结等。
（3）后纵隔：气管杈、左右主支气管、食管、胸主动脉及奇静脉、半奇静脉、胸导管、交感干胸段和淋巴结等。

【练习题】

一、名词解释

1. 肺门 hilum of lung
2. 肋膈隐窝 costodiaphragmatic recess
3. 纵隔 mediastinum

二、A₁型题（单句型最佳选择题）

1. 属于消化系统和呼吸系统共用的器官是
A. 口腔　　　　B. 咽　　　　C. 喉　　　　D. 食管　　　　E. 气管
2. 属于下呼吸道的是
A. 口腔　　　　B. 鼻　　　　C. 咽　　　　D. 喉　　　　E. 气管
3. 不参与构成鼻中隔的是
A. 鼻中隔软骨　　B. 筛骨垂直板　　C. 犁骨　　　　D. 鼻骨　　　　E. 黏膜
4. 鼻出血的好发部位是
A. 鼻腔顶部　　　　　　B. 鼻腔后部　　　　　　C. 鼻腔外侧壁
D. 鼻中隔后上部　　　　E. 鼻中隔前下部
5. 开口于上鼻道的是
A. 筛窦前群小房　　　　B. 筛窦中群小房　　　　C. 筛窦后群小房
D. 额窦　　　　　　　　E. 上颌窦
6. 蝶窦开口于
A. 上鼻道　　B. 中鼻道　　C. 下鼻道　　D. 蝶筛隐窝　　E. 鼻中隔
7. 鼻旁窦积液最不易引流的是
A. 额窦　　　　B. 上颌窦　　　　C. 蝶窦　　　　D. 筛窦前、中群　　　　E. 筛窦后群
8. 喉腔最狭窄处是
A. 喉口　　　　B. 喉室　　　　C. 声门裂　　　　D. 前庭裂　　　　E. 喉中间腔
9. 喉中间腔位于
A. 喉口与前庭裂之间　　　　　　　　B. 喉口与声门裂平面之间
C. 前庭襞与声襞之间向外突出处　　　　D. 声门裂平面与环状软骨下缘之间
E. 前庭裂平面与声门裂平面之间
10. 环甲肌的功能为
A. 开大声门　　B. 紧张声带　　C. 缩小声门　　D. 松弛声带　　E. 缩小喉口
11. 关于甲状软骨的说法，哪项错误
A. 是喉软骨中最大的一块软骨　　　　B. 两侧甲状软骨板前缘相交形成喉结
C. 借环甲膜连于环状软骨　　　　　　D. 下角与构状软骨形成关节
E. 下角与环状软骨形成关节
12. 成对的喉软骨有
A. 构状软骨　　B. 环状软骨　　C. 甲状软骨　　D. 会厌软骨　　E. 弹性圆锥
13. 与鼻咽部相通的结构是
A. 鼻前孔　　B. 鼻后孔　　C. 喉口　　D. 前庭裂　　E. 声门裂
14. 喉炎时容易水肿的部位是
A. 喉口　　　　　　　　B. 喉前庭　　　　　　　　C. 喉中间腔
D. 喉室　　　　　　　　E. 声门下腔
15. 关于气管的描述，错误的是
A. 气管上接甲状软骨　　　　　　　　B. 气管位于食管前面
C. 气管在胸骨角平面分为左、右主支气管　　　　D. 气管软骨呈"C"形
E. 气管隆嵴位于气管杈内面
16. 关于右主支气管，错误的是
A. 较左主支气管垂直　　　　B. 较左主支气管短　　　　C. 较左主支气管粗

D. 在肺门处分为两个肺叶支气管　　　　　　　　E. 气管异物多坠入右主支气管

17. 左主支气管
A. 较粗短，走向较垂直　　B. 较细短，走向水平　　C. 较粗长，走向较垂直
D. 较细长，走向水平　　　E. 较细长，走向较垂直

18. 不参与构成肺根的是
A. 肺动脉　　B. 肺静脉　　C. 叶支气管　　D. 神经　　E. 淋巴管

19. 左肺根内各结构自上而下排列依次为
A. 肺静脉、肺动脉、支气管　　B. 肺静脉、支气管、肺动脉　　C. 肺动脉、支气管、肺静脉
D. 肺动脉、肺静脉、支气管　　E. 支气管、肺动脉、肺静脉

20. 关于右肺的形态，哪个描述是错误的
A. 通常分 3 个叶　　B. 分 10 个肺段　　C. 有斜裂和水平裂
D. 较左肺宽而短　　E. 心切迹上方有肺小舌

21. 胸膜下界在锁骨中线
A. 与第 6 肋相交　　B. 与第 8 肋相交　　C. 与第 9 肋相交
D. 与第 10 肋相交　　E. 与第 12 肋相交

22. 胸膜腔位于
A. 胸壁和膈之间　　B. 胸膜和肺之间　　C. 胸壁和纵隔之间
D. 肋胸膜和纵隔胸膜之间　　E. 壁胸膜和脏胸膜之间

23. 关于胸膜腔，正确的是
A. 胸膜腔位于胸腔内　　B. 胸膜腔左、右各一　　C. 胸膜腔内含少量浆液
D. 胸膜腔内呈负压　　E. 以上都正确

24. 肋膈隐窝位于
A. 肋胸膜和纵隔胸膜之间　　B. 肋胸膜和膈胸膜之间　　C. 肋胸膜和胸膜顶之间
D. 壁胸膜和脏胸膜之间　　E. 胸壁和纵隔之间

25. 纵隔境界中，错误的是
A. 前界为肋骨　　B. 后界为脊柱胸段　　C. 上达胸廓上口
D. 向下至膈　　E. 两侧界为纵隔胸膜

三、A_2 型题（病例摘要型最佳选择题）

1. 患者车祸致头部受伤，入院诊断为颅前窝骨折，有脑脊液和血液从鼻腔流出，可能造成什么结构的损伤
A. 鼻骨　　B. 泪骨　　C. 筛骨筛板　　D. 额骨　　E. 腭骨

2. 某患者心脏突然停止跳动，医生决定做心内注射以抢救患者，为避免损伤胸膜，正确的进针部位是
A. 胸骨右缘第 4 肋间隙　　B. 胸骨右缘第 5 肋间隙　　C. 胸骨左缘第 4 肋间隙
D. 胸骨左缘第 5 肋间隙　　E. 以上均不是

3. 2 岁男孩在进食果冻时突然出现窒息，并有咳嗽和呼吸困难等呼吸抑制症状。支气管镜检查发现右主支气管内有异物。诊断为异物导致右主支气管堵塞。技师用镊子在支气管镜检下取出果冻。关于右主支气管特点，正确的是
A. 粗、短、斜　　B. 粗、长、斜　　C. 粗、短、直
D. 粗、长、直　　E. 细、短、直

4. 患者，男性，20 岁。车祸挤压左胸背部，急诊入院。X 线检查发现，左胸第 7 肋骨折，断端刺入胸腔，皮下有气体，左肺上叶明显塌陷，左肋膈隐窝变钝。诊断为血气胸，拟以粗针

头插入胸膜腔抽液。患者站立位时积液首先聚集的部位是

A. 肋膈隐窝　　B. 肋纵隔隐窝　　C. 膈纵隔隐窝　　D. 胸膜顶　　E. 以上都不是

5. 患者，女性，22 岁，因吃鱼时被鱼刺卡住，感觉鱼刺在咽喉部而来就医。经内镜检查喉咽部，医生找到了鱼刺并顺利取出。咽腔异物容易滞留的部位是

A. 口咽　　B. 咽隐窝　　C. 腭扁桃体窝　　D. 梨状隐窝　　E. 蝶筛隐窝

6. 患者，女性，20 岁，自小时候起常伴有季节性鼻腔堵塞、流涕、敏感等不适症状。就诊时，医生考虑患者可能患鼻炎或鼻窦炎。患者中鼻道的内容物可能来自

A. 筛窦后群　　B. 蝶窦　　C. 上颌窦　　D. 下鼻甲的炎性物质　　E. 鼻泪管

7. 患儿，男性，10 个月，因咳嗽 2 天，呼吸困难伴喉鸣来院急诊。诊断：呼吸道急性炎症，黏膜肿胀引起呼吸道部分阻塞。采用保守治疗方法：吸氧、雾化等方法治疗无改善，经做气管造口术，症状缓解。气管切开部位选择正确的是

A. 第 1～3 气管软骨环　　B. 第 3～5 气管软骨环　　C. 第 4～6 气管软骨环

D. 第 5～6 气管软骨环　　E. 第 6～7 气管软骨环

8. 患儿，男性，7 岁，因挖鼻出现一侧鼻出血。最有可能发生出血的部位是

A. 鼻腔顶　　　　　　　　B. 鼻腔内侧壁前下部　　　　　　C. 鼻腔外侧壁上鼻甲处

D. 鼻腔外侧壁中鼻甲处　　E. 鼻腔外侧壁下鼻甲处

9. 患者，男性，38 岁，车祸后呼吸困难，X 线检查显示多发肋骨骨折，伴气胸。穿刺排气时通常选择在什么部位进针

A. 第 2 肋间隙、锁骨中线附近　　B. 第 4 肋间隙、锁骨中线附近　　C. 肋膈隐窝

D. 肋纵隔隐窝　　　　　　　　　E. 膈纵隔隐窝

10. 患者，女性，33 岁，行颈部深静脉穿刺后，出现胸闷、呼吸困难。该患者最可能损伤的结构是

A. 臂丛　　B. 锁骨下动脉　　C. 迷走神经　　D. 胸膜顶　　E. 胸导管

四、B_1 型题（标准配伍题）

（1～3 题共用备选答案）

A. 上鼻道　　B. 中鼻道　　C. 下鼻道　　D. 鼻后孔　　E. 蝶筛隐窝

1. 筛窦后群开口于
2. 额窦开口于
3. 鼻泪管开口于

（4～6 题共用备选答案）

A. 环甲关节　　B. 环杓关节　　C. 弹性圆锥　　D. 甲状舌骨膜　　E. 环状软骨气管韧带

4. 环状软骨、甲状软骨之间的连结是
5. 环状软骨、杓状软骨之间的连结是
6. 环状软骨、甲状软骨、杓状软骨之间的连结是

（7～8 题共用备选答案）

A. 第 3 颈椎下缘平面　　B. 第 6 颈椎下缘平面　　C. 颈静脉切迹平面

D. 胸骨角平面　　　　　E. 第 6 胸椎平面

7. 气管起始处位于
8. 气管分杈处位于

（9～10题共用备选答案）

A. 胸膜顶　　　B. 肋胸膜　　　C. 膈胸膜　　　D. 纵隔　　　E. 肋膈隐窝

9. 高出锁骨内侧 1/3 上方 2～3cm 的是

10. 胸膜腔的最低部位是

五、思考题

患者，男性，35 岁，因酒后驾驶发生车祸致胸壁猛烈撞击方向盘后，出现胸痛、呼吸困难就诊。经 X 线检查，发现患者右侧多发性肋骨骨折，右肺萎缩，右侧胸膜腔有积气、积液。

问题：

1. 什么是胸膜腔？
2. 胸膜腔里有积液，最有可能集聚在何处？

【参考答案】

一、名词解释

1. 肺门 hilum of lung：位于肺内侧面中部的椭圆形凹陷，是主支气管、肺动脉、肺静脉、神经和淋巴管等出入的门户。

2. 肋膈隐窝 costodiaphragmatic recess：是肋胸膜与膈胸膜相互转折处的半环形间隙，是最大的胸膜隐窝，是胸膜腔的最低部位，深吸气时，肺下缘也不能充满此处。胸膜腔积液常先积存于此。

3. 纵隔 mediastinum：是两侧纵隔胸膜之间的全部器官、结构和结缔组织的总称。

二、A_1 型题（单句型最佳选择题）

1. B　2. E　3. D　4. E　5. C　6. D　7. B　8. C　9. E　10. B　11. D　12. A　13. B　14. E　15. A　16. D　17. D　18. C　19. C　20. E　21. E　22. E　23. E　24. B　25. A

三、A_2 型题（病例摘要型最佳选择题）

1. C　2. C　3. C　4. A　5. D　6. C　7. B　8. B　9. A　10. D

四、B_1 型题（标准配伍题）

1. A　2. B　3. C　4. A　5. B　6. C　7. B　8. D　9. A　10. E

五、思考题（略）

（杨　萍）

第七章 泌尿系统

【实验目的】

一、知识目标

1. 能够说出泌尿系统的组成及基本功能。
2. 能够描述肾的位置、形态和结构；说出肾的被膜及肾段的概念。
3. 能够描述输尿管的形态、分部及狭窄。
4. 能够描述膀胱的形态、位置，膀胱三角的位置和黏膜特点。
5. 能够描述女性尿道的形态特点和开口部位。

二、技能目标

1. 能够辨认肾和输尿管道的形态结构。
2. 能够在活体定位肾门。

三、情感、态度和价值观目标

能够联系膀胱的空虚、充盈状态的位置变化，在观察和处理问题时，树立变化、发展的科学观点。

【实验内容】

一、泌尿系统的组成和功能

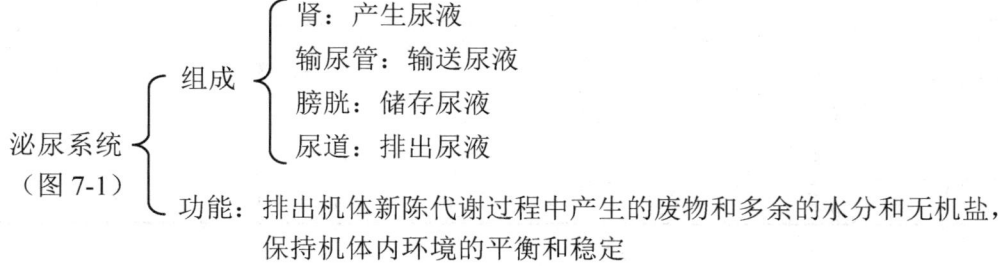

二、肾

（一）肾的形态

肾是实质性器官，左、右各一，形似蚕豆（表 7-1）。

肾门 renal hilum：肾的内侧缘中部的凹陷，是肾的血管、神经、淋巴管及肾盂出入的门户。

肾蒂 renal pedicle：出入肾门的结构被结缔组织包裹形成。左侧较长。肾蒂内各结构的排列关系自前向后为肾静脉、肾动脉和肾盂；自上而下排列为肾动脉、肾静脉和肾盂。

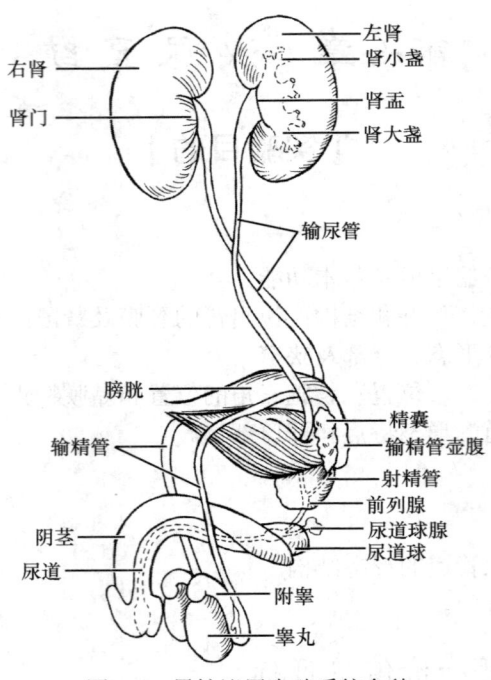

图 7-1 男性泌尿生殖系统全貌

表 7-1 肾的形态

项目	描述
两端	
上端	宽而薄
下端	窄而厚
两面	
前面	凸向前外侧
后面	较平，紧贴腹后壁
两缘	
外侧缘	凸向外侧
内侧缘	中部凹陷为肾门

（二）肾的位置

肾位于脊柱的两侧，腹膜后间隙内，为腹膜外位器官。受肝右叶的影响，左肾高、右肾低。左肾在第 11 胸椎下缘至第 2 腰椎下缘之间；右肾在第 12 胸椎上缘至第 3 腰椎上缘之间。肾门约在第 1 腰椎平面。

肾区 renal angle：为肾门在体表的投影，位于竖脊肌外侧缘与第 12 肋的夹角处。在某些肾疾病时，触压和叩击此区可引起疼痛。

（三）肾的结构（图7-2）

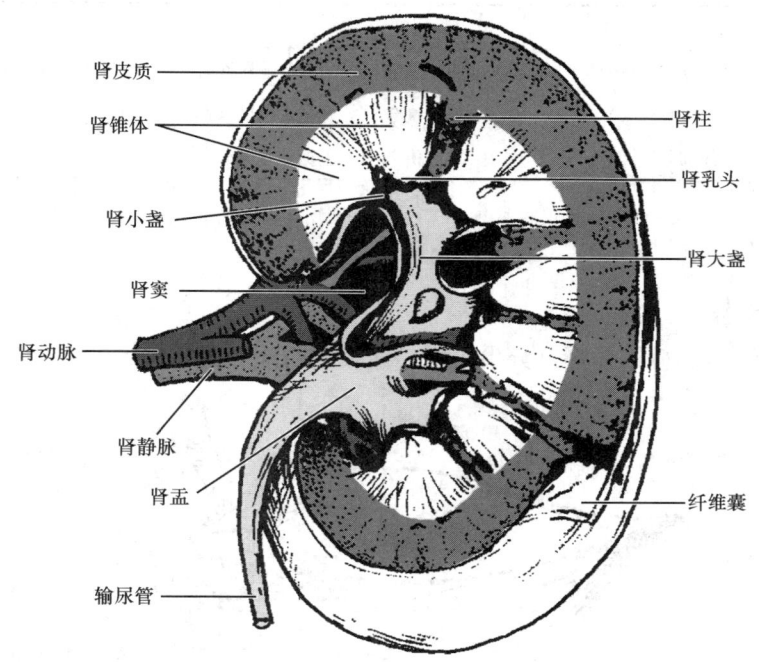

图7-2　右肾冠状切面

肾的结构 {
  肾实质 {
    肾皮质：为肾的浅部和伸入到肾髓质内的肾柱
    肾髓质：位于深面，由15～20个肾锥体构成，肾锥体尖端为乳头孔
  }
  肾窦 {
    肾小盏：为包绕肾乳头周围的漏斗状膜性短管
    肾大盏：由2～3个肾小盏汇合形成
    肾盂：由2～3个肾大盏汇合形成，肾盂出肾门在肾的下端水平延续为输尿管
  }
}

肾窦：肾门伸入肾实质的凹陷腔隙称肾窦，主要容纳肾动脉及其分支、肾静脉及其属支、肾小盏、肾大盏、肾盂及脂肪组织等。

（四）肾的被膜

三层 {
  内 纤维囊：包裹于肾实质表面，与肾结合疏松，易于剥离
  ↓ 脂肪囊：由脂肪组织构成。临床上的肾囊封闭，即将药液注入肾脂肪囊内
  外 肾筋膜：位于最外层，具有固定肾的作用
}

（五）肾段血管与肾段

1. 肾段动脉　肾动脉的5个分支在肾内呈节段性分布，称肾段动脉。

2. 肾段　每个肾段动脉分布到一定区域的肾实质，称为肾段。每个肾有5个肾段，即上段、上前段、下前段、下段和后段。

三、输尿管

1. 分部　输尿管根据其行程全长可分为3部：腹部、盆部和壁内部。

2. 狭窄　输尿管全程有3处生理性狭窄。这些生理性狭窄是输尿管结石易嵌顿处（表7-2）。

表 7-2　输尿管的分部和狭窄

分部	名称	位置
腹部（肾盂下端至小骨盆入口处）	第一狭窄	肾盂与输尿管的移行处（即输尿管起始部）
盆部（小骨盆入口处至膀胱底）	第二狭窄	输尿管跨过血管处（即位于小骨盆入口处）
壁内部（穿膀胱壁的部分）	第三狭窄	输尿管壁内部

四、膀胱

（一）形态

空虚的膀胱呈三棱锥体形，分尖、底、体和颈四部（图 7-3）。

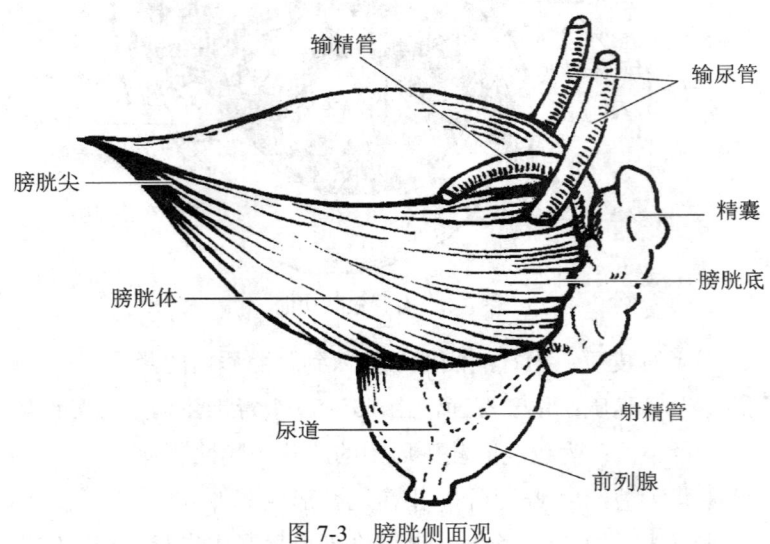

图 7-3　膀胱侧面观

（二）位置

1. 膀胱空虚时　膀胱位于盆腔内，膀胱尖低于耻骨联合上缘。

2. 膀胱充盈时　膀胱尖即上升至耻骨联合以上，膀胱表面腹膜也随之上移，使膀胱的前下壁直接与腹前壁相贴。此时在耻骨联合上方进行膀胱穿刺或手术，可避免损伤腹膜和对腹膜腔的干扰。

（三）内部结构

1. 膀胱三角 trigone of bladder　是在膀胱底的内面，两侧输尿管口与尿道内口之间的三角形区域。无论在膀胱充盈或空虚状态下，该部黏膜平滑无皱襞，是膀胱肿瘤、结核和炎症的好发部位。

2. 输尿管间襞　为位于两侧输尿管口之间的横行皱襞，是膀胱镜检查时寻找输尿管口的标志。

五、尿道

1. 男性尿道　具有排尿、排精功能，详细描述见第八章"男性生殖系统"。

2. 女性尿道　相比于男性尿道，短（3～5cm）、宽（约 6mm）、直，开口于阴道前庭的尿道外口。

【练习题】

一、名词解释

1. 肾门 renal hilum　　　　2. 肾蒂 renal pedicle　　　　3. 膀胱三角 trigone of bladder

二、A₁ 型题（单句型最佳选择题）

1. 关于肾的描述，正确的是
   A. 肾位于腹前壁后面　　　　B. 右肾高于左肾　　　　C. 右肾蒂较左肾蒂短
   D. 肾窦在肾的外侧缘　　　　E. 肾是中空性器官，左、右各一
2. 关于肾的位置，以下说法错误的是
   A. 位于脊柱两侧　　　　B. 肾位于腹膜后间隙内　　　　C. 为腹膜间位器官
   D. 左侧第 12 肋斜过左肾后面中部　　　　E. 右侧第 12 肋斜过右肾后面上部
3. 关于肾的毗邻，以下说法正确的是
   A. 左肾前上部与胃底前面毗邻　　　　B. 左肾中部与胰尾和脾血管接触
   C. 左肾下部邻接回肠和结肠左曲　　　　D. 右肾前上部与肝相邻，下部与结肠左曲相接触
   E. 右肾内侧缘与十二指肠升部相毗邻
4. 关于肾被膜的描述，错误的是
   A. 肾筋膜位于肾被膜的最外层，包裹肾上腺和肾的周围
   B. 肾筋膜前、后层上端处相互愈着，在肾的下方则相互分离
   C. 肾脂肪囊位于纤维囊的外周，紧密包裹肾脏的脂肪层
   D. 肾纤维囊坚韧而致密，为包裹肾和肾上腺表面的薄层结缔组织膜
   E. 临床上的肾囊封闭，就是将药物注入肾脂肪囊内
5. 关于肾的结构，正确的是
   A. 肾分为肾实质和肾髓质　　　　B. 肾皮质位于浅层，为淡红色
   C. 肾髓质位于深部，为淡红色　　　　D. 伸入肾锥体之间的肾髓质称肾柱
   E. 肾小盏汇入肾盂
6. 下列有关输尿管分部的描述，正确的是
   A. 全长可分为腹部、盆部　　　　B. 在输尿管腹部，两侧输尿管位于腰大肌的前方
   C. 输尿管盆部起自大骨盆入口处　　　　D. 输尿管经膀胱底垂直穿壁，开口于膀胱三角
   E. 输尿管穿膀胱壁段最粗
7. 下列有关输尿管狭窄的描述，正确的是
   A. 上狭窄位于输尿管起始处下方 2cm　　　　B. 中狭窄位于大骨盆上口
   C. 中狭窄位于输尿管跨过髂血管处　　　　D. 中狭窄位于跨过阴部内动脉处
   E. 下狭窄位于膀胱壁输尿管口
8. 下列有关膀胱的形态，说法正确的是
   A. 膀胱尖朝向前下方　　　　B. 膀胱底位于下方　　　　C. 膀胱体位于膀胱尖和膀胱颈之间
   D. 膀胱颈位于最下部　　　　E. 膀胱颈与男性的精囊相毗邻
9. 下列有关膀胱三角的描述，错误的是
   A. 是膀胱肿瘤的好发部位　　　　B. 此处无黏膜组织　　　　C. 此处无黏膜下层组织
   D. 表面始终保持光滑　　　　E. 此处膀胱黏膜与肌层紧密连接
10. 有关输尿管的描述，正确的是
    A. 输尿管不能蠕动　　　　B. 输尿管有三个狭窄　　　　C. 输尿管大多跨过髂外动脉远侧端

D. 输尿管沿腰方肌前面下行　　　　E. 输尿管汇入膀胱颈部

11. 下列关于膀胱位置的描述，错误的是
A. 膀胱前方为耻骨联合　　　　　　B. 男性膀胱的后方与精囊、输精管壶腹和直肠相毗邻
C. 女性膀胱的后方与子宫和阴道相毗邻　D. 膀胱属于腹膜内位器官
E. 新生儿膀胱的位置高于成年人，老年人的膀胱位置较低

12. 肾的固定装置不健全时，肾可向哪个方向游走
A. 向下　　　　B. 向上　　　　C. 向内侧　　　　D. 向外侧　　　　E. 以上均不是

13. 输尿管第三个狭窄位于
A. 小骨盆入口处　　　　　　　　　B. 肾盂末端　　　　　　　　C. 膀胱壁内
D. 跨过髂血管处　　　　　　　　　E. 与子宫动脉交叉处

14. 有关尿道的描述，正确的是
A. 男性尿道较女性尿道宽　　　　　B. 女性尿道仅是排尿的管道　　　C. 男性尿道仅是排尿的管道
D. 女性尿道具有排卵的作用　　　　E. 女性尿道较男性尿道长

15. 有关肾的描述，正确的是
A. 肾柱属于肾髓质　　　　　　　　B. 肾筋膜是封闭的囊状结构
C. 肾的三层被膜，由外至内依次为纤维囊、脂肪囊和肾筋膜
D. 肾锥体属于肾皮质　　　　　　　E. 2～3个肾大盏汇合形成肾盂

16. 有关女性尿道的描述，错误的是
A. 仅有排尿的功能　　　　　　　　B. 有两个生理弯曲　　　　　　C. 开口于阴道前庭
D. 较男性尿道短、宽、直　　　　　E. 前面与耻骨联合相邻，后面与阴道相邻

17. 正常成人肾门平对
A. 第1腰椎　　　　　　　　　　　B. 第12胸椎　　　　　　　　C. 第2腰椎
D. 第11胸椎　　　　　　　　　　 E. 第3腰椎

18. 左肾上端
A. 平第2腰椎下缘　　　　　　　　B. 低于右肾上端　　　　　　C. 平第11胸椎下缘
D. 平第11胸椎上缘　　　　　　　 E. 平第2腰椎上缘

19. 肾的被膜自外向内依次为
A. 脂肪囊、纤维囊、肾筋膜　　　　B. 纤维囊、脂肪囊、肾筋膜
C. 肾筋膜、纤维囊、脂肪囊　　　　D. 肾筋膜、脂肪囊、纤维囊
E. 脂肪囊、肾筋膜、纤维囊

20. 女性尿道开口于
A. 阴道口后方　　　　　　　　　　B. 阴道口前方　　　　　　　C. 阴道口与肛门之间
D. 阴道前庭后部　　　　　　　　　E. 肛门后方

21. 下列结构中，不通过肾门的结构是
A. 肾动脉　　　B. 肾静脉　　　C. 输尿管　　　D. 肾的淋巴管　　　E. 肾盂

22. 肾蒂内各结构的排列关系，自前向后顺序为
A. 肾静脉、肾动脉、肾盂　　　　　B. 肾动脉、肾静脉、肾盂　　　C. 肾动脉、肾盂、肾静脉
D. 肾静脉、肾盂、肾动脉　　　　　E. 肾盂、肾动脉、肾静脉

23. 第12肋与肾的关系，以下说法正确的是
A. 斜过左肾后面的下部　　　　　　B. 斜过左肾后面的上部　　　C. 斜过右肾后面的上部
D. 斜过右肾后面的中部　　　　　　E. 斜过右肾后面的下部

24. 通常正常成年人的膀胱容量为
A. 350～500ml　　　　　　　　　B. 400～500ml　　　　　　　C. 400～800ml

D. 500～800ml　　　　　　　　E. 800～1000ml

25. 关于肾的被膜，错误的是
A. 肾筋膜可分为前、后两层　　　B. 脂肪囊位于纤维囊与肾筋膜之间
C. 纤维囊又称为纤维膜　　　　　D. 肾筋膜在最内层　　　　E. 有三层被膜

三、A₂型题（病例摘要型最佳选择题）

1. 患者，男性，65岁。无痛性血尿4月余，经膀胱镜检后，诊断为"膀胱癌"。膀胱癌好发于膀胱的哪个区域
A. 膀胱尖　　　　　　　B. 膀胱尖、体交界处　　　　C. 膀胱颈
D. 膀胱三角　　　　　　E. 膀胱体

2. 患者，女性，28岁，主诉坠入污水池后尿急、尿频、尿痛3天。无发热、腰痛、肉眼血尿。实验室检查：尿液中白细胞增高，镜下血尿。诊断为"尿路感染"。该患者容易患尿路感染的解剖学基础是
A. 女性尿道长、宽、直　　　　B. 女性尿道短、宽、直　　　　C. 女性尿道短、窄、直
D. 女性尿道较男性尿道长　　　E. 女性尿道有两个弯曲

3. 患者，男性，55岁，主诉腰部胀痛，两侧腰部胀痛时间持续较长，在活动时或劳累后有加重趋势。入院检查时肾区叩痛阳性。肾区为
A. 竖脊肌外侧缘与第12肋的夹角处　　　B. 竖脊肌内侧缘与第12肋的夹角处
C. 竖脊肌外侧缘与第11肋的夹角处　　　D. 竖脊肌内侧缘与第11肋的夹角处
E. 以上均不是

4. 患者，女性，35岁。主诉双侧腰腹部呈阵发性坠胀痛，无畏寒、发热，无肉眼血尿，无恶心、呕吐等。经泌尿系统超声检查，示双肾、双侧输尿管结石。输尿管结石易嵌顿的部位不包括
A. 肾盂移行为输尿管处　　　B. 输尿管盆部　　　　C. 输尿管入小骨盆处
D. 输尿管跨过髂血管处　　　E. 输尿管壁内部

5. 患者，男性，20岁，因第12肋骨折造成肾破裂，拟进行肾部分切除术。肾部分切除时须缝合的是
A. 肾筋膜　　B. 纤维囊　　C. 脂肪囊　　D. 腹膜　　E. 肌织膜

6. 患者，男性，56岁。慢性肾衰竭，需进行肾移植。在进行肾移植时，供体肾还需保留的结构不包括
A. 肾盂　　B. 肾动脉　　C. 肾静脉　　D. 输尿管　　E. 以上都不是

7. 患者，男性，69岁。无痛性血尿3月余，拟做膀胱镜检查。临床上膀胱镜检查时寻找输尿管口的标志是
A. 尿道内口　　B. 膀胱三角　　C. 膀胱尖　　D. 膀胱垂　　E. 输尿管间襞

8. 患者，女性，25岁。因采取不正确方式急速减肥，导致"游走肾"。"游走肾"形成的解剖学基础不包括
A. 腹壁肌力弱　　　　　　B. 肾周脂肪减少　　　　　C. 肾的固定结构薄弱
D. 肾筋膜下方完全开放　　E. 纤维囊致密坚韧，包裹肾表面

9. 患者，女性，40岁。因尿急、尿频、尿不尽感3天入院检查，诊断为"泌尿系统感染"。下列器官，不属于感染范畴内的是
A. 肾　　B. 输尿管　　C. 肾上腺　　D. 膀胱　　E. 尿道

10. 患者因急性排尿困难伴会阴部疼痛不适就诊，医生检查后诊断为：男性尿道第2个生理性狭窄结石梗阻。该狭窄位于
A. 尿道内口　　B. 尿道膜部　　C. 尿道球部　　D. 尿道外口　　E. 舟状窝

四、B₁型题（标准配伍题）

（1～3题共用备选答案）
A. 肾柱　　　　B. 肾锥体　　　　C. 肾盂　　　　D. 肾乳头　　　　E. 肾大盏
1. 被肾小盏包绕的结构是
2. 由肾皮质伸入肾髓质的结构是
3. 汇合成肾盂的是

（4～7题共用备选答案）
A. 脂肪囊　　　　B. 纤维囊　　　　C. 肾筋膜　　　　D. 肌织膜　　　　E. 腹膜
4. 被称为肾床的是
5. 临床上的肾囊封闭是将药物注入
6. 肾脏破裂或部分切除时需缝合
7. 上端封闭，下端开放的是

（8～10题共用备选答案）
A. 肾盂输尿管移行处　　　　B. 输尿管跨过髂血管处　　　　C. 输尿管腹部
D. 输尿管盆部　　　　　　　E. 输尿管的壁内部
8. 输尿管的上狭窄位于
9. 输尿管的中狭窄位于
10. 输尿管的下狭窄位于

五、思考题

患者，男性，68岁，飞行途中因无法排尿急需医疗救助。同机乘客肖医生为患者进行初步检查，发现该患者膀胱远高出耻骨联合上方，有膀胱破裂的危险。征得家属同意后，随即为患者进行经尿道导尿，最终导出尿液约800ml。
问题：
1. 引流装置经过哪些结构进入膀胱？途经狭窄部位在哪里？
2. 成年人的膀胱容量大约是多少？

【参考答案】

一、名词解释

1. 肾门 renal hilum：为肾的内侧缘中部呈四边形的凹陷，是肾的血管、淋巴管、神经和肾盂出入的部位。
2. 肾蒂 renal pedicle：出入肾门的血管、淋巴管、神经、肾盂等结构被结缔组织包绕称肾蒂。
3. 膀胱三角 trigone of bladder：为膀胱底内面两输尿管口与尿道内口连线之间的三角形区域，无论膀胱处于充盈还是空虚状态，此处均光滑无皱襞，是膀胱结核、肿瘤和炎症的好发部位。

二、A₁型题（单句型最佳选择题）

1. C　2. C　3. B　4. D　5. C　6. B　7. C　8. D　9. B　10. B　11. D　12. A　13. C　14. B
15. E　16. B　17. A　18. C　19. D　20. B　21. C　22. A　23. C　24. A　25. D

三、A₂型题（病例摘要型最佳选择题）

1. D 2. B 3. A 4. B 5. B 6. D 7. E 8. E 9. C 10. B

四、B₁型题（标准配伍题）

1. D 2. A 3. E 4. A 5. A 6. B 7. C 8. A 9. B 10. E

五、思考题（略）

（石兰岚）

第八章 男性生殖系统

【实验目的】

一、知识目标

1. 能够说出男性生殖系统的组成和功能。
2. 能够说明睾丸的形态、构造和位置。
3. 能够说出附睾的形态、构造和位置;描述输精管的形态特征、分部和行径;说出精索的组成及位置。说出射精管的合成、行径与开口。
4. 能够说出附属腺的组成;描述前列腺的形态、位置及主要毗邻;说出精囊腺的形态和位置,尿道球腺的位置和腺管的开口。
5. 能够说出阴囊的构造,阴茎的分部及构成,海绵体的构造,阴茎皮肤的特点。
6. 能够阐述男性尿道的分部、狭窄、扩大和弯曲。

二、技能目标

能够辨认男性生殖系统的结构。

三、情感、态度和价值观目标

能够通过对男性和女性患者进行尿管插管,了解其难易程度,建立理论和实践并行的科学观,避免纸上谈兵。

【实验内容】

一、男性生殖系统的组成和功能

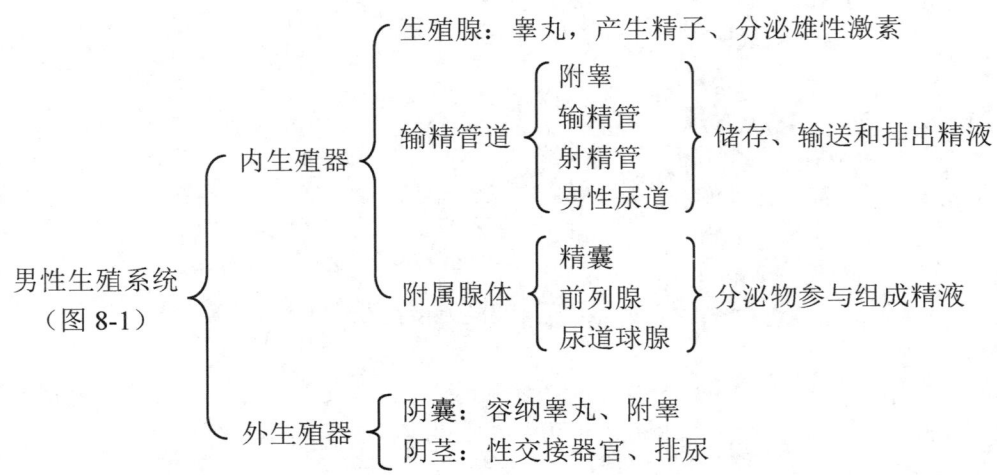

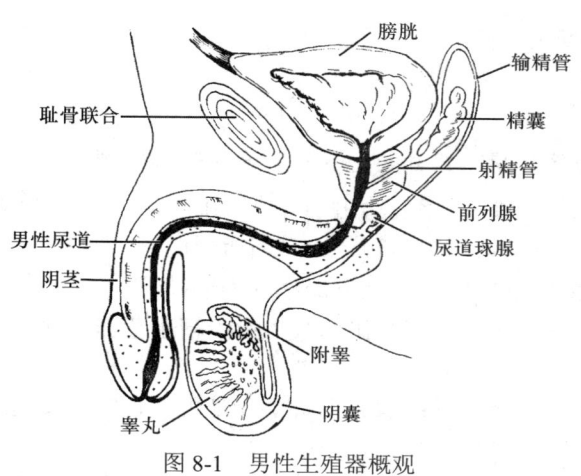

图 8-1 男性生殖器概观

二、内生殖器

（一）睾丸（图 8-2）

1. 位置和形态

（1）位置：位于阴囊内，左、右各一，后缘有血管、神经和淋巴管等出入，并与附睾起始段相连。

（2）形态结构：睾丸表面被覆白膜，白膜深入睾丸内形成睾丸纵隔和小隔，将睾丸实质分成许多睾丸小叶。

2. 功能 　睾丸小叶内含精曲小管，精曲小管的上皮细胞产生精子，小管之间的结缔组织内有分泌雄性激素的间质细胞。

精子的输出：精曲小管→精直小管→睾丸网→睾丸输出小管→附睾。

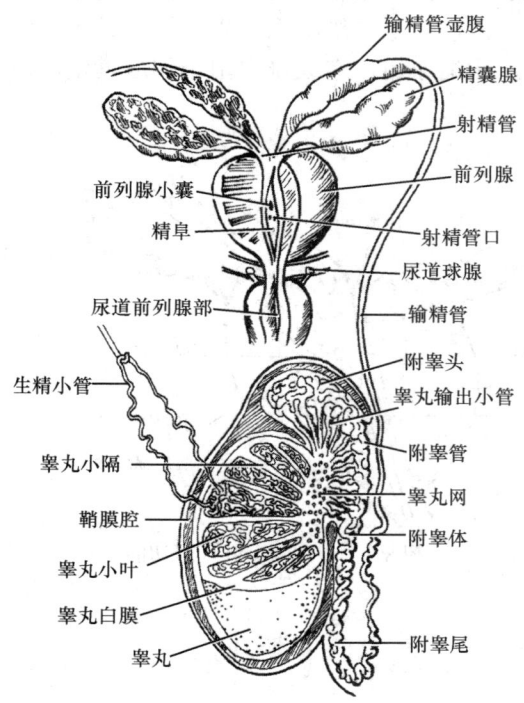

图 8-2　睾丸和附睾的结构

（二）输精管道

1. 附睾（图 8-2）

（1）位置和形态

1）位置：呈新月形，紧贴睾丸的上端和后缘而略偏外侧。

2）分部 { 附睾头（上端）：睾丸输出小管进入附睾后，弯曲盘绕形成的膨大
附睾体（中部）：附睾管迂曲盘回所形成
附睾尾（下端）：向内上弯曲移行为输精管 }

（2）功能：暂时储存精子，其分泌的液体供给精子营养，促进精子进一步成熟。

2. 输精管

（1）形态：是壁厚且坚实的细长肌性管道，是附睾管的直接延续。

（2）分部 { 睾丸部：附睾尾→睾丸上端水平
精索部：睾丸上端水平→腹股沟管皮下环（该部位置表浅，是临床常用结扎部位）
腹股沟管部：腹股沟管皮下环→腹股沟管腹环
盆部：腹股沟管腹环→膀胱底，末端膨大为输精管壶腹 }

3. 射精管 ejaculatory duct

由输精管末端与精囊排泄管汇合而成，向前下穿过前列腺实质，开口于尿道前列腺部。

精索 spermatic cord 是从睾丸上端至腹股沟管腹环之间的一对圆索状柔软结构。内容物：输精管、睾丸动脉、蔓状静脉丛、输精管动静脉、淋巴管、神经和鞘韧带。被膜（从内向外）：精索内筋膜、提睾肌、精索外筋膜。

（三）附属腺体

附属腺体包括精囊、前列腺和尿道球腺。

前列腺是男性附属腺之一，分泌物参与组成精液，呈栗子形，分为前、中、后叶和两侧叶共五叶。中年以后，前列腺结缔组织增生，常形成老年性前列腺肥大。前列腺肥大常发生在中叶和侧叶，压迫尿道，造成排尿困难和尿潴留。前列腺后叶是肿瘤的易发部位（图 8-3）。

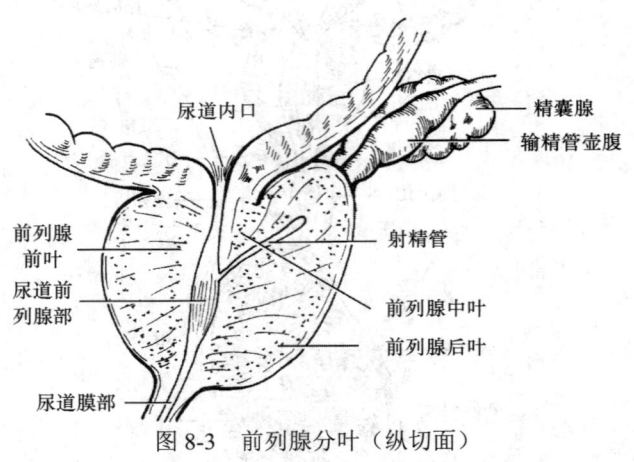

图 8-3 前列腺分叶（纵切面）

三、外生殖器

（一）阴囊

1. 形态 阴囊为一皮肤囊袋，位于阴茎的后下方。阴囊的皮肤薄而柔软，有少量阴毛，

色素沉着明显。阴囊壁由皮肤和肉膜组成。

2. 结构 肉膜 dartos coat 是阴囊的浅筋膜，含有平滑肌纤维，可随外界温度变化呈反射性的舒缩，以调节阴囊内的温度，有利于精子的发育。肉膜在正中线向深部发出阴囊中隔，将阴囊腔分为左、右两部，分别容纳两侧的睾丸和附睾。

（二）阴茎

1. 分部 阴茎可分为头、体和根三部分。

2. 结构 阴茎主要由两个阴茎海绵体和一个尿道海绵体组成，外面包以筋膜和皮肤。尿道海绵体位于阴茎海绵体的腹侧，尿道贯穿其全长，前端膨大为阴茎头，后端膨大称为尿道球。

四、男性尿道

男性尿道的结构、分部、弯曲和狭窄见图 8-4、表 8-1。

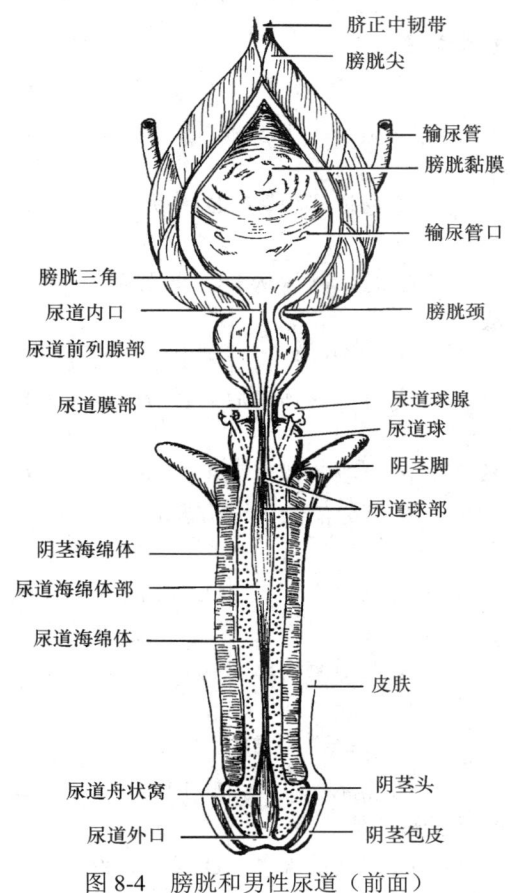

图 8-4 膀胱和男性尿道（前面）

表 8-1 男性尿道的分部、弯曲和狭窄

项目	分区	特征
分部	后尿道	前列腺部：穿前列腺的部分
		膜部：穿尿生殖膈的部分
	前尿道	海绵体部：穿尿道海绵体的部分

续表

项目	分区	特征
狭窄	尿道内口	周围有尿道内括约肌
	膜部	被尿道外括约肌环绕
	尿道外口	呈矢状裂隙，最狭窄
弯曲	耻骨下弯	恒定；凹向前上方，由前列腺部、膜部、海绵体部的起始段构成
	耻骨前弯	可变；凹向后下方，由海绵体部构成。导尿时上提阴茎，此弯曲可消失

【练习题】

一、名词解释

1. 精索 spermatic cord　　　　2. 射精管 ejaculatory duct

二、A₁ 型题（单句型最佳选择题）

1. 与输精管相通的结构是
A. 前列腺　　B. 尿道　　C. 睾丸　　D. 附睾　　E. 膀胱
2. 男性的生殖腺为
A. 前列腺　　B. 精囊　　C. 尿道球腺　　D. 睾丸　　E. 附睾
3. 精索内不含有
A. 睾丸动脉　　B. 神经　　C. 蔓状静脉丛　　D. 淋巴管　　E. 射精管
4. 关于前列腺的描述，哪项错误
A. 前列腺底邻接膀胱底　　B. 前列腺尖位于尿生殖膈上方
C. 前列腺体的后面平坦　　D. 前列腺体的后面有前列腺沟　　E. 内有尿道穿行
5. 关于附睾的描述，何者错误
A. 贴附于睾丸的上端及后缘　　B. 分头、体、尾 3 部　　C. 其末端续连于射精管
D. 可储存精子　　E. 其分泌物供给精子营养
6. 精子产生于
A. 附睾管　　B. 精囊　　C. 精直小管　　D. 精曲小管　　E. 睾丸输出小管
7. 射精管开口于
A. 尿道球部　　B. 尿道海绵体部　　C. 尿道膜部
D. 尿道前列腺部　　E. 舟状窝
8. 属于男性附属腺的是
A. 睾丸　　B. 附睾　　C. 精索　　D. 阴囊　　E. 精囊
9. 睾丸的血管、神经进出睾丸的部位是
A. 睾丸上端　　B. 睾丸下端　　C. 睾丸前缘　　D. 睾丸后缘　　E. 睾丸内侧面
10. 输精管的常用结扎部位是
A. 睾丸部　　B. 精索部　　C. 腹股沟部　　D. 盆部　　E. 壶腹部
11. 输尿管盆部位于输精管的
A. 前面　　B. 后方　　C. 上方　　D. 下方　　E. 内侧
12. 精囊腺位于输精管壶腹的
A. 外侧　　B. 内侧　　C. 前方　　D. 后面　　E. 上面

13. 男性尿道最狭窄处为
    A. 尿道球部　　　　　　B. 尿道海绵体部　　　　C. 尿道膜部
    D. 尿道前列腺部　　　　E. 尿道外口
14. 男性尿道恒定不变的弯曲是
    A. 耻骨下弯　　B. 耻骨前弯　　C. 耻骨上弯　　D. 耻骨后弯　　E. 耻骨内弯
15. 有尿道外括约肌环绕的尿道部位是
    A. 尿道球部　　　　　　B. 尿道海绵体部　　　　C. 尿道膜部
    D. 尿道前列腺部　　　　E. 舟状窝
16. 下列哪个结构的排泄管与输精管末端合并形成射精管
    A. 精囊腺　　B. 前列腺　　C. 尿道球腺　　D. 附睾　　E. 前庭大腺
17. 输精管最长的部分是
    A. 睾丸部　　B. 精索部　　C. 腹股沟管　　D. 盆部　　E. 壶腹部
18. 直肠指诊不能够触到的结构是
    A. 精囊腺　　B. 前列腺　　C. 尿道球腺　　D. 输精管壶腹　　E. 膀胱体
19. 输精管不经过的部位是
    A. 阴囊　　　　　　　　B. 腹股沟管浅环　　　　C. 腹股沟管深环
    D. 腹膜腔　　　　　　　E. 膀胱底
20. 其分泌物为精液主要组成部分的是
    A. 输精管壶腹　　B. 精囊腺　　C. 前列腺　　D. 尿道球腺　　E. 附睾

三、A_2 型题（病例摘要型最佳选择题）

1. 患者，男性，49岁。突发下腹部阵发性剧痛，并向外生殖器和大腿等处放射，尿路X线片可见结石阴影。诊断为"尿道结石"，结石嵌顿于尿道的第二个狭窄处，该狭窄位于
    A. 尿道球部　　B. 尿道外口　　C. 舟状窝　　D. 尿道内口　　E. 尿道膜部
2. 患者，男性，63岁。患前列腺增生出现尿潴留，需进行导尿以使尿液排出，导尿管自尿道外口插入后至膀胱，通过何处最为困难
    A. 尿道内口　　　　　　B. 尿道膜部　　　　　　C. 尿道前列腺部
    D. 尿道球部　　　　　　E. 尿道舟状窝
3. 患者，男性，65岁，因排尿困难，医生对他进行肛门直肠指检，发现一结构肥大。该结构最可能是
    A. 精囊腺　　B. 前列腺　　C. 尿道球腺　　D. 输精管壶腹　　E. 膀胱
4. 患者，男性，由于排尿困难、尿潴留，需进行插尿管导尿，叙述错误的是
    A. 应提起阴茎消除耻骨前弯　　B. 导尿管需经尿道海绵体部　　C. 导尿管需穿经前列腺
    D. 依次经过尿道外口、膜部、前列腺部3个狭窄　　E. 全长16～22cm
5. 3岁男孩，右侧阴囊内肿块，光滑，有波动感，右侧睾丸触及，卧位时肿块不消失，阴囊透光试验阳性。首先考虑是
    A. 腹股沟管直疝　　　　B. 精索鞘膜积液　　　　C. 腹股沟斜疝
    D. 睾丸鞘膜积液　　　　E. 隐睾

四、B_1 型题（标准配伍题）

（1～5题共用备选答案）
A. 半月形　　B. 稍扁椭圆形　　C. 栗子形　　D. 长椭圆形　　E. 管状
1. 睾丸呈

2. 附睾呈
3. 输精管呈
4. 精囊呈
5. 前列腺呈

（6～10题共用备选答案）
A. 皮肤　　　B. 浅筋膜　　　C. 腹外斜肌腱膜　　　D. 腹横筋膜　　　E. 腹膜
6. （　　）延续为阴囊肉膜。
7. （　　）延续为阴囊皮肤。
8. （　　）延续为精索内筋膜。
9. （　　）延续为睾丸鞘膜。
10. （　　）延续为精索外筋膜。

五、思考题

患者，男性，71岁，患前列腺增生出现尿潴留，需进行导尿以使尿液排出。导尿管从尿道外口插入后至膀胱。

问题：
1. 导尿管途中需经过几个弯曲和几处狭窄？
2. 前列腺分几叶，增生好发在哪个叶？

【参考答案】

一、名词解释

1. 精索 spermatic cord：是从睾丸上端至腹股沟管腹环之间的圆索状结构的总称。其内容有输精管、睾丸动脉、蔓状静脉丛、淋巴管、神经及表面的被膜等。
2. 射精管 ejaculatory duct：由输精管和精囊腺排泄管合并而成，向前穿过前列腺实质，开口于尿道前列腺部。

二、A_1型题（单句型最佳选择题）

1. D　2. D　3. E　4. A　5. C　6. D　7. D　8. E　9. D　10. B　11. B　12. A　13. E　14. A　15. C　16. A　17. D　18. E　19. D　20. C

三、A_2型题（病例摘要型最佳选择题）

1. E　2. C　3. B　4. D　5. D

四、B_1型题（标准配伍题）

1. B　2. A　3. E　4. D　5. C　6. B　7. A　8. D　9. E　10. C

五、思考题（略）

（杨新旺）

第九章 女性生殖系统

【实验目的】

一、知识目标

1. 能够说出女性生殖系统的组成和功能。
2. 能够描述卵巢的形态、位置及固定装置。
3. 能够阐述输卵管的分部及常用结扎部位。
4. 能够阐述子宫的形态、分部、位置和固定装置。
5. 能够说出阴道的形态、位置及阴道前庭的位置、分部。
6. 能够说出女性外生殖器的组成。
7. 能够说出女性乳房的位置和形态构造。
8. 能够说出会阴的境界与分区。

二、技能目标

能够辨认女性生殖器官的形态结构。

三、情感、态度和价值观目标

能够联系女性生殖系统器官形态和功能,了解生殖活动过程,重视异位妊娠、人工流产等的生理伤害、心理和社会危害,正确看待性行为。

【实验内容】

一、女性生殖系统的组成和功能

女性生殖系统
- 内生殖器
  - 生殖腺:卵巢,产生卵子、分泌雌激素
  - 生殖管道
    - 输卵管:输送卵子或卵子受精部位
    - 子宫:孕育胎儿及行经
    - 阴道:作为产道下部及子宫分泌物和经血的排出道
  - 附属腺体:前庭大腺,分泌少量液体,湿润阴道口
- 外生殖器(女阴):阴阜、大阴唇、小阴唇、阴蒂、阴道前庭、前庭球等

二、女性内生殖器

(一)卵巢

1. 位置 位于盆腔外侧壁的髂内、外动脉夹角处,即卵巢窝内。
2. 卵巢门 位于卵巢前缘中部,是卵巢血管、神经等出入部位。
3. 固定装置
(1)卵巢悬韧带:由腹膜所形成,起自小骨盆侧缘,向下达卵巢输卵管端。其内含

有血管、淋巴管、神经，是寻找卵巢血管的标志。

（2）卵巢固有韧带：卵巢下端连于输卵管与子宫结合处的后下方（图9-1）。

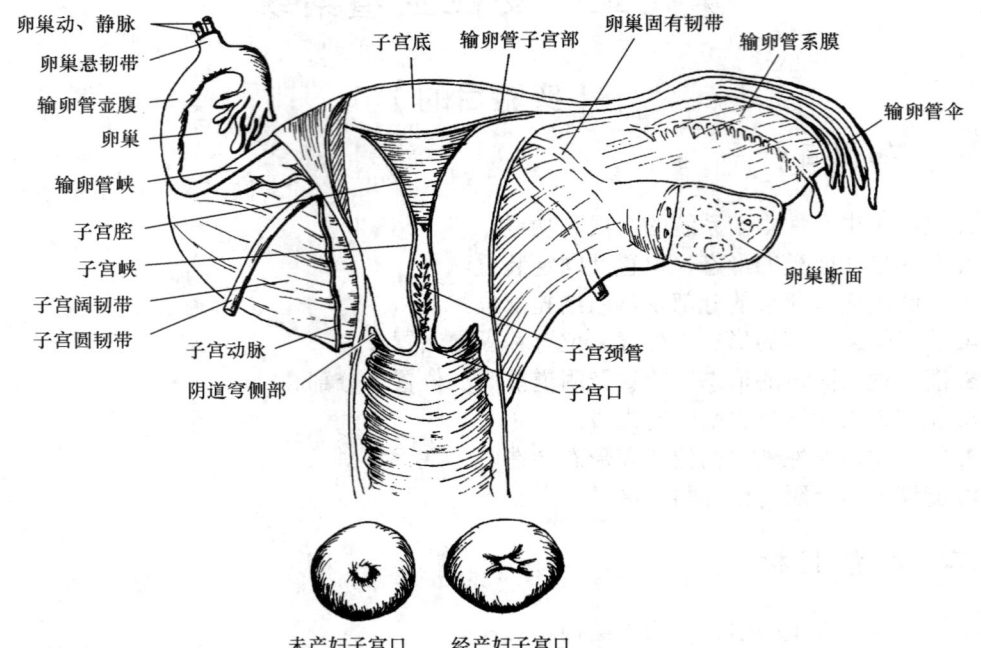

图 9-1　女性内生殖器

（二）输卵管（表 9-1）

表 9-1　输卵管的分部及临床意义

分部（从内向外）	临床意义
输卵管子宫部	位于子宫壁内，管径最细，以输卵管子宫口通子宫腔
输卵管峡	短而直，壁厚腔窄，血管分布少，输卵管结扎术多在此进行
输卵管壶腹	粗而长，壁薄腔大，血供丰富，行程弯曲，约占输卵管全长 2/3，为受精部位
输卵管漏斗	膨大呈漏斗状。其游离缘有输卵管伞部和卵巢伞，漏斗中央有输卵管膜腔，开口于腹膜腔

（三）子宫

1. 形态　子宫是前后略扁，倒置梨形的中空性肌性器官。

2. 分部

子宫分部 {
- 子宫底：两侧输卵管子宫口以上的部分。子宫与输卵管相接的部位称子宫角
- 子宫体：子宫底与子宫颈之间的部分
- 子宫颈：子宫体下端缩细的部分，分为子宫颈阴道上部和子宫颈阴道部
}

子宫内腔 {
- 子宫腔：位于子宫体内，呈前后略扁的倒三角形，两侧通输卵管，向下通子宫颈管
- 子宫颈管：位于子宫颈内的梭形管道，向上通子宫腔，向下借子宫口通阴道
}

子宫峡 isthmus of uterus 为子宫颈与体移行的狭窄部分，未孕时长约 1cm，妊娠末期可延至 7～11cm，剖宫产手术常在此进行。

3. 子宫的位置　子宫位于盆腔中部，膀胱与直肠之间，呈前倾前屈位。前倾指子宫长轴与阴道长轴之间形成向前下开放的钝角（略大于 90º）；前屈指子宫体与子宫颈之间形成向前开放的钝角（约 170º）。在人体直立时，子宫体几乎与地面平行。

4. 子宫的固定装置　主要靠盆膈、尿生殖膈、阴道等的承托和韧带的牵拉固定（表 9-2，图 9-2）。

表 9-2　子宫的韧带

名称	起点	止点	行程	作用
子宫阔韧带	子宫体两侧缘	骨盆侧壁	双层腹膜皱襞行向外侧	维持子宫正中位
子宫主韧带	子宫颈阴道上部侧面	骨盆侧壁	在阔韧带底部行向外侧	固定子宫颈在坐骨棘平面以上，防止子宫向下脱垂
子宫圆韧带	子宫角	大阴唇、阴阜皮下	经腹股沟管行向前下方	维持子宫前倾
子宫骶韧带	子宫颈后面的上外侧	第 2～3 骶椎前面	形成子宫直肠襞，位于直肠子宫陷凹两侧	牵引宫颈向后上，协同子宫圆韧带维持子宫的前倾前屈位

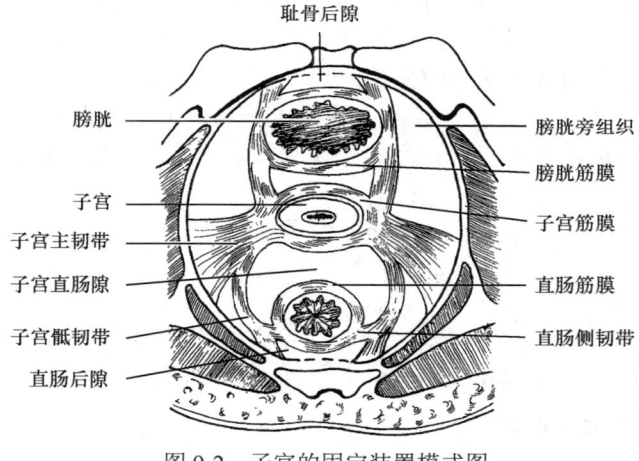

图 9-2　子宫的固定装置模式图

（四）阴道

1. 位置　阴道为前后扁平的肌性管道，连接子宫与外生殖器。

2. 阴道穹 fornix of vagina　阴道上端较宽阔，包绕子宫颈阴道部，与子宫颈之间形成环形凹陷。阴道穹分前部、后部和两侧部。阴道穹后部最深，与直肠子宫陷凹仅隔以阴道后壁和腹膜，可经此部进行穿刺或引流以协助诊断疾病。

三、女性外生殖器

女性外生殖器又称女阴，包括阴阜、大阴唇、小阴唇、阴蒂、阴道前庭、前庭球和前庭大腺。

阴道前庭是位于两侧小阴唇之间的裂隙，前部有尿道外口，后部有阴道口。

四、女性乳房

1. 位置　位于胸肌筋膜的浅面，上达第 2～3 肋，下至第 6～7 肋，内侧至胸骨旁线，外侧可达腋中线。

2. 形态　中央有乳头，其顶端有输乳管开口，乳头周围一颜色较深的环形区域称为乳晕。

3. 结构　由皮肤、纤维组织、脂肪组织和乳腺构成。

（1）乳腺叶：内部由纤维隔将乳腺分成 15～20 个乳腺叶，每一个乳腺叶又分为若干个乳腺小叶。

（2）输乳管：每个乳腺叶有一排泄管，称输乳管，向乳头集中，呈放射状排列。输乳管在靠近乳头处膨大为输乳管窦，末端变细开口于乳头。乳腺脓肿切开引流时宜做放射状切口。

（3）乳房悬韧带（Cooper 韧带）：乳腺周围的纤维组织向深面发出许多结缔组织束连于皮肤和胸肌筋膜，称乳房悬韧带 suspensory ligament of breast，对乳腺起支持固定作用。

五、会阴

广义的会阴是指盆膈以下封闭骨盆下口的全部软组织，呈菱形，前为耻骨联合下缘，后为尾骨尖，两侧有耻骨下支、坐骨支、坐骨结节、骶结节韧带。以两侧坐骨结节的连线为界分为前部的尿生殖区（尿生殖三角），男性有尿道通过，女性有尿道和阴道穿过；后部为肛区（肛门三角），有肛管通过。临床上，常将肛门与外生殖器之间的区域称为狭义的会阴，在女性也称产科会阴。产妇分娩时要保护此区，以免造成撕裂。

【练习题】

一、名词解释

1. 子宫峡 isthmus of uterus
2. 阴道穹 fornix of vagina
3. 乳房悬韧带 suspensory ligament of breast
4. 会阴 perineum

二、A_1 型题（单句型最佳选择题）

1. 下列器官结构属于女性外生殖器的是
A. 子宫　　　B. 卵巢　　　C. 阴道　　　D. 前庭球　　　E. 前庭大腺

2. 下列关于卵巢的叙述，错误的是
A. 为女性的生殖腺
B. 具有产生卵细胞和分泌雌激素的功能
C. 右侧卵巢高于左侧
D. 大小和形态随年龄变化而有差异
E. 位于髂内、外动脉夹角处的盆腔外侧壁

3. 下列不属于维持子宫在盆腔内位置的韧带是
A. 子宫阔韧带　　　B. 子宫主韧带　　　C. 子宫圆韧带
D. 子宫骶韧带　　　E. 以上都不是

4. 关于卵巢悬韧带的描述，正确的是
A. 连结卵巢到子宫　　　B. 是卵巢圆韧带的延续　　　C. 在子宫下方经过
D. 由小骨盆侧壁至卵巢上端　　　E. 是子宫阔韧带的一部分

5. 手术寻找卵巢动静脉的标志是
A. 卵巢悬韧带　　　B. 卵巢固有韧带　　　C. 卵巢子宫索

D. 卵巢系膜　　　　　　　　　　E. 输卵管伞部
6. 关于输卵管，下列叙述错误的是
A. 是输送卵子的肌性管道　　　　B. 位于子宫阔韧带的上缘内　　　C. 内侧端开口于子宫腔
D. 走行平直　　　　　　　　　　E. 外侧端游离，以腹腔口与腹膜腔相通
7. 卵子受精的部位通常在
A. 子宫　　　　　　　　　　　　B. 输卵管子宫部　　　　　　　　C. 输卵管峡
D. 输卵管壶腹　　　　　　　　　E. 输卵管漏斗
8. 输卵管结扎术常选部位在
A. 输卵管子宫部　　　　　　　　B. 输卵管峡　　　　　　　　　　C. 输卵管壶腹
D. 输卵管漏斗　　　　　　　　　E. 输卵管腹腔口
9. 识别输卵管的标志性结构是
A. 输卵管漏斗　　　　　　　　　B. 输卵管悬韧带　　　　　　　　C. 输卵管伞部
D. 输卵管壶腹　　　　　　　　　E. 卵巢固有韧带
10. 输卵管最细的部位是
A. 输卵管子宫部　　　　　　　　B. 输卵管峡　　　　　　　　　　C. 输卵管壶腹
D. 输卵管漏斗　　　　　　　　　E. 输卵管系膜
11. 关于成人未孕子宫的形态，下列描述错误的是
A. 前后稍扁，呈倒置梨形状　　　B. 长 7～9cm，厚 2～3cm　　　　C. 未孕的子宫腔小
D. 分为底、体、颈三部分　　　　E. 子宫峡长 7～11cm
12. 正常的成人子宫姿势是
A. 轻度的前倾前屈　　　　　　　B. 后倾前屈　　　　　　　　　　C. 后倾后屈
D. 前倾后屈　　　　　　　　　　E. 以上都不是
13. 关于子宫内腔，下列叙述错误的是
A. 成人未孕子宫腔体较狭窄　　　　　　　　　　　　B. 分为子宫腔和子宫颈管两部分
C. 子宫颈管下口又称子宫口　　　　　　　　　　　　D. 经产妇子宫口多呈圆形
E. 子宫腔呈前后稍扁的倒三角形
14. 宫颈癌的好发部位是
A. 子宫颈阴道部　　　　　　　　B. 子宫颈阴道上部　　　　　　　C. 子宫峡
D. 子宫底　　　　　　　　　　　E. 子宫体
15. 子宫阔韧带的说法，正确的是
A. 子宫阔韧带呈矢状位　　　　　　　　　　　　　　B. 子宫阔韧带可限制子宫前后移动
C. 子宫阔韧带上缘游离　　　　　　　　　　　　　　D. 阔韧带的前叶覆盖卵巢和卵巢固有韧带
E. 阔韧带后叶覆盖子宫圆韧带
16. 限制子宫向两侧移动的主要韧带是
A. 卵巢固有韧带　　　　　　　　B. 子宫阔韧带　　　　　　　　　C. 子宫主韧带
D. 子宫骶韧带　　　　　　　　　E. 卵巢悬韧带
17. 维持子宫前倾的主要结构是
A. 子宫阔韧带　　　　　　　　　B. 子宫骶韧带　　　　　　　　　C. 子宫主韧带
D. 子宫圆韧带　　　　　　　　　E. 子宫附件
18. 输卵管壶腹具有以下特点
A. 短而粗　　　　　　　　　　　B. 壁厚腔大　　　　　　　　　　C. 血供稀少，易发生病变
D. 约占输卵管全长 1/3　　　　　E. 该部分行程弯曲

19. 行经腹股沟管的韧带是
   A. 子宫阔韧带　　　　　　　　B. 子宫骶韧带　　　　　　　　C. 子宫主韧带
   D. 子宫圆韧带　　　　　　　　E. 以上都不是
20. 妊娠期，延长形成"子宫下段"的部分是
   A. 子宫底　　　　　　　　　　B. 子宫体　　　　　　　　　　C. 子宫颈阴道部
   D. 子宫颈阴道上部　　　　　　E. 子宫峡
21. 直肠子宫陷凹有积液时，可经下列哪个部位进行穿刺
   A. 阴道穹后部　　　　　　　　B. 阴道穹前部　　　　　　　　C. 阴道穹侧部
   D. 阴道前庭　　　　　　　　　E. 阴道口
22. 关于阴道的描述，正确的是
   A. 是连接子宫和外生殖器的膜性管道　　　　B. 阴道两个侧壁常处于相接触的塌陷状态
   C. 阴道呈上宽下窄的形状　　　　　　　　　D. 阴道的下部较窄，开口于阴道前庭前上部
   E. 阴道穹前部最深
23. 关于女性外生殖器的叙述，正确的是
   A. 两侧小阴唇自阴蒂向后端汇合形成阴唇系带
   B. 阴蒂由两个阴蒂海绵体和一个尿道海绵体组成
   C. 阴蒂包皮和阴蒂系带由两侧大阴唇向前端延伸形成
   D. 小阴唇的前端和后端左右互相联合，形成唇前连合和唇后连合
   E. 阴道前庭是位于两侧大阴唇之间的裂隙
24. 乳房浅部脓肿切开引流术应采用的手术切口为
   A. 水平　　　　　B. 垂直　　　　　C. 斜行　　　　　D. 环行　　　　　E. 以乳头为中心呈放射状
25. 狭义的会阴是指
   A. 封闭小骨盆下口的软组织　　　B. 阴道前庭的软组织　　　　　C. 盆膈以下的软组织
   D. 肛门与外生殖器之间的软组织　　　　　　E. 耻骨联合至外生殖器之间的软组织

三、A_2 型题（病例摘要型最佳选择题）

1. 患者，女性，29岁，于高处取物时不慎摔下呈骑跨式，伤及外阴部，疼痛难忍，最易发生外阴血肿的部位是
   A. 大阴唇　　　　B. 小阴唇　　　　C. 阴蒂　　　　D. 阴道口　　　　E. 阴道前庭
2. 患者，女性，30岁，月经较平时推迟45天，以突发左下腹撕裂样疼痛就诊，血压80/50mmHg，全腹压痛、反跳痛，考虑为输卵管妊娠破裂，为确定腹膜腔是否有积血，并明确诊断，拟行诊断性穿刺，最适宜的穿刺部位是
   A. 阴道穹前部　　B. 阴道穹后部　　C. 阴道穹侧部　　D. 经直肠前壁　　E. 经直肠后壁
3. 患者，女性，35岁，因不孕5年就诊。医生为检查输卵管排卵是否通畅，有无粘连，常需做输卵管造影，正常情况下造影剂应经何处到达腹腔
   A. 输卵管伞部　　　　　　　　B. 卵巢伞　　　　　　　　　　C. 输卵管子宫口
   D. 输卵管腹腔口　　　　　　　E. 输卵管漏斗
4. 患者，女性，26岁。以下腹剧痛2小时为主诉入院，经查确诊为异位妊娠，异位妊娠最常发生于
   A. 输卵管子宫部　　　　　　　B. 输卵管峡　　　　　　　　　C. 输卵管壶腹
   D. 输卵管漏斗　　　　　　　　E. 输卵管子宫口附近
5. 30岁女子长期不孕，经查子宫呈后屈后倾位，最有可能是哪个结构发育异常
   A. 子宫骶韧带和子宫圆韧带　　B. 子宫阔韧带　　　　　　　　C. 子宫圆韧带

D. 子宫骶韧带　　　　　　　　　　E. 子宫主韧带

6. 患者，女性，24 岁。因输卵管妊娠破裂急诊入院。医生行阴道穹后部穿刺术，引流腹水，穿刺时针尖应进入哪个部位
A. 直肠子宫陷凹　　　　B. 肛管　　　　　　　　C. 膀胱腔
D. 子宫腔　　　　　　　E. 膀胱子宫陷凹

7. 患者，女性，27 岁。妇科就诊，医生经直肠检查，在直肠中部前壁可扪及一较硬结构，此为
A. 耻骨联合　　B. 膀胱　　C. 子宫体　　D. 阴道　　E. 子宫颈

8. 患者，女性，40 岁，已婚，育有一子，因月经量增多，经期延长就医，入院查体面色苍白，下腹部扪及肿块，表面平滑。查体时，经阴道使用扩张器检查，可看到的结构是
A. 子宫口　　B. 子宫体　　C. 子宫底　　D. 输卵管　　E. 卵巢

9. 40 岁高龄待产妇，因妊娠高血压并发子痫可能入院。医生考虑顺产风险过大，经产妇家人同意，行剖宫产术。子宫的切口选择在
A. 子宫体　　B. 子宫峡　　C. 子宫底　　D. 子宫颈阴道部　　E. 子宫腔

10. 某经产妇产后自觉会阴部坠胀感，查体见宫颈脱出至阴道外，子宫体在阴道内，诊断为子宫脱垂，考虑为分娩损伤所致，可能损伤的结构是
A. 子宫阔韧带　　　　　　B. 子宫骶韧带　　　　　　C. 子宫主韧带
D. 子宫圆韧带　　　　　　E. 卵巢子宫索

四、B₁ 型题（标准配伍题）

（1～4 题共用备选答案）
A. 输卵管壶腹　　　　B. 输卵管子宫部　　　　C. 输卵管峡
D. 输卵管伞部　　　　E. 输卵管漏斗

1. 输卵管最长的部位是
2. 不属于输卵管四部分之一的是
3. 输卵管最外侧的部位是
4. 中央有输卵管腹腔口的是

（5～8 题共用备选答案）
A. 子宫底　　　　B. 子宫颈阴道部　　　　C. 子宫颈阴道上部
D. 子宫峡　　　　E. 子宫颈管

5. 子宫在子宫颈内的腔隙称为
6. 妊娠期逐渐伸展变长，形成子宫下段的是
7. 子宫最上端的部位称为
8. 被阴道包绕，形成阴道穹的是

（9～10 题共用备选答案）
A. 卵巢　　B. 输卵管　　C. 子宫　　D. 阴道　　E. 前庭大腺

9. 女性的生殖腺是
10. 女性生殖系统的附属腺是

五、思考题

患者，女性，37 岁，已婚，下腹剧痛 2 小时入院，体格检查：面色苍白，下腹部有明显压痛，有停经史，HCG（+），初步诊断为异位妊娠。

问题：
1. 异位妊娠最常发生于何处？
2. 若需进一步检查，可在何处抽取到不凝固的血液？

【参考答案】

一、名词解释

1. 子宫峡 isthmus of uterus：为子宫体与子宫颈上端之间的狭窄部分。非妊娠时，子宫峡约长1cm。到妊娠末期，可延长至7～11cm，产科常在此处行剖宫术。

2. 阴道穹 fornix of vagina：阴道上端包绕子宫颈阴道，与子宫颈之间形成的环形凹陷。阴道穹分前部、后部和两侧部。阴道穹后部最深，与直肠子宫陷凹相邻。当该陷凹积血和积液时，可经此部进行穿刺或引流以助诊断疾病和治疗。

3. 乳房悬韧带 suspensory ligament of breast：又称 Cooper 韧带，乳腺周围的纤维组织发出许多小的纤维束，连于皮肤和胸肌筋膜，对乳房起支持固定作用。

4. 会阴 perineum：有广义和狭义之分。广义的会阴指盆膈以下封闭骨盆下口的全部软组织，呈菱形。狭义的会阴指肛门与外生殖器之间的区域，在女性，又称产科会阴，分娩时易产生撕裂。

二、A_1 型题（单句型最佳选择题）

1. D 2. C 3. E 4. D 5. A 6. D 7. D 8. B 9. C 10. A 11. E 12. A 13. D 14. A 15. C 16. B 17. D 18. E 19. D 20. E 21. A 22. C 23. A 24. E 25. D

三、A_2 型题（病例摘要型最佳选择题）

1. A 2. B 3. D 4. C 5. A 6. A 7. E 8. A 9. B 10. C

四、B_1 型题（标准配伍题）

1. A 2. D 3. E 4. E 5. E 6. D 7. A 8. B 9. A 10. E

五、思考题（略）

（李恒希）

第十章 腹 膜

【实验目的】

一、知识目标

1. 能够描述腹膜的组成和配布，腹膜腔的概念及腹膜的功能。
2. 能够说出腹膜与腹盆腔脏器的关系。
3. 能够说出网膜的组成，小网膜的位置和分部，大网膜的位置和构成及功能；描述网膜孔的位置和网膜囊的境界。
4. 能够说出各系膜的名称、位置。
5. 能够说出肝、脾和胃的韧带名称和位置。
6. 能够说出腹膜襞、腹膜隐窝；描述腹膜陷凹的位置。
7. 能够说出腹膜腔的分区。

二、技能目标

1. 能够辨认腹膜所形成的结构。
2. 能够寻认腹膜腔间隙。

三、情感、态度和价值观目标

能够通过腹膜与腹盆腔脏器关系的学习，了解脏器病变可以通过腹膜间隙蔓延和扩散，从而领悟"局部与整体关系"的哲学原理。

【实验内容】

一、腹膜的概述

（一）概念

腹膜是一层薄而光滑的浆膜，衬贴在腹壁、盆壁和腹腔、盆腔器官的表面，具有分泌、吸收、支持、保护、修复和再生等多种功能。

（二）配布

1. **壁腹膜** 衬覆于腹、盆腔壁的内面。
2. **脏腹膜** 被覆于腹、盆腔器官的表面。

腹膜壁层与脏层相互延续围成的一个不规则的潜在腔隙称腹膜腔 peritoneal cavity，内有少量浆液，有润滑和减少摩擦的作用。男性腹膜腔是密闭的，女性腹膜腔经输卵管腹腔口、输卵管、子宫和阴道与外界相通（图10-1）。

二、腹膜与脏器的关系

根据脏器被腹膜覆盖程度的不同，可将腹、盆腔脏器分为三类（表10-1）。

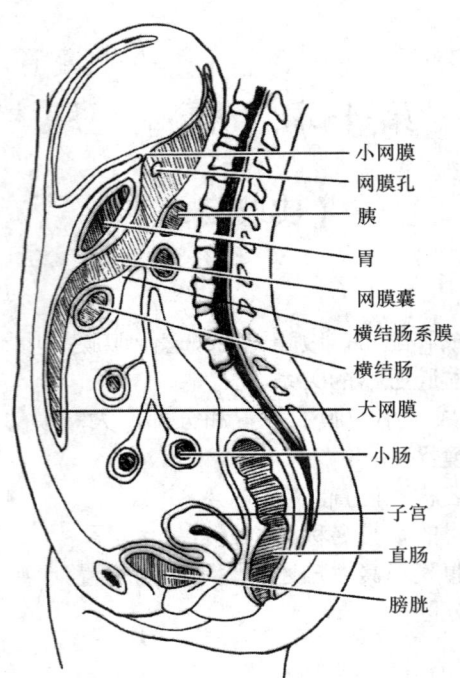

图 10-1 腹膜腔正中矢状切面示意图

表 10-1 腹膜与脏器的关系

分类	描述	所属器官
腹膜内位器官	器官表面几乎全被腹膜所覆盖	胃、十二指肠上部、空肠、回肠、盲肠、阑尾、横结肠、乙状结肠、脾、卵巢、输卵管等
腹膜间位器官	器官表面大部分被腹膜覆盖	肝、胆囊、升结肠、降结肠、直肠上段、子宫、充盈的膀胱等
腹膜外位器官	器官仅一面被腹膜覆盖	胰、十二指肠降部和水平部、直肠中下段、肾、肾上腺、输尿管、空虚的膀胱等

三、腹膜形成的结构

壁腹膜与脏腹膜之间、脏腹膜与脏腹膜之间互相转折移行，形成网膜、系膜、韧带和皱襞等结构，对器官起连接和固定等作用，也是血管、神经、淋巴管等出入脏器的途径。

（一）网膜、系膜和韧带

1. 网膜
   - 小网膜
     - 肝胃韧带：连于肝门和胃小弯之间的双层腹膜
     - 肝十二指肠韧带：连于肝门和十二指肠上部之间。其内有胆总管、肝固有动脉和门静脉
   - 大网膜：连于胃大弯和横结肠间的四层腹膜

2. 系膜
   - 肠系膜：将空、回肠连于腹后壁的双层腹膜，内有肠系膜上血管等
   - 阑尾系膜：将阑尾连于肠系膜下方的双层腹膜，内有阑尾血管等
   - 横结肠系膜：将横结肠连于腹后壁的双层腹膜，内有中结肠血管等
   - 乙状结肠系膜：将乙状结肠固定于左下腹的双层腹膜，内有乙状结肠血管和直肠上血管等

3. 韧带
- 肝：镰状韧带，冠状韧带，左、右三角韧带，肝胃韧带和肝十二指肠韧带，肝圆韧带
- 胃：肝胃韧带、胃结肠韧带、胃脾韧带、胃膈韧带
- 脾：胃脾韧带、脾肾韧带、膈脾韧带

（二）网膜囊和网膜孔

1. 网膜囊 omental bursa　又称小腹膜腔，是小网膜和胃后壁与腹后壁之间的一个扁窄间隙，属于腹腔的一部分（图 10-2）。网膜囊有 6 个壁：

（1）前壁：小网膜、胃后壁的腹膜和胃结肠韧带。
（2）后壁：横结肠及其系膜和覆盖胰、左肾、左肾上腺前面的腹膜。
（3）上壁：肝尾状叶和膈下腹膜。
（4）下壁：大网膜前、后两层愈合处。
（5）左壁：脾、胃脾韧带和脾肾韧带。
（6）右壁：网膜孔。

2. 网膜孔 omental foramen　又称 Winslow 孔，平第 12 胸椎至第 2 腰椎，位于肝十二指肠韧带游离缘的后方，是网膜囊的唯一孔道，可容纳 1～2 指。其上界为肝尾状叶，下界为十二指肠上部，前界为肝十二指肠韧带，后界为覆盖于下腔静脉表面的腹膜（图 10-2）。

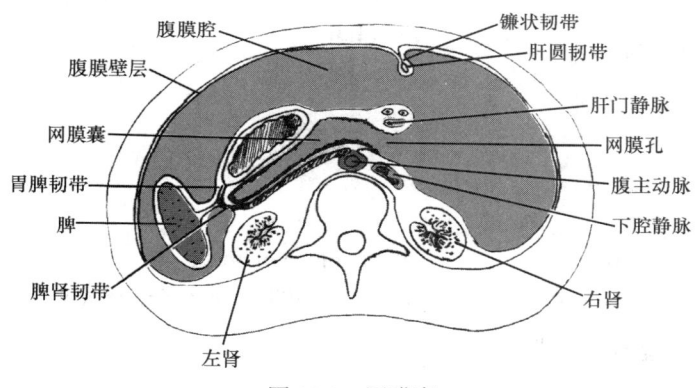

图 10-2　网膜囊

（三）腹膜襞、腹膜隐窝和腹膜陷凹

1. 腹膜襞和腹膜隐窝　见表 10-2。

表 10-2　腹膜襞和腹膜隐窝

分类	腹后壁	腹前壁
皱襞	十二指肠上襞：位于十二指肠升部左侧	脐正中襞：脐与膀胱尖之间，内含脐正中韧带（脐尿管闭锁）
		脐内侧襞：位于脐正中襞两侧，内含脐内侧韧带（脐动脉闭锁）
		脐外侧襞：又称腹壁动脉襞，位于脐内侧襞外侧，内含腹壁下血管
隐窝	十二指肠上隐窝：十二指肠上襞的深面	膀胱上窝：位于脐正中襞与脐内侧襞之间
	盲肠后隐窝：盲肠后方	腹股沟内侧窝：位于脐内侧襞与脐外侧襞之间，正对腹股沟浅环
	乙状结肠间隐窝：乙状结肠系膜和腹后壁之间	腹股沟外侧窝：位于脐外侧襞外侧，正对腹股沟深环
	肝肾隐窝：肝右叶下方与右肾之间，仰卧位时腹膜腔最低部位	

2. 腹膜陷凹　位于盆腔内，为腹膜在盆腔脏器之间移行返折形成。

（1）男性：直肠膀胱陷凹，位于膀胱与直肠之间，站立或坐位时，男性腹膜腔最低部位。

（2）女性

1）膀胱子宫陷凹，位于膀胱与子宫之间。

2）直肠子宫陷凹 rectouterine pouch，位于子宫与直肠之间，站立或坐位时，为女性腹膜腔最低部位。

四、腹膜腔的分区

腹膜腔以横结肠及其系膜为界，将其分为结肠上区和结肠下区。

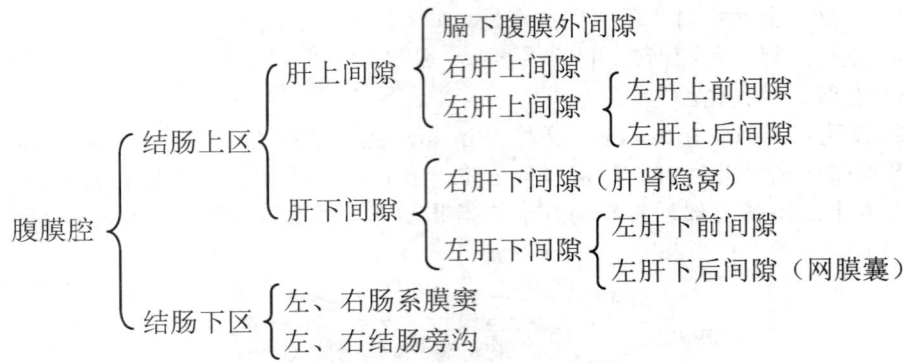

【练习题】

一、名词解释

1. 腹膜腔 peritoneal cavity
2. 网膜囊 omental bursa
3. 肝肾隐窝 hepatorenal recess
4. 直肠子宫陷凹 rectouterine pouch

二、A_1 型题（单句型最佳选择题）

1. 关于腹膜的叙述，错误的是

A. 为浆膜结构　　　　　B. 分壁腹膜和脏腹膜　　　　C. 为一密闭的腔隙

D. 产生少量浆液　　　　E. 有防御功能

2. 属于腹膜间位器官的是

A. 盲肠　　　B. 肾　　　C. 子宫　　　D. 卵巢　　　E. 直肠下段

3. 属于腹膜外位器官的是

A. 阑尾　　　B. 肾　　　C. 膀胱　　　D. 卵巢　　　E. 直肠上段

4. 关于小网膜的描述，错误的是

A. 参与组成网膜囊前壁　　　　B. 包括肝十二指肠韧带和肝胃韧带

C. 小网膜游离缘的后方为网膜孔　　D. 肝十二指肠韧带内有胆总管、肝固有动脉和肝门静脉

E. 为单层腹膜结构

5. 关于大网膜的描述，错误的是

A. 前两层附着于胃大弯　　　B. 小儿大网膜较短　　　C. 后两层上达横结肠

D. 内有胃左、右动脉　　　　E. 有防御功能

6. 关于网膜孔的描述，正确的是
A. 在网膜囊左侧　　　　　　B. 位于肝胃韧带的后方　　　　C. 上界为肝的方叶
D. 下界为十二指肠上部　　　E. 后界为腹膜覆盖的右肾

7. 经阴道穹后部穿刺，针尖进入
A. 膀胱腔　　　　　　　　　B. 子宫腔　　　　　　　　　　C. 直肠子宫陷凹
D. 会阴深隙　　　　　　　　E. 膀胱子宫陷凹

8. 胃左动脉位于
A. 小网膜　　　B. 大网膜　　　C. 胃脾韧带　　　D. 胃结肠韧带　　　E. 胃膈韧带

9. 分隔左肝下前间隙和左肝下后间隙的结构是
A. 镰状韧带　　　B. 肝圆韧带　　　C. 大网膜　　　D. 冠状韧带　　　E. 小网膜

10. 肝肾隐窝内如果有积液，向下流向
A. 右结肠旁沟　　　　　　　B. 左结肠旁沟　　　　　　　　C. 网膜囊
D. 右肝上间隙　　　　　　　E. 左肝下间隙

11. 构成小网膜的韧带有
A. 镰状韧带　　　　　　　　B. 肝十二指肠韧带和肝胃韧带　C. 脾胃韧带
D. 冠状韧带　　　　　　　　E. 左、右三角韧带

12. 大网膜内走行的动脉有
A. 肠系膜上动脉　　　　　　B. 胃左、右动脉　　　　　　　C. 肠系膜下动脉
D. 胃网膜左、右动脉　　　　E. 阑尾动脉

13. 关于系膜的描述，错误的是
A. 是双层腹膜结构　　　　　　　　　　　B. 阑尾系膜呈三角形
C. 乙状结肠系膜附着于骨盆右后壁　　　　D. 横结肠系膜内有中结肠动脉走行
E. 肠系膜根部附着于腹后壁

14. 下列哪一个结构不是肝的韧带
A. 冠状韧带　　　　　　　　B. 镰状韧带　　　　　　　　　C. 小网膜
D. 三角韧带　　　　　　　　E. 脾膈韧带

15. 关于腹膜腔的描述，错误的是
A. 腹腔脏器都在腹膜腔内　　B. 女性腹膜腔与外界相通　　　C. 男性腹膜腔是密闭的
D. 分为大腹膜腔和小腹膜腔　E. 小腹膜腔借网膜孔和大腹膜腔相通

16. 构成网膜囊后壁的结构是
A. 肝胃韧带　　　　　　　　B. 肝尾状叶　　　　　　　　　C. 横结肠及其系膜
D. 肝十二指肠韧带　　　　　E. 胃后壁

17. 不具有系膜的器官是
A. 空肠　　　B. 回肠　　　C. 横结肠　　　D. 十二指肠　　　E. 乙状结肠

18. 下列哪一条韧带不是由腹膜形成的
A. 三角韧带　　　B. 肝圆韧带　　　C. 肝胃韧带　　　D. 脾肾韧带　　　E. 膈结肠韧带

19. 下列哪一个腹膜腔间隙不与盆腔相通
A. 直肠膀胱陷凹　　　　　　B. 左结肠旁沟　　　　　　　　C. 右结肠旁沟
D. 左肠系膜窦　　　　　　　E. 右肠系膜窦

20. 胃网膜左动脉走行在
A. 肝胃韧带　　　　　　　　B. 肝十二指肠韧带　　　　　　C. 大网膜
D. 肝肾韧带　　　　　　　　E. 横结肠系膜

三、A₂型题（病例摘要型最佳选择题）

1. 患者，男性，45岁。因胃溃疡穿孔入院，查体时发现，其胃内容物可能流入右下腹引起了右下腹部疼痛，其临床表现与阑尾炎十分相似。胃内容物流入右下腹的路径是通过
  A. 左肠系膜窦　　B. 右肠系膜窦　　C. 右结肠旁沟　　D. 左结肠旁沟　　E. 小网膜

2. 患者，男性，28岁。因车祸受伤入院，查体时发现，其左季肋区受挤压，已出现失血性休克，紧急剖腹探查发现脾破裂。拟行脾切除手术。切除哪条韧带时应注意勿损伤胰尾
  A. 脾胃韧带　　　B. 脾肾韧带　　　C. 大网膜　　　D. 十二指肠悬韧带　　　E. 膈脾韧带

3. 患者，女性，30岁，已婚。停经2月余，因突然腹痛入院。入院查体发现，面色苍白，血压下降。考虑异位妊娠破裂。行阴道穹后部穿刺，是因为阴道穹后部毗邻
  A. 膀胱直肠陷凹　　　　　B. 乙状结肠隐窝　　　　　C. 膀胱子宫陷凹
  D. 盲肠后隐窝　　　　　　E. 直肠子宫陷凹

4. 患者，男性，23岁。因急性阑尾炎需行阑尾切除手术。术中需结扎阑尾动脉。阑尾动脉走行于
  A. 肠系膜　　　　　　　　B. 阑尾系膜　　　　　　　C. 乙状结肠系膜
  D. 盲肠系膜　　　　　　　E. 横结肠系膜

5. 患者，男性，40岁。因消化性溃疡并发急性胃后壁穿孔入院。如果胃内容物经穿孔处外漏，最先流入哪个间隙
  A. 小腹膜腔　　　　　　　B. 大腹膜腔　　　　　　　C. 肝肾隐窝
  D. 十二指肠上隐窝　　　　E. 十二指肠下隐窝

四、B₁型题（标准配伍题）

（1～4题共用备选答案）
  A. 连于腹前壁上部的韧带　　B. 连于食管腹段的韧带　　C. 连于胃小弯的韧带
  D. 连于胃大弯的韧带　　　　E. 连于结肠左曲的韧带

1. 膈结肠韧带
2. 镰状韧带
3. 胃结肠韧带
4. 左胃膈韧带

（5～8题共用备选答案）
  A. 左结肠旁沟　　　　　　B. 膈下腹膜外间隙　　　　C. 右肠系膜窦
  D. 右肝上前间隙　　　　　E. 左肝下后间隙

5. 小网膜后面
6. 小肠系膜根与升结肠之间
7. 冠状韧带前、后层之间
8. 降结肠与左侧腹壁之间

（9～10题共用备选答案）
  A. 十二指肠上隐窝　　　　B. 肝肾隐窝　　　　　　　C. 直肠子宫陷凹
  D. 直肠膀胱陷凹　　　　　E. 膀胱上窝

9. 仰卧位腹膜腔的最低位为
10. 女性腹膜腔的最低位为

五、思考题

患者，男性，43 岁。消化性溃疡病史 10 年，夜间突发腹痛就诊。因检查诊断为胃溃疡并发急性胃后壁穿孔。

问题：
1. 胃溃疡的好发部位在哪里？
2. 若胃内容物经穿孔处外漏，最先流入哪个间隙？

【参考答案】

一、名词解释

1. 腹膜腔 peritoneal cavity：壁腹膜和脏腹膜之间互相延续、移行形成的潜在的不规则间隙。
2. 网膜囊 omental bursa：是位于小网膜和胃后方与腹后壁之间的一个偏窄的间隙，又称小腹膜腔，借网膜孔与腹膜腔相通。
3. 肝肾隐窝 hepatorenal recess：为位于肝右叶与右肾之间的腹膜凹陷，是仰卧位时腹膜腔的最低位。
4. 直肠子宫陷凹 rectouterine pouch：为腹膜在直肠和子宫之间移行折返形成的腹膜陷凹，与阴道穹后部之间仅隔以阴道后壁和腹膜，是站立位或坐位时女性腹膜腔的最低位。

二、A_1 型题（单句型最佳选择题）

1. C 2. C 3. B 4. E 5. D 6. D 7. C 8. A 9. E 10. A 11. B 12. D 13. C 14. E 15. A 16. C 17. D 18. B 19. E 20. C

三、A_2 型题（病例摘要型最佳选择题）

1. C 2. B 3. E 4. B 5. A

四、B_1 型题（标准配伍题）

1. E 2. A 3. D 4. B 5. E 6. C 7. B 8. A 9. B 10. C

五、思考题（略）

（傅希玥）

第三篇 脉管系统

第十一章 心血管系统

【实验目的】

一、知识目标

1. 能够说出脉管系统的组成和功能。
2. 能够阐述血液循环途径。
3. 能够描述心的位置和外形。
4. 能够阐述心腔结构。
5. 能够阐述心传导系统。
6. 能够说出心的动脉及分支、营养范围，心的静脉。
7. 能够描述心包及心包腔。
8. 能够说出肺循环的动脉，描述动脉韧带的位置和特点。
9. 能够描述主动脉的行程、分部及各部的分界标志。
10. 能够描述颈总动脉、锁骨下动脉、胸主动脉、腹主动脉、髂总动脉的分支、分布；说明颈动脉窦和颈动脉小球的位置和功能。
11. 能够说出上腔静脉系、下腔静脉系的组成及回流概况。
12. 能够描述面静脉的特点，阐述危险三角定义。
13. 能够描述颈外静脉、头静脉、贵要静脉、大隐静脉、小隐静脉的走行及回流。
14. 能够阐述肝门静脉系的组成、收集范围、结构特点、属支及与上腔静脉系、下腔静脉系的吻合。

二、技能目标

1. 能够在活体定位心的体表投影点。
2. 能够在活体触及表浅动脉的搏动。
3. 能够辨认心的形态结构。
4. 能够辨认动、静脉主干的位置。

三、情感、态度和价值观目标

能够通过心的形态和动脉压迫止血点的学习，掌握心肺复苏、外伤止血的方法，从而重视急救和自救的重要性，以及认识其医学价值和社会价值。

【实验内容】

一、概述

（一）脉管系统的组成和功能

脉管系统是封闭的管道系统，分布于人体各部，包括心血管系统和淋巴系统。

1. 组成

2. 功能 具有运输和交换物质、维持人体内环境相对稳定、内分泌和防卫等功能。

（二）心血管系统的组成

1. 心 是心血管系统中心、动力器官，它有节律地收缩和舒张，推动血液在心血管系统内不停地流动。

$$
\text{心有四腔}\begin{cases}\left.\begin{array}{l}\text{右心房}\\\text{右心室}\end{array}\right\}\text{借右房室口相通}\\\left.\begin{array}{l}\text{左心房}\\\text{左心室}\end{array}\right\}\text{借左房室口相通}\end{cases}
$$

2. 动脉 与心室相连，是导血离心的血管。
3. 静脉 与心房相连，是导血回心的血管。
4. 毛细血管 介于动脉与静脉之间，遍布全身，是血液与组织间进行物质交换的场所。

（三）血液循环

血液由心室射出，经动脉、毛细血管和静脉返回心房，这种周而复始的循环流动称血液循环。血液循环可分为体循环 systemic circulation 和肺循环 pulmonary circulation（图 11-1、表 11-1）。

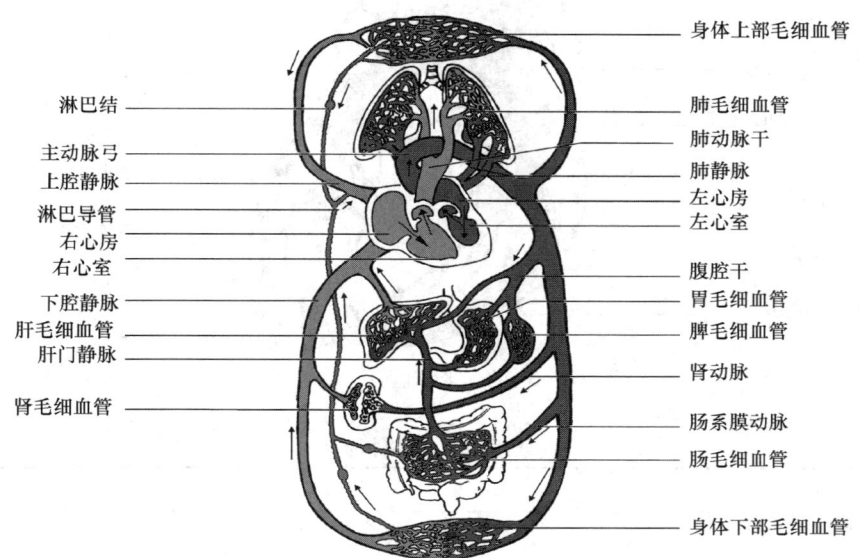

图 11-1 血液循环示意图

表 11-1　体循环和肺循环

分类	体循环（大循环）	肺循环（小循环）
途径	左心室→主动脉及其各级分支→全身毛细血管（与周围的组织、细胞进行物质和气体交换）→各级静脉→上、下腔静脉和冠状窦→右心房	右心室→肺动脉干及其各级分支→肺泡周围毛细血管（进行气体交换）→肺静脉→左心房
特点	路程长，流经范围广	路程短，只通过肺
意义	以动脉血滋养全身各部，并将全身各部的代谢产物和二氧化碳运回心，完成物质交换和气体交换	主要使静脉血转变成氧饱和度高的动脉血，完成气体交换

二、心

（一）心的位置、毗邻和外形

1. 心的位置　心位于胸腔中纵隔内，约 2/3 在身体正中线的左侧，1/3 在正中线的右侧。

2. 毗邻

心脏
- 前方：平对胸骨体和第 2~6 肋软骨，大部分被胸膜和肺遮盖
- 后方：平对第 5~8 胸椎
- 两侧：借纵隔胸膜、胸膜腔与肺相邻
- 上方：连接出入心的大血管
- 下方：借心包邻膈

3. 心的外形　心脏形似倒置、前后稍扁的圆锥体，可分为一尖、一底、两面、三缘、四沟（图 11-2、图 11-3，表 11-2）。

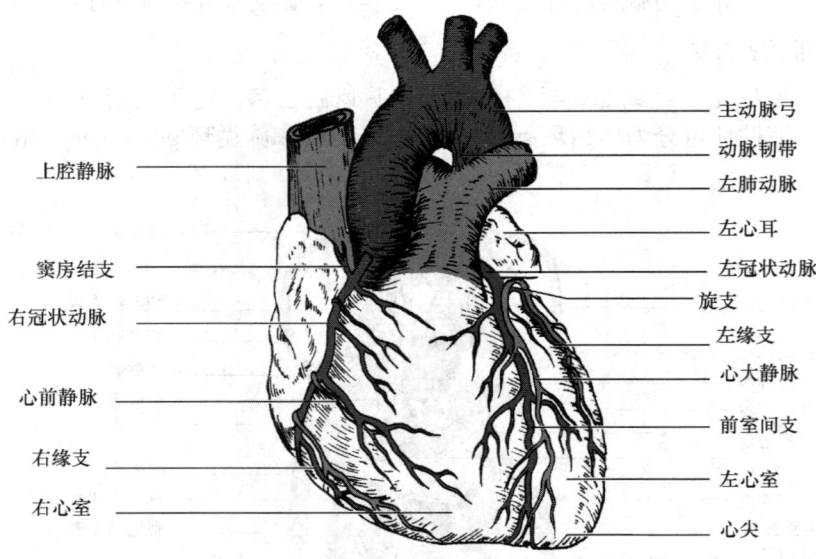

图 11-2　心的外形和血管（胸肋面）

表 11-2　心的外形

结构名称	参与构成的心腔	位置
一尖		
心尖	左心室	圆钝、游离，朝向左前下方

续表

结构名称	参与构成的心腔	位置
一底		
心底	左心房、右心房小部分	朝向右后上方
两面		
胸肋面（前面）	右心房和右心室，小部分左心耳和左心室	朝向前上方
膈面（下面）	2/3 左心室，1/3 右心室	近水平位，朝向下方
三缘		
右缘	右心房	近垂直位
左缘	绝大部分左心室，小部分左心耳	圆钝
下缘	右心室和心尖搏动	锐利，近水平位
四沟		
冠状沟	心房和心室的表面分界	近心底的环形沟，冠状位
前室间沟	左、右心室前面表面分界	冠状沟至心尖切迹
后室间沟	左、右心室下面表面分界	房室交点至心尖切迹
后房间沟	左、右心房后面表面分界	心的后面（心底）

心尖的体表投影：在左侧第 5 肋间隙与左锁骨中线交点内侧 1～2cm 处，可扪及心尖冲动。

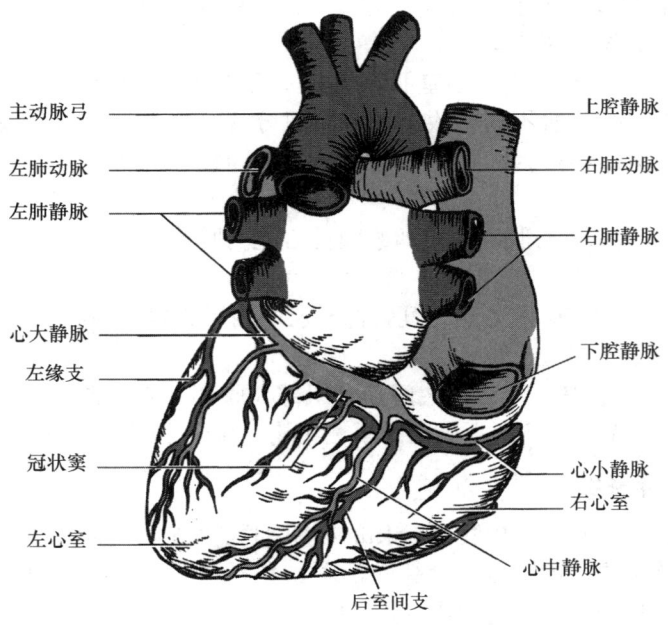

图 11-3　心的外形和血管（膈面）

（二）心腔

心脏分为 4 个腔，有左心房、右心房、左心室和右心室。左右两侧的心房、心室分别被房间隔、室间隔分隔，同侧心房与心室间借房室口相通（表 11-3）。

表 11-3　心各腔的出入口及主要结构

项目	右心房	右心室	左心房	左心室
入口	上腔静脉口 下腔静脉口 冠状窦口	右房室口	左上肺静脉口 左下肺静脉口 右上肺静脉口 右下肺静脉口	左房室口
出口	右房室口	肺动脉口	左房室口	主动脉口
分部	固有心房 腔静脉窦	流入道（窦部） 流出道（漏斗部）	左心耳 左心房窦	流入道（窦部） 流出道（主动脉前庭）
主要结构	界嵴、右心耳、梳状肌、下腔静脉瓣、卵圆窝、Koch 三角	室上嵴、三尖瓣复合体 tricuspid complex（三尖瓣环、三尖瓣、腱索、乳头肌）、肉柱、隔缘肉柱、动脉圆锥、肺动脉瓣	左心耳、梳状肌	二尖瓣复合体 mitral complex（二尖瓣环、二尖瓣、腱索、乳头肌）、肉柱、主动脉瓣、主动脉窦

卵圆窝 fossa ovalis 位于房间隔右侧面的前下部，是一卵圆形凹陷，为胎儿时期卵圆孔闭合后的遗迹，此处壁较薄弱，是房间隔缺损的好发部位。

（三）心的构造

1. 心纤维性支架　又称心纤维骨骼，由致密结缔组织构成。为心肌纤维和心瓣膜附着处，包括左右纤维三角、4 个纤维环（肺动脉环、主动脉环、二尖瓣环和三尖瓣环）、圆锥韧带、室间隔膜部和瓣膜间隔等。

2. 心壁　由内向外可分为 3 层。

（1）心内膜：被覆于心腔的内面，与血管的内膜相延续，由内皮和内皮下层构成。心内膜向心腔内折叠形成心瓣膜。

（2）心肌层：包括心房肌和心室肌两部分，两者附着于心纤维骨骼并被其隔开而互不连续，故心房肌和心室肌不同时收缩。心室肌分浅、中、深三层，浅层斜行，在心尖捻成心涡，并转入深部移行为纵行的深层肌，形成肉柱和乳头肌；中层呈环形，为心室固有肌。

（3）心外膜：包裹在心肌表面，即浆膜性心包的脏层。

3. 心间隔

（1）房间隔：位于左、右心房之间，由双层心内膜夹以结缔组织和少量心房肌构成，房间隔在卵圆窝处最薄。

（2）室间隔：位于左、右心室之间，分肌部和膜部。肌部占据室间隔的大部分，由肌组织被覆心内膜构成；膜部为不规则的膜性结构，位于心房和心室交界部位。

（四）心传导系统

心传导系统位于心壁内，由特殊分化的心肌细胞构成，具有自律性和传导性。主要功能是产生和传导冲动，控制心的节律性活动，包括窦房结、结间束、房室交界区、房室束、左右束支和 Purkinje 纤维网等（图 11-4）。

（1）窦房结：呈长椭圆形，位于上腔静脉与右心房交界处的心外膜深面，是心的正常起搏点。

（2）结间束：分前、中、后结间束，但迄今尚无充分的形态学证据。

（3）房室结：位于房间隔下部，相当于冠状窦口前上方的心内膜深面。

（4）房室束：又称 His 束，由房室结在室间隔肌部上缘发出，分为左、右两支。

（5）左右束支：沿室间隔下行，右束支分支分布于右心室壁，左束支分布于左心室壁。
（6）Purkinje 纤维网：居心内膜下的心肌内，与心肌纤维相连，支配其收缩。

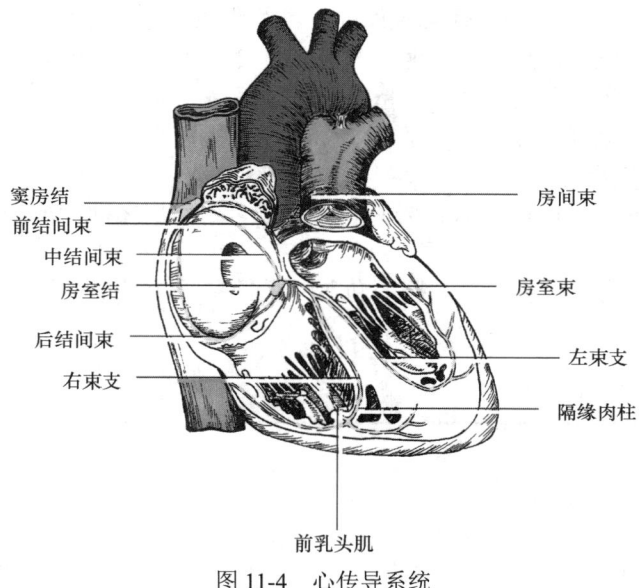

图 11-4　心传导系统

（五）心的血管

1. 动脉　心的动脉供应来自左、右冠状动脉（图 11-2、图 11-3，表 11-4）。

表 11-4　心的动脉

项目	右冠状动脉	左冠状动脉
来源	主动脉的右冠状动脉窦	主动脉的左冠状动脉窦
走行	行于右心耳与肺动脉干之间，沿冠状沟右行，绕心右缘至膈面的冠状沟	向左行于左心耳与肺动脉干之间，随即分支
终支及分布	后室间支（后降支）：右心房、右心室前壁大部分及侧壁、后壁的全部，室间隔后 1/3、左束支的后半及房室结和窦房结	前室间支（前降支）：左心室前壁、前乳头肌、心尖、右心室前壁小部分、室间隔的前 2/3 及右束支和左束支的前半
	右旋支：左心室膈面一小部分	旋支（左旋支）：左心房、左心室前壁一部分、左心室侧壁及膈面

2. 静脉　心的静脉血分三个途径回心（表 11-5）。

表 11-5　心的静脉

项目	位置、走行	注入部位
冠状窦及其属支	心大静脉：前室间沟内，与前室间支伴行，向后上至冠状沟，向左行至左室膈面	冠状窦
	心中静脉：后室间沟内，与后室间支伴行，向上行	冠状窦
	心小静脉：在冠状沟内，与右冠状动脉伴行，绕心右缘向左行	冠状窦
心前静脉	起于右心室前壁，向上越过右冠状沟	右心房
心最小静脉	各心壁内	各心腔

（六）心包

1. 心包　是包裹心和大血管根部外面的纤维浆膜囊，分为纤维心包和浆膜心包。

（1）外层：即纤维心包，上方包裹出入心的大血管根部，下方与膈的中心腱愈着。

（2）内层：即浆膜心包，又分为壁层和脏层。壁层紧贴于纤维心包的内面，脏层包于心肌层的表面，亦称心外膜。

2. 心包腔和心包窦

（1）心包腔 pericardial cavity：为浆膜心包脏、壁两层之间围成的密闭腔隙，内含少量浆液起润滑作用。

（2）心包窦：为心包腔内，浆膜心包脏、壁两层反折处的间隙。主要有心包横窦、心包斜窦和心包前下窦（表11-6）。

表11-6　心包窦

名称	位置	临床意义
心包横窦	升主动脉、肺动脉后方与上腔静脉、左心房前壁前方之间	心脏手术时暂时阻断血流的部位
心包斜窦	左心房后壁、左右肺静脉、下腔静脉与心包后壁之间	心包积液积聚于此，不易引流
心包前下窦	浆膜心包前壁与下壁转折处	心包腔的最低处，心包积液首先积聚于此，为心包腔穿刺抽液的适宜部位

三、动脉

（一）肺循环的动脉

肺动脉干为一粗短的动脉干，位于心包内。起自右心室，于胸骨角平面、主动脉弓下方分为左、右肺动脉。

（1）左肺动脉：较短，在肺门处分2支进入左肺上、下叶。

（2）右肺动脉：较长且粗，在肺门处分3支进入右肺上、中、下叶。

动脉韧带 arterial ligament 为连于肺动脉干分叉处稍左侧与主动脉弓下缘的结缔组织索，是胚胎时期动脉导管闭锁后的遗迹。动脉导管若在出生后6个月尚未闭锁，则称为动脉导管未闭，是常见的先天性心脏病。

（二）体循环的动脉

主动脉是体循环的动脉主干，起自左心室，向右上行达右侧第2胸肋关节后方，弓形向左偏后至第4胸椎下缘下行，穿膈的主动脉裂孔，止于第4腰椎下缘水平分为左、右髂总动脉（图11-5）。根据行程分为三段：

1. 升主动脉　于第3肋间隙起自左心室，至右侧第2胸肋关节处（平胸骨角高度），分支有左、右冠状动脉，营养心。

2. 主动脉弓　从右侧第2胸肋关节处，至第4胸椎下缘水平。凸侧从右至左依次发出头臂干、左颈总动脉和左锁骨下动脉，营养头、颈部和上肢等。

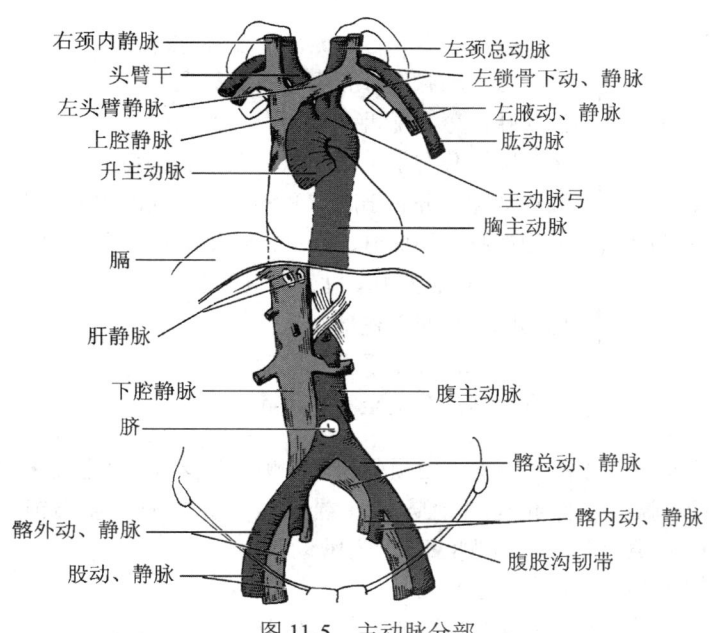

图 11-5 主动脉分部

（1）颈总动脉：是头颈部的动脉主干。右侧发自头臂干，左侧起于主动脉弓，上行至甲状软骨上缘水平分为颈内动脉和颈外动脉（图 11-6）。

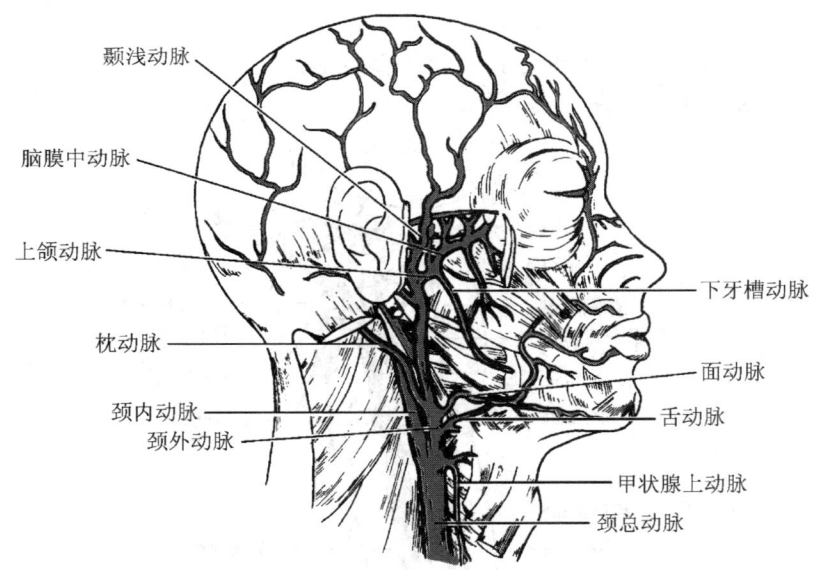

图 11-6 颈总动脉及其分支

1）颈动脉窦和颈动脉小球

A. 颈动脉窦 carotid sinus：是颈总动脉末端与颈内动脉起始部的膨大部分，壁内有压力感受器。当血压增高时，刺激压力感受器，可反射性地引起心跳减慢、末梢血管扩张，使血压下降。

B. 颈动脉小球 carotid glomus 是颈总动脉分叉处后方的一个椭圆形小体，为化学感受器，可感受血液中二氧化碳分压、氧分压和氢离子浓度的变化。当血中氧分压降低或二氧化碳分压增高时，反射性地促进呼吸加深加快，以保持血中氧气和二氧化碳含量的平衡。

2）颈总动脉的分支。

$$\text{颈总动脉}\begin{cases}\text{颈外动脉}\begin{cases}\text{甲状腺上动脉：分布于甲状腺和喉}\\\text{舌动脉：分布于舌}\\\text{面动脉：分布于下颌下腺、面部和腭扁桃体等}\\\text{颞浅动脉：分布于腮腺和额、颞、顶部的软组织}\\\text{上颌动脉：外耳道、鼓室、牙及牙龈、鼻腔、腭、咀嚼肌，发支}\\\qquad\text{脑膜中动脉营养硬脑膜}\\\text{枕动脉：分布于枕部}\\\text{耳后动脉：分布于耳郭的后方}\\\text{咽升动脉：分支至咽和颅底等}\end{cases}\\\text{颈内动脉：颈部无分支，由颈动脉管入颅，分支分布于视器和脑}\end{cases}$$

（2）锁骨下动脉：左侧起自主动脉弓，右侧起自头臂干。经胸锁关节后方、胸膜顶前方，穿斜角肌间隙至第 1 肋外侧缘移行为腋动脉。

锁骨下动脉的主要分支。

1）椎动脉：向上穿第 6 至第 1 颈椎横突孔，经枕骨大孔入颅，分布于脑和脊髓。

2）胸廓内动脉：沿第 1～6 肋软骨后面下行，分为肌膈动脉和腹壁上动脉两终支，分布于胸前壁、心包、膈和乳房等。

3）甲状颈干：分支有甲状腺下动脉和肩胛上动脉等，分布于甲状腺、咽、喉、气管及食管等。

4）肋颈干：分布于颈深肌和第 1、2 肋间隙的后部。

上肢动脉：如图 11-7、图 11-8 所示。

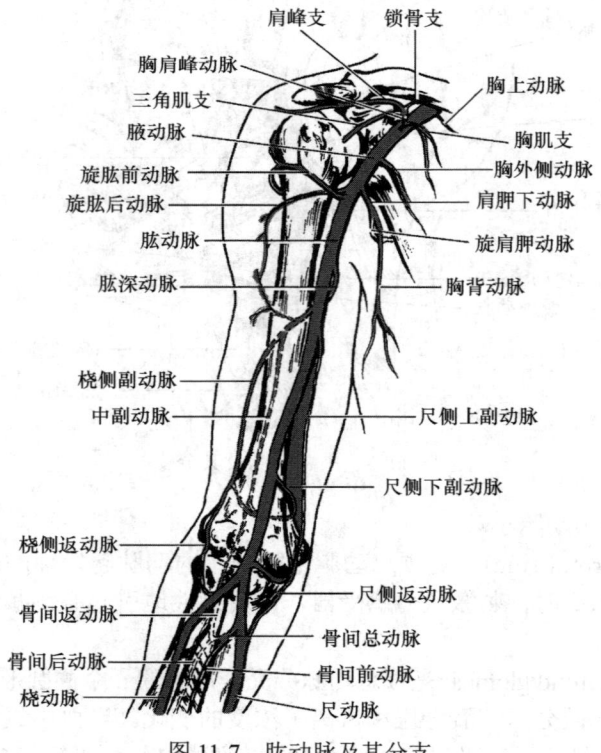

图 11-7　肱动脉及其分支

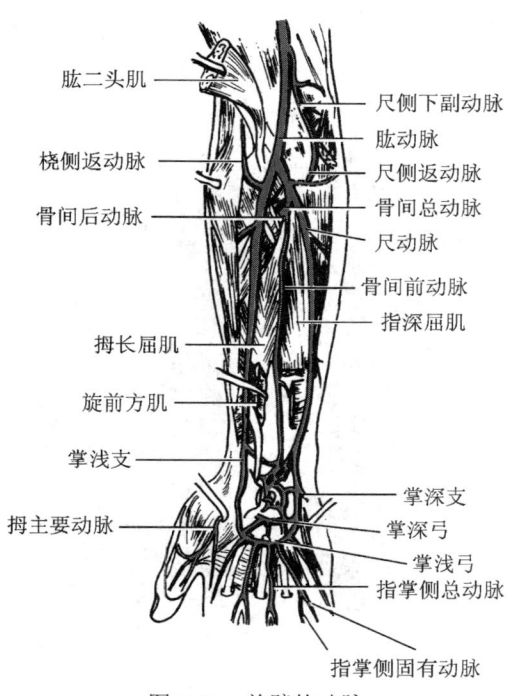

图 11-8　前臂的动脉

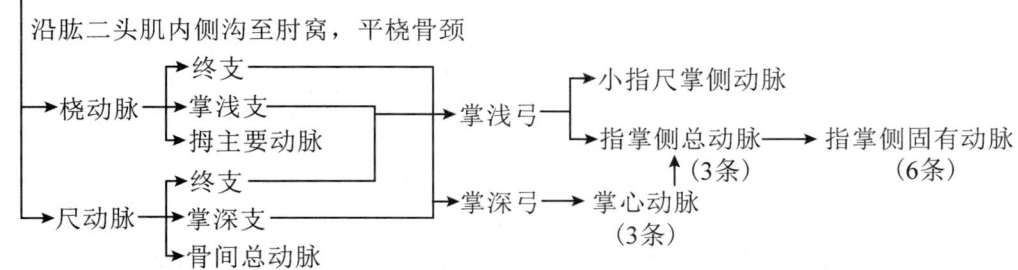

3. 降主动脉　从第 4 胸椎下缘水平至第 4 腰椎下缘水平。以主动脉裂孔（第 12 胸椎高度）为界，分为胸主动脉和腹主动脉。胸主动脉营养胸部（心除外），腹主动脉营养腹部、盆部和下肢等。

（1）胸主动脉：是胸部的动脉主干。位于胸腔后纵隔内于平对第 4 胸椎下缘处续于主动脉弓，至第 12 胸椎处，穿膈的主动脉裂孔移行为腹主动脉。其主要分支有壁支和脏支。

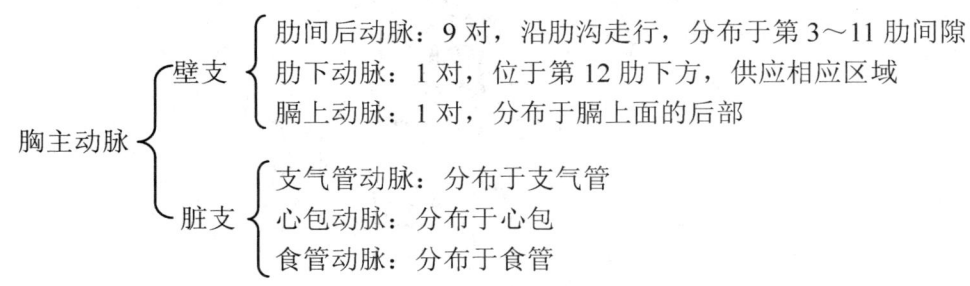

（2）腹主动脉：是腹部的动脉主干。在膈的主动脉裂孔处续于胸主动脉，约在第 4 腰椎下缘高度分为左、右髂总动脉。腹主动脉亦有壁支和脏支之分（图 11-9）。

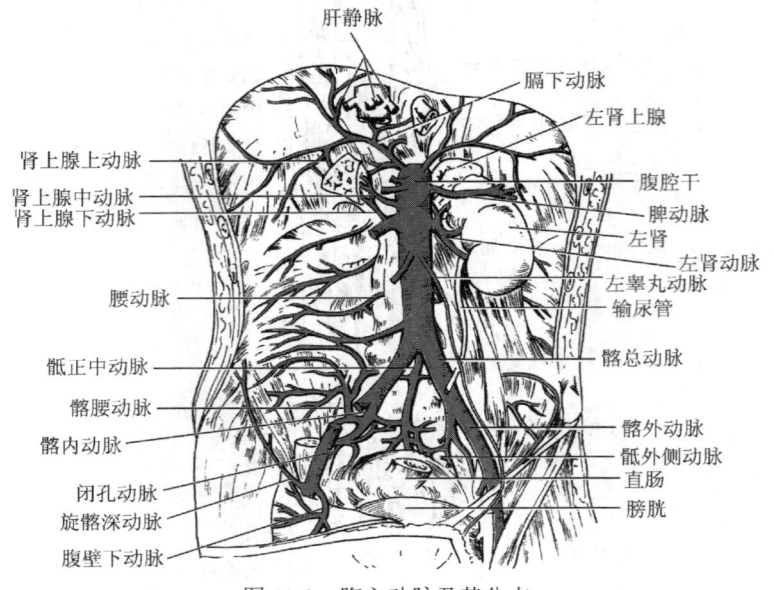

图 11-9 腹主动脉及其分支

腹主动脉
- 壁支
  - 膈下动脉：1 对，分布于膈及腹壁，发出肾上腺上动脉营养肾上腺
  - 腰动脉：4 对，分布于腰部、腹壁肌、脊髓及其被膜
  - 骶正中动脉：1 条，营养骶骨及其周围结构
- 脏支
  - 成对
    - 肾上腺中动脉：分布于肾上腺
    - 肾动脉：分布于肾，发出肾上腺下动脉至肾上腺
    - 睾丸动脉（卵巢动脉）：分布于睾丸（卵巢）
  - 不成对
    - 腹腔干
    - 肠系膜上动脉
    - 肠系膜下动脉

腹腔干在主动脉裂孔稍下方由腹主动脉前壁发出（图 11-10），肠系膜上动脉约平对第 1 腰椎水平起自腹主动脉前壁，肠系膜下动脉约平对第 3 腰椎高度起于腹主动脉前壁。

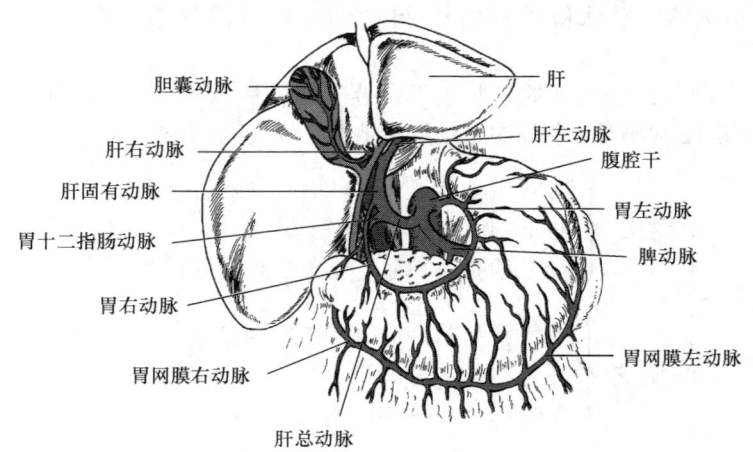

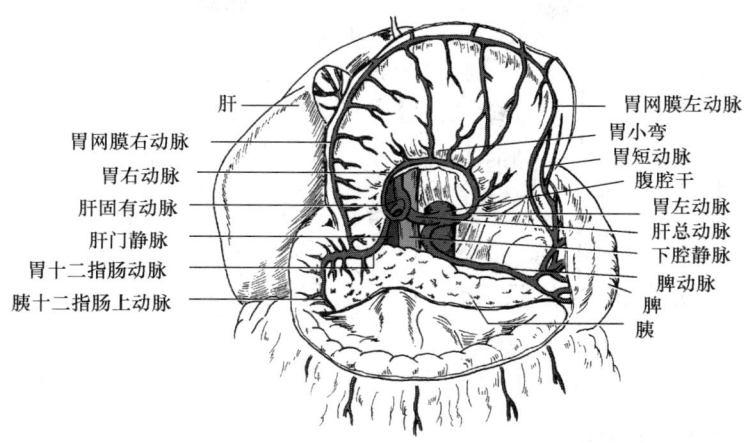

图 11-10 腹腔干及其分支

```
       ┌ 胃左动脉：分布于胃小弯左侧的胃壁
       │                   ┌ 肝固有动脉 ┌ 肝右支：分布于肝，发出胆囊动脉，分布于胆囊
       │                   │            │ 肝左支：分布于肝
       │          肝总动脉 ┤            └ 胃右动脉：分布于胃小弯右侧的胃壁
  腹腔干┤                   │
       │                   └ 胃十二指肠动脉 ┌ 胃网膜右动脉：分布于胃大弯右侧
       │                                    └ 胰十二指肠上动脉：分布于胰、十二指肠上部
       │          ┌ 胰支：分布于胰体和胰尾
       │          │ 胃后动脉：分布于胃体后壁上部
       └ 脾动脉   ┤ 胃短动脉：分布于胃底
                  │ 胃网膜左动脉：分布于胃大弯左侧的胃壁和大网膜
                  └ 脾支：分布于脾

不成对脏支

  肠系膜上动脉 ┌ 胰十二指肠下动脉：营养胰和十二指肠
              │ 空肠动脉和回肠动脉：营养空肠和回肠
              │ 回结肠动脉：营养回肠末端、盲肠和升结肠；发出阑尾动脉，营养阑尾
              │ 右结肠动脉：分支至升结肠
              └ 中结肠动脉：分支营养横结肠

  肠系膜下动脉 ┌ 左结肠动脉：分布于降结肠
              │ 乙状结肠动脉：分布于乙状结肠
              └ 直肠上动脉：分布于直肠上部
```

4. 髂总动脉 腹主动脉平对第 4 腰椎下缘处分为左、右髂总动脉。髂总动脉行向外侧至骶髂关节处又分为髂内动脉和髂外动脉。

（1）髂内动脉：是盆部的动脉主干，其分支亦有壁支和脏支两种。

（2）髂外动脉：经腹股沟韧带中点深面至股前部移行为股动脉。

1）主要分支：腹壁下动脉，营养腹直肌；旋髂深动脉，营养髂嵴及邻近肌。

2）下肢动脉：如图 11-11、图 11-12 所示。

髂内动脉
- 壁支
  - 闭孔动脉：营养大腿内侧群肌和髋关节
  - 臀上动脉：营养上部的臀肌和髋关节
  - 臀下动脉：营养下部的臀肌和髋关节
  - 髂腰动脉：分支至髂肌和腰大肌
  - 骶外侧动脉：分布于盆腔后壁及骶管内结构
- 脏支
  - 脐动脉：发出膀胱上动脉，分布于膀胱上、中部
  - 膀胱下动脉：分布于膀胱下部
  - 直肠下动脉：分布于直肠下部
  - 子宫动脉：至子宫、输卵管、卵巢和阴道
  - 阴部内动脉：分布于肛门、会阴部和外生殖器

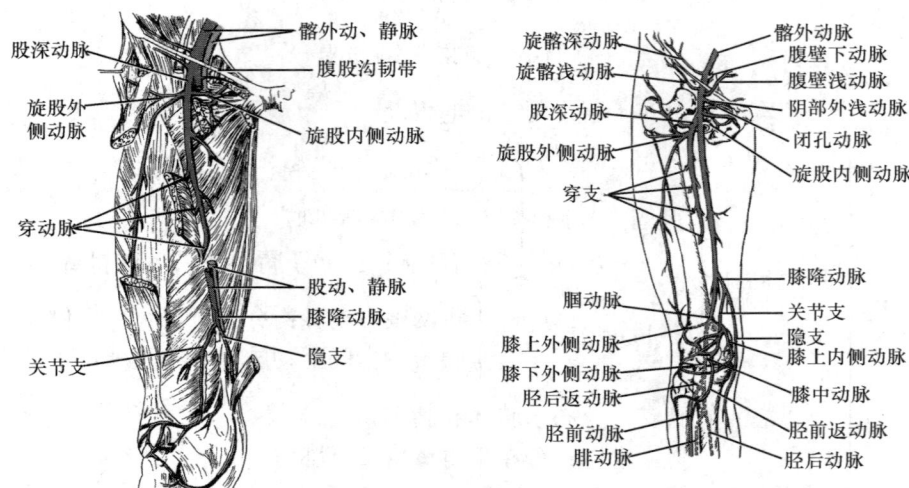

图 11-11 大腿及膝部的动脉

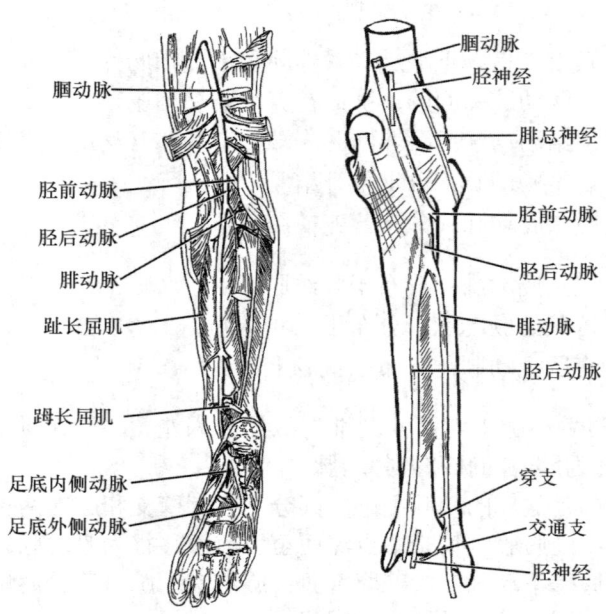

图 11-12 小腿的动脉（后面观）

股动脉：是下肢动脉主干，由髂外动脉延续而来，主要分支为肱深动脉
↓ 经收肌管、出收肌腱裂孔至腘窝
腘动脉：分支有膝上内、外侧动脉，膝中动脉，膝下内、外侧动脉

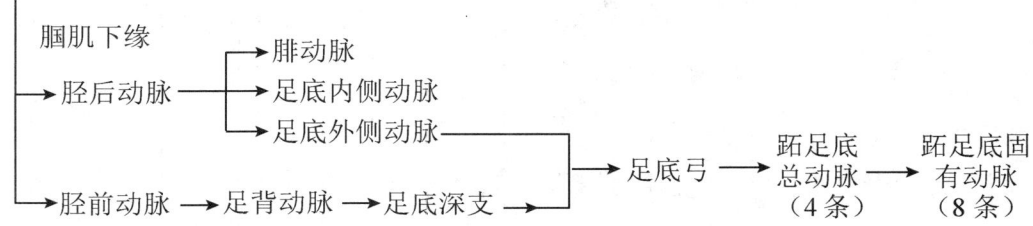

（三）全身主要动脉的压迫止血部位（表11-7）

表11-7　全身主要动脉的压迫止血部位

名称	压迫部位	大致止血范围
颈总动脉	环状软骨侧方压向颈动脉结节	头面部
面动脉	下颌骨下缘与咬肌前缘交界处	面颊部
颞浅动脉	颧弓根部（耳屏前方）	颞顶部头皮
锁骨下动脉	锁骨上窝中点压向第1肋上面	整个上肢
腋动脉	置圆枕垫于腋窝内，内收臂、压向肱骨颈	部分上肢
肱动脉	臂中部压向外、臂下部压向后	前臂
桡动脉	桡骨下1/3压向后	部分手部
尺动脉	豌豆骨外侧	部分手部
指掌侧固有动脉	手指根部两侧	手指
股动脉	腹股沟韧带中点下方一横指处压向耻骨	下肢大部
腘动脉	腘窝内加垫屈膝压迫	小腿
胫后动脉	踝管处压向前外侧	部分足部
胫前动脉	踝关节前下方，内、外踝连线中点	部分足部
趾动脉	趾根部两侧	足趾

四、静脉

（一）肺循环的静脉

肺静脉有两对，为左、右上肺静脉和左、右下肺静脉。起于肺门，向内行穿心包，注入左心房。

（二）体循环的静脉

体循环静脉分浅静脉和深静脉。浅静脉位于皮下，又称皮下静脉，多不与动脉伴行；深静脉多与动脉伴行，称伴行静脉，引流范围与伴行动脉的分布范围基本一致。在四肢，中等动脉常有2条静脉伴行。

1. 上腔静脉系　由上腔静脉及其属支组成，收集头颈部、上肢及胸部（心和肺除外）

等上半身的静脉血，注入右心房。

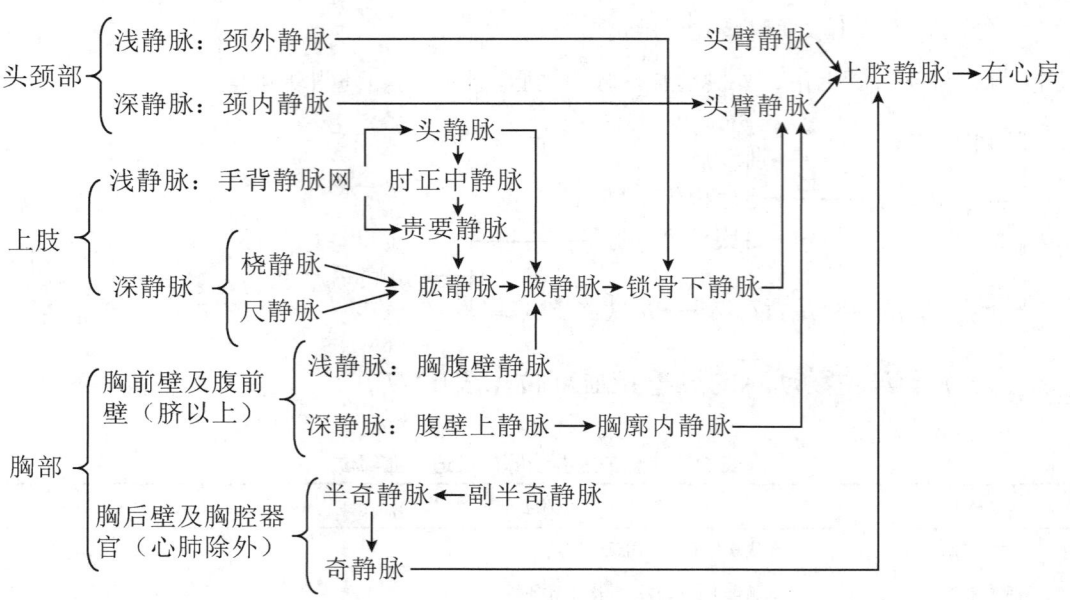

上腔静脉：由左、右头臂静脉在右侧第1肋软骨与胸骨结合处后方汇合形成，注入右心房，入心前有奇静脉注入。

头臂静脉：又称无名静脉，由同侧的颈内静脉和锁骨下静脉在胸锁关节后方汇合而成，汇合处的夹角称静脉角 venous angle，是淋巴导管的注入部位。头臂静脉还接受椎静脉、胸廓内静脉、肋间最上静脉和甲状腺下静脉等。

（1）头颈部静脉：大部分回流到颈内静脉，少部分回流到颈外静脉（图11-13）。

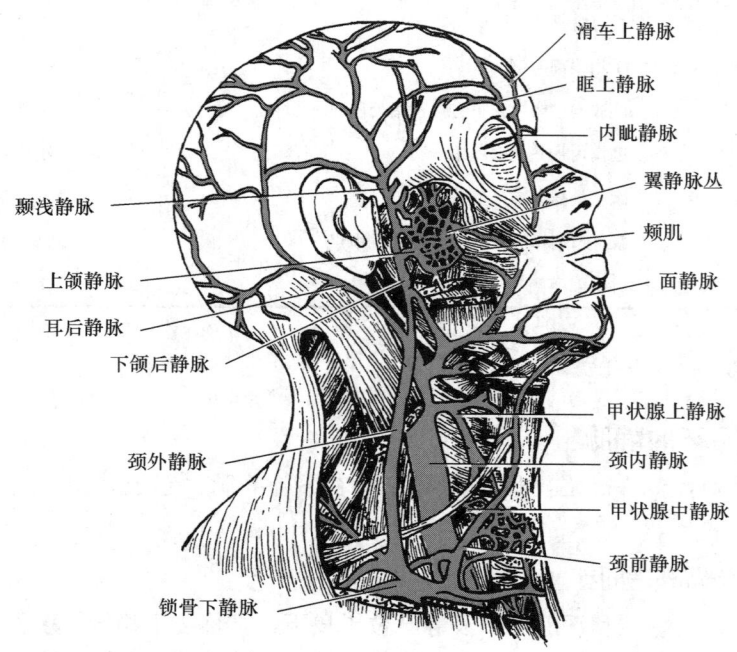

图 11-13　头颈部的静脉

1）颈内静脉：在颅底颈静脉孔处续于乙状窦，下行至胸锁关节后方与锁骨下静脉汇合成头臂静脉，收集颅骨、脑、面浅部和颈部大部分区域的静脉血液。

①颅内属支：由硬脑膜窦和注入窦内的静脉组成，收集脑和脑膜、视器、前庭蜗器及颅骨的静脉血液，经乙状窦汇入颈内静脉。

②颅外属支：收集舌、咽、甲状腺、面部和颈部的静脉血，主要有面静脉、下颌后静脉和舌静脉等。

面静脉：起自内眦静脉，在面动脉后方下行至下颌角下方与下颌后静脉的前支汇合至舌骨大角高度注入颈内静脉，面静脉收集面前部软组织的静脉血。面静脉通过眼上、下静脉与颅内的海绵窦交通，并通过面深静脉与翼静脉丛交通，继而与海绵窦交通。由于面静脉缺乏静脉瓣，面部感染时，若处理不当，细菌可通过眼静脉和翼静脉丛蔓延至颅内，导致颅内感染。临床上将鼻根至两侧口角的三角形区称为面部"危险三角" danger triangle of the face。

下颌后静脉：由颞浅静脉和上颌静脉在腮腺实质内汇合而成。在腮腺下缘处分为前、后两支，前支注入面静脉，后支与耳后静脉和枕静脉汇合成颈外静脉。下颌后静脉收集面侧区和颞区的静脉血。

2）锁骨下静脉：在第 1 肋外侧缘由腋静脉延续而来，至胸锁关节后方与颈内静脉汇合成头臂静脉。

颈外静脉：是颈部最大的浅静脉，由下颌后静脉后支和耳后静脉、枕静脉汇合而成，沿胸锁乳突肌表面行向下后，穿深筋膜注入锁骨下静脉或静脉角。收集颈前区浅层、枕部及耳郭的静脉血。

颈前静脉：起自颏下方的浅静脉，沿颈前正中线两侧下行，注入颈外静脉末端或锁骨下静脉。左、右颈前静脉在胸骨柄上方常吻合成颈静脉弓。

（2）上肢的静脉

1）深静脉：与同名动脉伴行，且多为两条。肱静脉→腋静脉→锁骨下静脉。

2）浅静脉。

A. 头静脉：起自手背静脉网的桡侧→前臂桡侧→肱二头肌外侧沟→注入腋静脉或锁骨下静脉。

B. 贵要静脉：起自手背静脉网的尺侧→前臂尺侧→肱二头肌内侧沟→注入肱静脉或腋静脉。

C. 肘正中静脉：位于肘窝，连接头静脉和贵要静脉，并收纳前臂正中静脉。

（3）胸部的静脉：主要有头臂静脉、上腔静脉、奇静脉及其属支（图 11-14）。

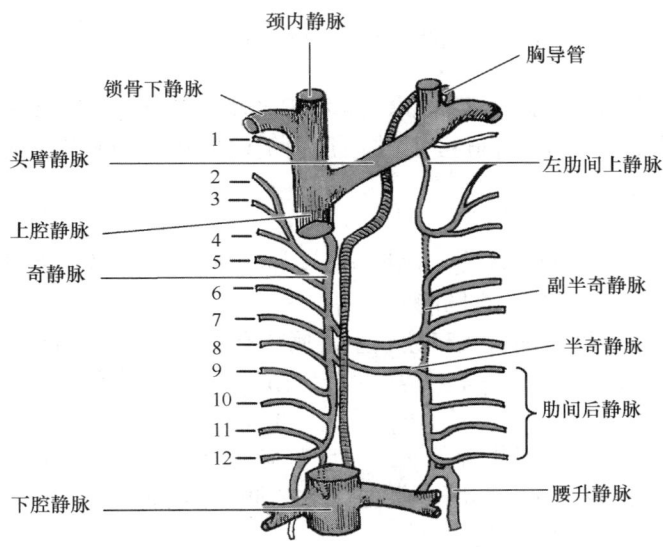

图 11-14　胸部的静脉示意图

1）头臂静脉。

2）上腔静脉。

3）奇静脉：起自右腰升静脉，沿胸椎右侧上行，约 T_4 高度注入上腔静脉。收集右侧肋间后静脉、食管静脉、支气管静脉和半奇静脉等。

4）半奇静脉：起自左腰升静脉，沿胸椎左侧上行，至 T_8 高度注入奇静脉。收集左侧下部的肋间后静脉。

5）副半奇静脉：沿胸椎左侧下行，注入半奇静脉或奇静脉。收集左侧上部的肋间后静脉。

6）椎静脉丛：位于脊柱周围，分为椎外静脉丛和椎内静脉丛。椎静脉丛无瓣膜，互相吻合，椎静脉丛向上经枕骨大孔与硬脑膜窦交通，向下与盆腔静脉丛相交通，是沟通上、下腔静脉系与颅内、外静脉的重要通道。

2. 下腔静脉系 由下腔静脉及其属支组成，收集下肢、盆部和腹部等处的静脉血，收集下半身的静脉血，注入右心房。

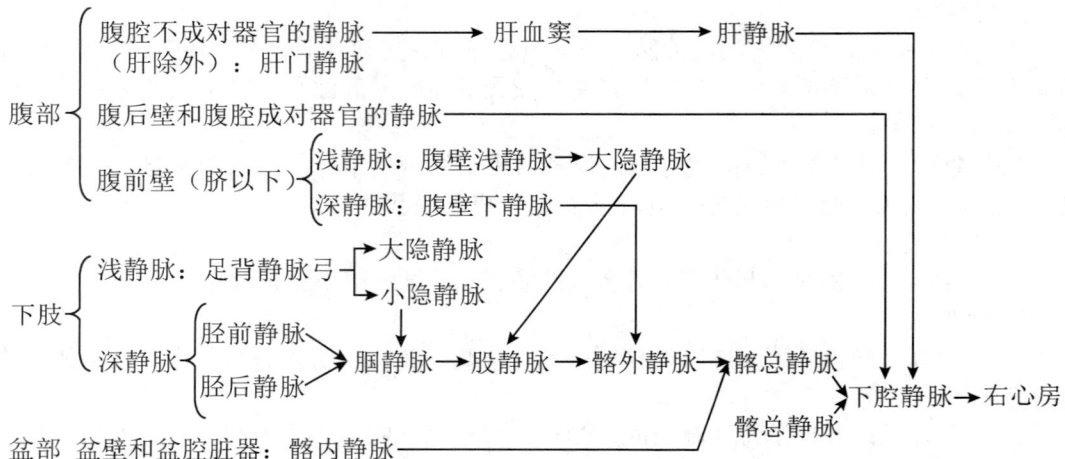

（1）下肢的静脉

1）深静脉：与同名动脉伴行。胫前静脉和胫后静脉→腘静脉→股静脉→髂外静脉。

2）浅静脉

A．小隐静脉：起自足背静脉弓外侧，经外踝后方、小腿后面，在腘窝下角注入腘静脉。

B．大隐静脉：起自足背静脉弓内侧，经内踝前方、小腿内侧和膝关节内后方向上达大腿内侧，穿隐静脉裂孔注入股静脉。属支有股内侧浅静脉、股外侧浅静脉、阴部外静脉、腹壁浅静脉和旋髂浅静脉。

（2）盆部的静脉

1）髂内静脉：髂内静脉的属支与动脉伴行。盆腔脏器的静脉在器官壁内或表面形成丰富的静脉丛，如膀胱静脉丛、直肠静脉丛等。

2）髂外静脉：是股静脉的直接延续。主要属支有腹壁下静脉和旋髂深静脉。

3）髂总静脉：由髂外静脉和髂内静脉汇合而成。双侧髂总静脉在第 5 腰椎右侧汇合成下腔静脉。

（3）腹部的静脉：主干是下腔静脉。下腔静脉沿脊柱右前方、腹主动脉右侧上行，穿膈的主动脉裂孔入胸腔注入右心房。属支有壁支和脏支两种。

1）壁支：有膈下静脉和 4 对腰静脉。

2）脏支：成对脏器的静脉直接或间接注入下腔静脉。不成对脏器（肝除外）的静脉汇成肝门静脉系，经肝静脉注入下腔静脉。左侧肾上腺静脉、左侧睾丸静脉（卵巢静脉）注入左肾静脉，右侧者注入下腔静脉。左、中、右三条肝静脉，在腔静脉沟上端注入下腔静脉。

3）肝门静脉系

A. 组成：肝门静脉及其属支。

肝门静脉：一般由肠系膜上静脉和脾静脉在胰颈后面汇合。

属支：肠系膜上静脉、肠系膜下静脉、脾静脉、胃左静脉、胃右静脉、胆囊静脉和附脐静脉。

B. 收集范围：收集腹腔内不成对脏器（肝以外）的静脉血，即腹、盆部消化管（食管腹段至直肠上部）、脾、胰和胆囊的静脉血。

C. 特点：其起端和末端与毛细血管相连；无静脉瓣，所以当肝门静脉血流受阻、压力升高时，血液易发生逆流。

D. 肝门静脉系与上、下腔静脉系之间的吻合及侧支循环见图11-15。

```
                  ┌─── 胃左静脉 ←─── 食管静脉丛 ───→ 奇静脉 ───────→ 上腔静脉
                  │                                                              ↑
肝门静脉系 ←─── 附脐静脉 ←─── 脐周静脉网 ───→ 胸腹壁静脉、腹壁上静脉
                  │                              └─→ 腹壁浅静脉、腹壁下静脉 ─┐
                  │                                                              ↓
                  └─ 肠系膜下静脉 ← 直肠上静脉 ← 直肠静脉丛 → 直肠下静脉 → 髂内静脉 → 下腔静脉
```

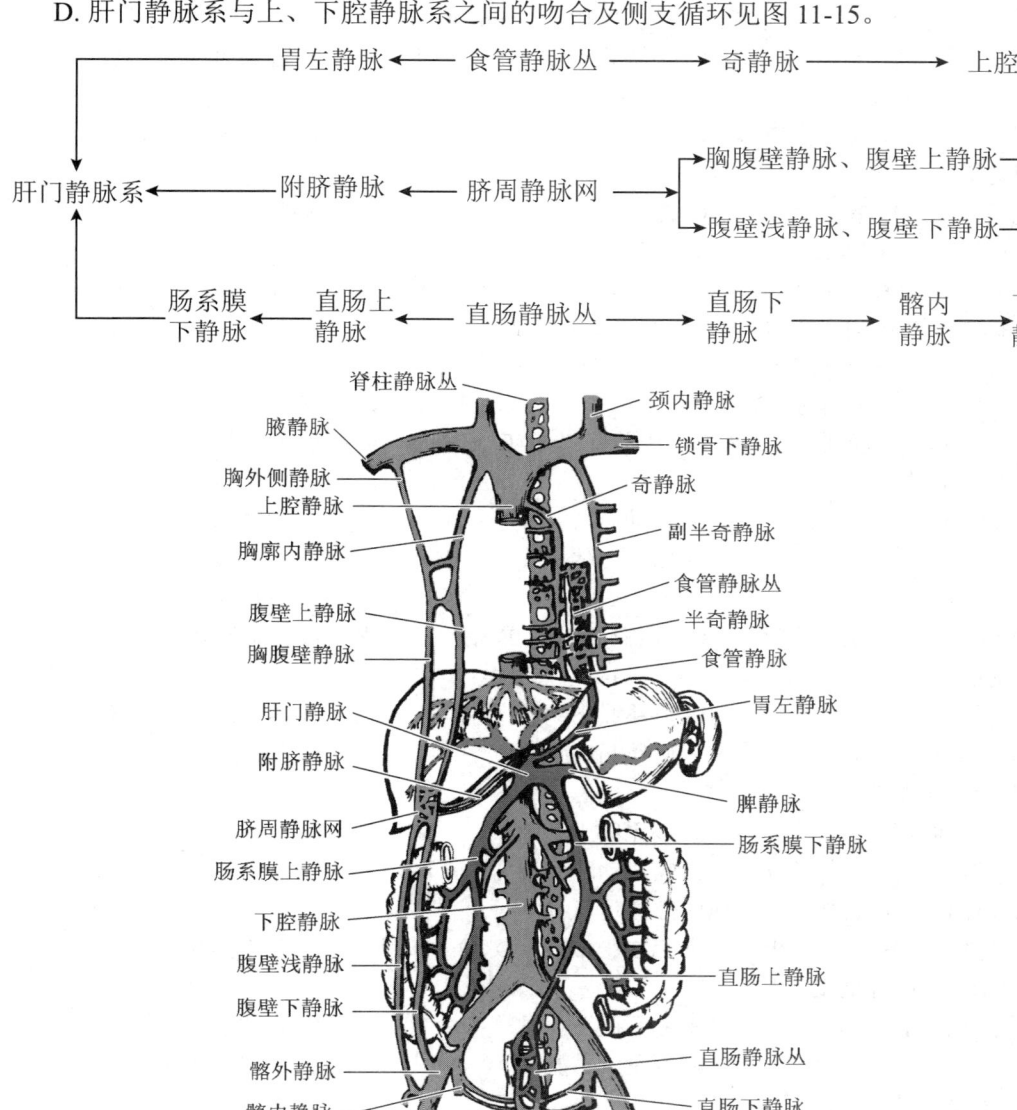

图11-15 肝门静脉吻合示意图

【练习题】

一、名词解释

1. 体循环（大循环）systemic circulation
2. 肺循环（小循环）pulmonary circulation
3. 卵圆窝 fossa ovalis
4. 三尖瓣复合体 tricuspid complex
5. 动脉韧带 arterial ligament
6. 颈动脉窦 carotid sinus
7. 颈动脉小球 carotid glomus
8. 静脉角 venous angle
9. 面部"危险三角"danger triangle of the face

二、A_1 型题（单句型最佳选择题）

1. 肺循环不经过
   A. 左心房　　B. 肺动脉　　C. 右心室　　D. 肺静脉　　E. 右心房
2. 体表投影在第 5 肋间隙、左锁骨中线内侧 1～2cm 处的是
   A. 心底　　B. 心尖　　C. 心胸肋面　　D. 心膈面　　E. 冠状沟
3. 二尖瓣位于
   A. 肺动脉口　　B. 左房室口　　C. 主动脉口　　D. 右房室口　　E. 冠状窦口
4. 卵圆窝位于
   A. 右心房　　B. 右心室　　C. 左心房　　D. 左心室　　E. 左心耳
5. 心的传导系统与心室的普通心肌细胞相连的是
   A. 房室结　　B. 窦房结　　C. 房室束　　D. 左右束支　　E. Purkinje 纤维网
6. 左冠状动脉的前室间支（即前降支）主要分布于
   A. 左心室前壁、室间隔前 2/3 和右心室前壁一部分
   B. 左心室前壁、室间隔前 1/3
   C. 左心房、左心室
   D. 左心室前壁、室间隔后 2/3 和左心房前壁部分
   E. 右心房、右心室前壁大部分
7. 脑膜中动脉发自
   A. 甲状腺上动脉　　B. 舌动脉　　C. 面动脉
   D. 上颌动脉　　E. 颞浅动脉
8. 椎动脉发自
   A. 颈外动脉　　B. 颈内动脉　　C. 颈总动脉　　D. 锁骨下动脉　　E. 主动脉弓
9. 阑尾动脉发自
   A. 腹腔干　　B. 肠系膜下动脉　　C. 胃十二指肠动脉
   D. 空肠动脉　　E. 回结肠动脉
10. 直肠上动脉发自
    A. 肠系膜下动脉　　B. 肠系膜上动脉　　C. 髂内动脉
    D. 髂外动脉　　E. 髂总动脉
11. 左、右髂总静脉合成下腔静脉的部位是
    A. 第 1 腰椎　　B. 第 2 腰椎　　C. 第 3 腰椎　　D. 第 4 腰椎　　E. 第 5 腰椎
12. 不属于肝门静脉属支的是
    A. 肠系膜上静脉　　B. 肠系膜下静脉　　C. 直肠下静脉
    D. 脾静脉　　E. 胃左、右静脉
13. 二尖瓣复合体不包括
    A. 二尖瓣环　　B. 乳头肌　　C. 梳状肌　　D. 二尖瓣　　E. 腱索

14. 主动脉弓凸侧由右向左发出的三个大分支是
A. 左锁骨下动脉、左颈总动脉、头臂干
B. 左颈总动脉、左锁骨下动脉、头臂干
C. 头臂干、左颈总动脉、左锁骨下动脉
D. 头臂干、左锁骨下动脉、左颈总动脉
E. 右颈总动脉、右锁骨下动脉、头臂干
15. 血液与组织、细胞间进行物质交换的场所是
A. 心　　　　B. 动脉　　　　C. 静脉　　　　D. 毛细血管　　　　E. 淋巴管道
16. 关于心的位置的描述错误的是
A. 位于胸腔纵隔内　　　　B. 外裹心包　　　　C. 2/3 居身体正中矢状面左侧
D. 2/3 居身体正中矢状面右侧　　　　E. 上方心底与出入心的大血管相连
17. 三尖瓣位于
A. 肺动脉口　　B. 左房室口　　C. 主动脉口　　D. 右房室口　　E. 冠状窦口
18. 右心房的出入口不包括
A. 上腔静脉口　　B. 冠状窦口　　C. 右房室口　　D. 肺静脉口　　E. 下腔静脉口
19. 心的正常起搏点是
A. 房室结　　B. 窦房结　　C. 房室束　　D. 左、右束支　　E. 心内膜下支
20. 升主动脉的分支是
A. 头臂干　　　　B. 左颈总动脉　　　　C. 左锁骨下动脉
D. 左、右冠状动脉　　　　E. 右颈总动脉
21. 腹主动脉的壁支不包括
A. 腰动脉　　　　B. 膈下动脉　　　　C. 骶正中动脉
D. 肋间后动脉　　　　E. 以上都不是
22. 胃十二指肠动脉发自
A. 胃左动脉　　　　B. 脾动脉　　　　C. 肝总动脉
D. 肠系膜上动脉　　　　E. 肠系膜下动脉
23. 足背动脉发自
A. 股动脉　　B. 腘动脉　　C. 胫前动脉　　D. 胫后动脉　　E. 髂外动脉
24. 颞浅静脉与上颌静脉汇合形成的静脉是
A. 下颌后静脉　　B. 静脉角　　C. 头臂静脉　　D. 面静脉　　E. 奇静脉
25. 奇静脉汇入
A. 锁骨下静脉　　B. 头臂静脉　　C. 上腔静脉　　D. 颈内静脉　　E. 颈外静脉
26. 肝门静脉系不收集何处静脉血
A. 胃　　　　B. 小肠　　　　C. 大肠（至直肠中部）
D. 肝　　　　E. 胆囊、胰、脾
27. 肝门静脉主要是由何静脉汇合成的
A. 肠系膜上静脉、肠系膜下静脉　　　　B. 肝静脉和脾静脉
C. 附脐静脉和胃右静脉　　　　D. 脾静脉和肠系膜上静脉
E. 脾静脉和肠系膜下静脉
28. 构成心右缘的主要心腔是
A. 右心室　　B. 右心房　　C. 左心室　　D. 左心房　　E. 右心室和心尖
29. 心脏前方平对胸骨体和
A. 第 1～5 肋软骨　　　　B. 第 1～6 肋软骨　　　　C. 第 2～5 肋软骨
D. 第 2～6 肋软骨　　　　E. 第 1～7 肋软骨

30. 心房和心室在心表面的分界线是
A. 前室间沟　　B. 后室间沟　　C. 冠状沟　　D. 后房间沟　　E. 房室交点

31. 不属于颈外动脉分支的是
A. 甲状腺上动脉　　　　　　B. 甲状腺下动脉　　　　　　C. 舌动脉
D. 面动脉　　　　　　　　　E. 上颌动脉和颞浅动脉

32. 伴腋神经绕肱骨外科颈至三角肌等处的腋动脉分支是
A. 胸肩峰动脉　　　　　　　B. 胸外侧动脉　　　　　　　C. 肩胛下动脉
D. 旋肱前动脉　　　　　　　E. 旋肱后动脉

33. 常用来测量血压的动脉是
A. 锁骨下动脉　　B. 腋动脉　　C. 肱动脉　　D. 桡动脉　　E. 尺动脉

34. 腹主动脉发出的成对脏支不包括
A. 肾上腺中动脉　　　　　　B. 肾动脉　　　　　　　　　C. 睾丸动脉
D. 卵巢动脉　　　　　　　　E. 胃左、右动脉

35. 肠系膜上动脉的分支不包括
A. 胰十二指肠下动脉　　　　B. 空肠动脉和回肠动脉　　　C. 回结肠动脉
D. 右结肠动脉　　　　　　　E. 左结肠动脉

36. 于环状软骨弓外侧可将动脉压迫于第 6 颈椎横突上的是
A. 颈内动脉　　B. 颈外动脉　　C. 颈总动脉　　D. 舌动脉　　E. 面动脉

37. 于锁骨上窝中点可将动脉压在第 1 肋上的动脉是
A. 颈总动脉　　B. 锁骨下动脉　　C. 肱动脉　　D. 椎动脉　　E. 胸廓内动脉

38. 关于颈内静脉的描述，错误的是
A. 于颅底颈静脉孔处续于乙状窦
B. 在颈动脉鞘内沿颈内动脉、颈总动脉的外侧下行
C. 于同侧胸锁关节后与锁骨下静脉汇合成头臂静脉
D. 左颈内静脉与左头臂静脉几乎在一直线上
E. 右颈内静脉与右头臂静脉几乎在一直线上

39. 关于锁骨下静脉的描述，错误的是
A. 由腋静脉越过第 1 肋上外缘后延续而成　　　B. 经过前斜角肌前面
C. 经斜角肌间隙向内行　　　　　　　　　　　D. 与深筋膜和第 1 肋骨骨膜紧密结合
E. 汇入头臂静脉

40. 在隐静脉裂孔处汇入大隐静脉的浅静脉不包括
A. 腹壁下静脉　　　　　　　B. 腹壁浅静脉　　　　　　　C. 旋髂浅静脉
D. 股内、外侧浅静脉　　　　E. 阴部外静脉

三、A_2 型题（病例摘要型最佳选择题）

1. 某患者心脏突然停止跳动，医生决定做心内注射以抢救患者，为避免损伤胸膜，正确的进针部位是
A. 胸骨右缘第 4 肋间隙　　　B. 胸骨右缘第 5 肋间隙　　　C. 胸骨左缘第 4 肋间隙
D. 胸骨左缘第 5 肋间隙　　　E. 以上均不是

2. 患者，女性，58 岁，有高血压、冠心病史，因胸闷、气短入院，超声检查左室前壁大面积梗死，拟进行导管术支架治疗，应该治疗的动脉分支是
A. 对角支　　B. 前室间支　　C. 旋支　　D. 后室间支　　E. 右房支

3. 患者，男性，67 岁，因心律失常入院，经 24 小时动态心电图检查，诊断为室上性心动过速，

即心房或房室交界区结构异常。该病最有可能是哪个解剖结构异常造成的

A. 窦房结　　　B. 房室束　　　C. 房室结　　　D. 右束支　　　E. 左束支

4. 一风湿性心脏病患者，因左心血栓脱落造成降结肠和乙状结肠急性坏死，此血栓栓塞的血管是

A. 腹主动脉　　　　　　B. 腹腔干　　　　　　　C. 肠系膜上动脉
D. 肠系膜下动脉　　　　E. 髂内动脉

5. 患者，男性，15岁。一周前右唇上鼻孔外侧生一疖肿，疼痛难忍，其用力挤压，排出脓液。当晚患者高热、头痛、昏睡，急诊入院。查体：体温38.5℃，脑膜刺激征阳性。诊断为化脓性脑膜炎。面部的感染传播至颅内的可能途径是

A. 翼丛　　　　　　　　B. 板障静脉　　　　　　C. 岩上窦—横窦
D. 岩下窦—颈内静脉　　E. 面静脉—内眦静脉—眼静脉—海绵窦

6. 患者，男性，55岁，主诉左侧腹部包块，消化不良，腹部CT显示肿物压迫肠系膜下静脉，推测最可能引起扩张的静脉是

A. 中结肠静脉　　　　　B. 右结肠静脉　　　　　C. 胰十二指肠下静脉
D. 回结肠静脉　　　　　E. 左结肠静脉

7. 患儿，女性，3岁，因发热入院，既往史患儿多次发生肺炎，发病同时伴随心悸、气短等，心脏彩超检查发现患儿室间隔膜部发生缺损，关于室间隔正确的说法是

A. 室间隔缺损多发生于肌部　　　　　B. 膜部位于心房与心室交界部位
C. 后上部分隔右心室与左心房　　　　D. 膜部占室间隔的1/2
E. 借二尖瓣前瓣分为两部

8. 患者，男性，34岁，酒后发生争吵，被刀刺伤左胸前区，入院检查发现心包腔积血，关于心包描述，错误的是

A. 分为纤维心包和浆膜心包　　　　　B. 纤维心包伸缩性很小
C. 浆膜心包又分为脏、壁两层　　　　D. 纤维心包与浆膜心包间为心包腔
E. 心包腔内有少量浆液

9. 患者，男性，67岁，近期自觉心悸气短入院检查，需行冠脉造影检查，术中可作为确定心左缘标志的是

A. 前室间支　　B. 左缘支　　C. 后室间支　　D. 右缘支　　E. 右旋支

10. 患者，女性，45岁，严重下肢静脉曲张行静脉剥脱术，手术中不需结扎的血管是

A. 股内侧浅静脉　　　　B. 股外侧浅静脉　　　　C. 阴部内静脉
D. 阴部外静脉　　　　　E. 腹壁浅静脉

四、B$_1$型题（标准配伍题）

（1～4题共用备选答案）

A. 冠状沟　　　　　　　B. 前、后室间沟　　　　C. 心尖
D. 房室交点　　　　　　E. 心尖切迹

1. 在心的表面分界心房和心室的结构是

2. 在心的表面分界左、右心室的结构是

3. 体表投影位于左第5肋间隙锁骨中线内侧1～2cm的是

4. 后房间沟、后室间沟与冠状沟的相交处称

（5～8题共用备选答案）

A. 肠系膜下动脉　　　　B. 回结肠动脉　　　　　C. 上颌动脉

D. 肝固有动脉右支　　　　E. 肠系膜上动脉
5. 发出脑膜中动脉的动脉是
6. 发出阑尾动脉的动脉是
7. 发出直肠上动脉的动脉是
8. 发出胆囊动脉的动脉是

（9～12题共用备选答案）
A. 头臂静脉　　B. 头静脉　　C. 小隐静脉　　D. 大隐静脉　　E. 颈外静脉
9. 注入股静脉的是
10. 注入腋静脉的是
11. 注入锁骨下静脉的是
12. 注入上腔静脉的是

（13～16题共用备选答案）
A. 头臂干　　B. 腹腔干　　C. 肺动脉干　　D. 锁骨下干　　E. 甲状颈干
13. 管腔内容纳淋巴的是
14. 管腔内容纳静脉血的是
15. 发自主动脉弓的是
16. 发自锁骨下动脉的是

（17～20题共用备选答案）
A. 肝门静脉　　B. 肝静脉　　C. 上腔静脉　　D. 下腔静脉　　E. 肾静脉
17. 奇静脉注入
18. 肝的左、中、右静脉注入
19. 脾静脉注入
20. 左睾丸静脉注入

五、思考题

患者，男性，57岁，有高血压、冠心病史，晨练后出现心悸、胸闷和胸痛，家人紧急送入院，超声检查左室前壁大面积梗死。拟进行导管术支架治疗。

问题：
1. 营养心的动脉是哪条？其来源于哪条动脉？
2. 该患者应该治疗的动脉分支是什么？

【参考答案】

一、名词解释

1. 体循环（大循环）systematic circulation：血液由左心室射入主动脉，经动脉分支→全身各级动脉分支→全身毛细血管网→全身各级静脉属支→上腔静脉、下腔静脉、冠状窦→右心房。
2. 肺循环（小循环）pulmonary circulation：血液由右心室射入肺动脉干，经左、右肺动脉→肺内各级动脉分支→肺泡周围毛细血管网→肺内各级静脉属支→4条肺静脉→左心房。
3. 卵圆窝 fossa ovalis：位于房间隔右心房面下部的卵圆形凹陷，是胎儿时期卵圆孔闭合后形成的遗迹。

4. 三尖瓣复合体 tricuspid complex：是三尖瓣环、三尖瓣、腱索和乳头肌的合称。

5. 动脉韧带 arterial ligament：是连于主动脉弓下缘与肺动脉干分叉处稍左侧之间的纤维结缔组织索，是胚胎时期动脉导管闭锁后的遗迹。

6. 颈动脉窦 carotid sinus：位于颈总动脉末端及颈内动脉起始处管壁上的一椭圆形膨大，是压力感受器，可以感受血压的变化，反射性调节血压。

7. 颈动脉小球 carotid glomus：位于颈总动脉分为颈内、颈外动脉分叉处后壁上，为一扁卵圆形小体，是化学感受器，可以感受血液中二氧化碳分压、氧分压和氢离子浓度变化，反射性调节呼吸的深浅和频率，以保持血液中氧气和二氧化碳浓度的动态平衡。

8. 静脉角 venous angle：为一侧颈内静脉与锁骨下静脉于同侧胸锁关节后方汇合成头臂静脉处外上方的夹角，是淋巴导管的注入部位。

9. 面部"危险三角"danger triangle of the face：是两侧口角至鼻根部连线围成的三角形区域。走行于该区域的面静脉没有静脉瓣，面静脉可经内眦静脉、眼静脉与颅内海绵窦相交通，挤压该区域的感染病灶可使病菌经以上途径进入颅内，导致颅内继发性感染。

二、A_1 型题（单句型最佳选择题）

1. E 2. B 3. B 4. A 5. E 6. A 7. D 8. D 9. E 10. A 11. E 12. C 13. C 14. C
15. D 16. D 17. D 18. D 19. B 20. D 21. D 22. C 23. C 24. A 25. C 26. C 27. D
28. B 29. D 30. C 31. B 32. E 33. C 34. E 35. E 36. C 37. B 38. D 39. C 40. A

三、A_2 型题（病例摘要型最佳选择题）

1. C 2. B 3. C 4. D 5. E 6. E 7. B 8. D 9. B 10. C

四、B_1 型题（标准配伍题）

1. A 2. B 3. C 4. D 5. C 6. B 7. A 8. D 9. D 10. B 11. E 12. A 13. D 14. C
15. A 16. E 17. C 18. D 19. A 20. E

五、思考题（略）

（和凤军　陈学秋　宋庆鸣）

第十二章 淋巴系统

【实验目的】

一、知识目标

1. 能够说出淋巴系统的组成和功能。
2. 能够阐述胸导管和右淋巴导管的组成、位置、收集范围及引流部位。
3. 能够说出人体各局部的淋巴管和淋巴结分布概况。
4. 能够描述脾的形态位置。

二、技能目标

能够辨认淋巴器官。

三、情感、态度和价值观目标

能够通过淋巴回流概况，了解癌细胞经淋巴转移的途径，从而重视癌症的危害性和严重性，建立关于癌症早发现、早治疗的医学观。

【实验内容】

一、淋巴系统的概述

（一）组成与功能

1. 组成
- 淋巴管道（四级）：毛细淋巴管→淋巴管→淋巴干→淋巴导管
- 淋巴器官：淋巴结、扁桃体、脾、胸腺等
- 淋巴组织：分散存在于消化道、呼吸道的黏膜内

2. 功能 心血管系统的辅助系统，辅助静脉引流组织间液；产生淋巴细胞、过滤淋巴液，参与机体的免疫功能。

（二）淋巴液的产生与回流

血液流经毛细血管动脉端时，一些成分经毛细血管进入组织间隙，形成组织液。组织液与细胞进行物质交换后，大部分（90%）经毛细血管静脉端吸收入静脉，小部分（10%）水分及大分子物质进入毛细淋巴管，形成淋巴液。淋巴液沿淋巴管道和淋巴结的淋巴窦向心回流，最后汇入静脉（图12-1）。

二、淋巴导管

淋巴导管包括右淋巴导管和胸导管，收纳全身9条淋巴干（表12-1、图12-2）。

表12-1 淋巴导管的区分

淋巴导管	收纳淋巴干	注入部位	收纳范围
右淋巴导管	右颈干、右锁骨下干、右支气管纵隔干	右静脉角	右侧头颈部、右上肢和右侧半胸部

续表

淋巴导管	收纳淋巴干	注入部位	收纳范围
胸导管	起始处：左、右腰干和肠干→乳糜池；末端：左颈干、左支气管纵隔干和左锁骨下干	左静脉角	下肢、盆部、腹部、左上肢、左侧半胸部和左侧头颈部

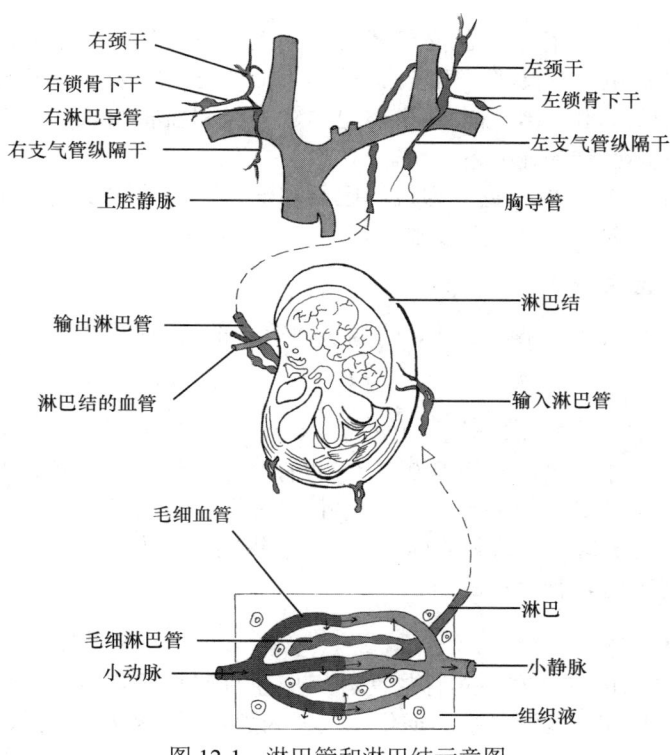

图 12-1　淋巴管和淋巴结示意图

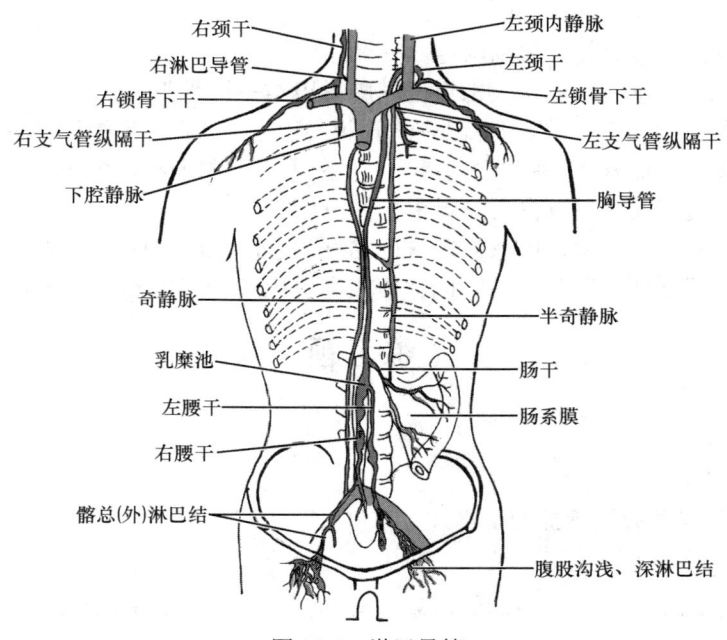

图 12-2　淋巴导管

乳糜池 cisterna chyli 是由左、右腰干和肠干汇合而成的囊状膨大，约平第1腰椎高度，为胸导管起始处。

三、淋巴器官

（一）淋巴结

淋巴结是淋巴管向心行程中的必经器官，为大小不一的圆形或椭圆形灰红色小体，直径一般为5～20mm。淋巴结一侧隆凸，另一侧凹陷的中央处为淋巴结门。淋巴结凸侧连有数条输入淋巴管，淋巴结门有输出淋巴结、神经和血管出入。一个淋巴结的输出淋巴管可称为另一个淋巴结的输入淋巴管。

淋巴结多成群分布，按位置分为浅淋巴结和深淋巴结。主要功能是过滤淋巴、产生淋巴细胞和浆细胞，参与机体的免疫过程。

（二）扁桃体

扁桃体包括腭扁桃体、咽扁桃体、舌扁桃体等，都是防御器官。

（三）脾

1. 功能 具有储血、造血、滤血功能。

2. 位置 位于左季肋区，左侧第9～11肋的深面，其长轴与第10肋一致。

3. 形态 前端较宽朝向前外方，后端圆钝朝向后内方；上缘锐利朝前上方并有2～3个深陷的脾切迹，是触诊时辨认脾的标志，下缘较钝向后下方；膈面平滑隆凸；脏面凹陷，其中央有脾门，是血管、神经等的出入处。

（四）胸腺

胸腺呈锥体形，由左、右不对称的两叶组成。有明显的年龄变化，新生儿和幼儿的胸腺相对较大，青春期后逐渐萎缩、退化。成人胸腺组织多被结缔组织所代替。

四、人体各部的淋巴回流

1. 头颈部淋巴→颈外侧、颈前淋巴结→颈干。
2. 上肢淋巴、胸壁浅层乳房大部淋巴→腋淋巴结→锁骨下干。
3. 胸壁深层、胸腔脏器、膈的淋巴→气管旁淋巴结、纵隔前后淋巴结→支气管纵隔干。
4. 腹腔不成对脏器淋巴→腹腔淋巴结、肠系膜上下淋巴结→肠干。
5. 腹腔成对脏器及腹后壁淋巴→腰淋巴结→腰干。
6. 盆部淋巴、部分会阴淋巴→髂内淋巴结→髂总淋巴结→腰淋巴结→腰干。
7. 下肢、腹壁下部、部分会阴淋巴→腹股沟淋巴结→髂外淋巴结→髂总淋巴结。

【练习题】

一、名词解释

乳糜池 cisterna chyli

二、A_1型题（单句型最佳选择题）

1. 胸导管

A. 收集左半身的淋巴　　　　　　B. 收集胸、腹部的淋巴　　　　　　C. 收集右半身的淋巴

D. 收集左半头颈、左上肢和左肺、左半心、左半胸壁的淋巴
E. 收集左侧上半身和整个下半身的淋巴

2. 颈外侧浅淋巴结

A. 位于深筋膜内　　　　　　　B. 位于胸锁乳突肌的表面　　　C. 沿颈外静脉排列
D. 收纳耳后和腮腺的淋巴　　　E. 注入锁骨上淋巴结

3. 胸腺

A. 位于前纵隔内　　　　　　　　　　　　B. 分为左、右对称的两叶
C. 新生儿及幼儿的胸腺相对较小　　　　　D. 成年人的胸腺多被结缔组织代替
E. 以上都不是

4. 关于脾的叙述，正确的有

A. 正常时左季肋区易于触及　　　　　　　B. 脾动脉为主动脉直接发出的分支
C. 其长轴与左侧第 11 肋一致　　　　　　D. 脾静脉直接注入下腔静脉
E. 上缘有 2～3 个脾切迹

5. 以下淋巴回流的途径错误的是

A. 颈外侧浅深淋巴结的输出管汇成颈干　　B. 右颈干注入右淋巴导管
C. 右腰干注入右淋巴导管　　　　　　　　D. 小肠的淋巴经肠干注入乳糜池
E. 右淋巴导管注入右静脉角

6. 关于脾的描述正确的是

A. 前缘下部有 2～3 个切迹　　　　　　　B. 后缘有 2～3 个切迹
C. 正常情况下在肋弓下可触及　　　　　　D. 上端锐利
E. 脾长轴与第 10 肋一致

7. 关于胸导管的描述，错误的是

A. 是人体最大的淋巴管道　　　B. 起于乳糜池　　　　C. 穿膈的食管裂孔入胸腔
D. 收集下半身和左上半身的淋巴　　　　　E. 注入左静脉角

8. 注入右淋巴导管的淋巴干是

A. 肠干　　　　　　　　　　　B. 右腰干　　　　　　C. 左支气管纵隔干
D. 左颈干　　　　　　　　　　E. 右锁骨下干

9. 直肠齿状线以下的淋巴管注入

A. 骶淋巴结　　　　　　　　　B. 腹股沟浅淋巴结　　C. 髂外淋巴结
D. 直肠旁淋巴结　　　　　　　E. 髂内淋巴结

10. 乳糜池

A. 为胸导管起始部的膨大　　　B. 位于第 1 腰椎前方　　C. 由左、右腰干和肠干汇合而成
D. 收集膈以下的淋巴　　　　　E. 以上都对

11. 输出管参与组成的肠干的淋巴结是

A. 髂外淋巴结　　　　　　　　B. 髂内淋巴结　　　　C. 髂总淋巴结
D. 肠系膜上淋巴结　　　　　　E. 腰淋巴结

12. 肠干引流的器官不包括

A. 胃　　　　　B. 脾　　　　C. 胰　　　　D. 肝　　　　E. 肾

13. 右淋巴导管收集淋巴的范围是

A. 右半身　　　　　　　　　　B. 左半身　　　　　　C. 右上半身
D. 左上半身　　　　　　　　　E. 右上半身和左下半身

14. 不属于淋巴器官的是
A. 扁桃体　　　　　　　　B. 胸腺　　　　　　　　　C. 脾
D. 孤立淋巴滤泡　　　　　E. 淋巴结
15. 不注入胸导管的淋巴干是
A. 左颈干　　　B. 右颈干　　　C. 肠干　　　D. 左腰干　　　E. 右腰干

三、A₂型题（病例摘要型最佳选择题）

1. 患者，女性，50岁左侧乳房外上象限有一包块，局部皮肤增厚，表面呈"橘皮样"改变，腋窝触诊发现有淋巴结增大、质硬，诊断为乳腺癌。该患者腋窝淋巴结转移最常转移到哪组淋巴结
A. 尖群淋巴结　　　　　　B. 中央淋巴结　　　　　　C. 外侧淋巴结
D. 胸肌淋巴结　　　　　　E. 肩胛下淋巴结

2. 患者，男性，62岁，出现不明原因腹股沟区浅淋巴结肿大，需取淋巴结活检。有关腹股沟浅淋巴结，说法不正确的是
A. 上组沿腹股沟韧带排列　　　　　　B. 下组沿大隐静脉末端排列
C. 输出管大部分注入腹股沟深淋巴结　D. 收纳了外生殖器浅淋巴管
E. 不收集盆部器官的淋巴

3. 患者，女性，45岁，出现不明原因腋淋巴结肿大，需取淋巴结活检。有关腋淋巴结，说法不正确的是
A. 外侧淋巴结沿腋静脉远侧端排列，收纳上肢的淋巴
B. 胸肌淋巴结沿胸大肌外侧缘、胸外侧血管排列
C. 肩胛下淋巴结沿肩胛下血管排列
D. 尖群淋巴结沿腋静脉近侧端排列
E. 中央淋巴结位于腋窝底的脂肪组织中

4. 患者，女性，48岁，胃癌手术后发现颈部锁骨上大窝有一肿大的淋巴结。肿大的淋巴结可能是
A. 左锁骨上淋巴结　　　　B. 左锁骨下淋巴结　　　　C. 右锁骨上淋巴结
D. 右锁骨下淋巴结　　　　E. 颈浅淋巴结

5. 患者，女性，62岁，主诉近2个月来体重下降明显。医生检查发现，在其二腹肌后腹与颈内静脉交角处有一个较大而固定的肿块。活检诊断为鼻咽癌。肿大的淋巴结可能是
A. 颈内静脉肩胛骨舌骨肌淋巴结　　　　　　B. 锁骨上淋巴结
C. 角淋巴结　　　　　　　D. 右锁骨下淋巴结　　　　E. 咽后淋巴结

四、B₁型题（标准配伍题）

（1～2题共用备选答案）
A. 锁骨下干　　　　　　　B. 颈干　　　　　　　　　C. 支气管纵隔干
D. 腋淋巴结群　　　　　　E. 锁骨上淋巴结

1. 上肢的淋巴汇入的淋巴结群是
2. 胸壁深层、大部分胸腔脏器的淋巴注入的部位是

（3～4题共用备选答案）
A. 腹股沟浅淋巴结上群　　B. 腹股沟浅淋巴结下群　　C. 髂外淋巴结
D. 腹股沟深淋巴结　　　　E. 髂内淋巴结

3. 腹前外侧壁下部、臀部、会阴和子宫底的淋巴注入的淋巴结群是
4. 盆腔器官、会阴深部和臀部的淋巴汇入的淋巴结群是

（5～7题共用备选答案）
A. 胸肌淋巴结　　　　　　B. 腋尖淋巴结　　　　　　C. 膈下淋巴结
D. 胸骨旁淋巴结　　　　　E. 尖群淋巴结、锁骨上淋巴结

5. 乳房外侧部、中央部淋巴管注入
6. 乳房内侧的浅、深淋巴管注入
7. 乳房上部淋巴管注入

（8～10题共用备选答案）
A. 髂内淋巴结　　　　　　B. 腰淋巴结　　　　　　　C. 肠系膜上淋巴结
D. 肠系膜下淋巴结　　　　E. 骶淋巴结

8. 收纳直肠上部淋巴的是
9. 收纳盆腔内脏器淋巴的是
10. 收纳子宫底和子宫体上部淋巴的是

五、思考题

患者，女性，58岁，发现乳房包块就诊。查体：发现左侧乳房外上象限有一包块，局部皮肤呈"橘皮样"改变，触诊发现乳房活动性降低，腋窝触诊发现有淋巴结增大、质硬，诊断为乳腺癌。

问题：
1. 患者乳房局部皮肤出现"橘皮样"改变的解剖学基础是什么？
2. 该患者癌细胞发生腋淋巴结转移，最常转移到腋淋巴结的哪组淋巴结？

【参考答案】

一、名词解释

乳糜池 cisterna chyli：胸导管起始部形成的囊状膨大。由左、右腰干和肠干汇合而成，通常位于第1腰椎的前方。

二、A_1型题（单句型最佳选择题）

1. E　2. C　3. D　4. E　5. C　6. E　7. C　8. E　9. B　10. E　11. D　12. E　13. C　14. D　15. B

三、A_2型题（病例摘要型最佳选择题）

1. D　2. E　3. B　4. A　5. C

四、B_1型题（标准配伍题）

1. D　2. C　3. D　4. E　5. A　6. D　7. E　8. D　9. A　10. B

五、思考题（略）

（罗明英）

第四篇 感觉器

第十三章 感觉器总论

【实验目的】

一、知识目标

1. 能够说出感受器和感觉器的概念。
2. 能够阐述感受器的分类。

二、技能目标

1. 能够区分外感觉器的类型。
2. 能够区分不同感受器在人体的分布。

三、情感、态度和价值观目标

能够通过感觉器传导感觉的功能，领悟"物质决定意识，意识（即感觉）是客观存在于人脑中的反映"这一哲学原理。

【实验内容】

一、感觉器概述

（一）感觉器

感觉器 sensory organ 是感受器及其附属结构的总称，是机体感受刺激的装置。

（二）感受器

感受器 receptor 是感觉神经末梢的特殊结构，能接受机体内、外环境中的各种刺激，并转化为神经冲动，由感觉神经和中枢神经系统的传导通路传递到大脑皮质，产生相应的感觉；再由高级中枢发出神经冲动经运动神经传至效应器，对刺激做出反应。

二、感受器的分类

感受器的分类见表 13-1。

表 13-1 感受器的分类

部位及刺激来源	特化程度	分布	接受刺激
外感受器	一般	皮肤	痛、温、触、压
	特殊	视器、前庭蜗器	光、声波
本体感受器	一般	运动系统	位置、运动、震动
	特殊	前庭蜗器	头部的位置改变

续表

部位及刺激来源	特化程度	分布	接受刺激
内感受器	一般	内脏、心血管、腺体	牵拉、膨胀、血压、温度、离子及化合物浓度等
	特殊	嗅黏膜、舌乳头	气味、味道

【练习题】

一、名词解释

1. 感觉器 sensory organ
2. 感受器 receptor

二、A_1 型题（单句型最佳选择题）

1. 下列属于关于感受器的说法，错误的是
A. 能接受机体内、外环境中的各种刺激，并转化为神经冲动。
B. 是感觉神经末梢的特殊结构
C. 广泛分布于人体各部，其结构和功能各不相同
D. 是反射弧的重要一环
E. 一般情况下，一种感受器对多种刺激敏感

2. 下列属于外感受器的是
A. 皮肤　　　　　　　　B. 肌梭　　　　　　　　C. 颈动脉小球
D. 颈动脉窦　　　　　　E. 膀胱牵张感受器

3. 接受痛、温、触、压、光和声波等刺激的感受器为
A. 外感受器　　　　　　B. 内感受器　　　　　　C. 本体感受器
D. 以上都是　　　　　　E. 以上都不是

4. 接受渗透压、压力、温度、离子和化合物浓度等刺激的感受器为
A. 外感受器　　　　　　B. 内感受器　　　　　　C. 本体感受器
D. 以上都是　　　　　　E. 以上都不是

5. 接受运动和平衡变化等刺激的感受器为
A. 外感受器　　　　　　B. 内感受器　　　　　　C. 本体感受器
D. 以上都是　　　　　　E. 以上都不是

三、B_1 型题（标准配伍题）

（1～5 题共用备选答案）

A. 前庭蜗器　　　　　　B. 肌梭　　　　　　　　C. 颈动脉小球
D. 环层小体　　　　　　E. 触觉小体

1. 特殊感受器分布在
2. 内感受器分布在
3. 本体感受器分布在
4. 触觉感受器分布在
5. 压力感受器分布在

四、思考题

感受器与感觉器两者有何不同？

【参考答案】

一、名词解释

1. 感觉器 sensory organ：是感受器及其附属结构的总称，是机体感受刺激的装置。
2. 感受器 receptor：是感觉神经末梢的特殊结构，能接受机体内、外环境中的各种刺激，并转化为神经冲动。

二、A_1 型题（单句型最佳选择题）

1. E   2. A   3. A   4. B   5. C

三、B_1 型题（标准配伍题）

1. A   2. C   3. B   4. E   5. D

四、思考题（略）

（曹珍珍）

第十四章 视　器

【实验目的】

一、知识目标

1. 能够说出视器的组成。
2. 能够阐述眼球壁的层次、分部、结构和功能。
3. 能够说出眼球内容物的组成和功能。说明眼房的位置、房水产生部位与循环途径。说出晶状体和玻璃体的形态、位置。
4. 能够阐述眼副器的组成与功能。说明眼球外肌的名称、作用和神经支配。

二、技能目标

1. 能够辨认眼球壁的结构。
2. 能够辨认眼球内容物的结构。

三、情感、态度和价值观目标

能够理解色盲、失明的痛苦，建立同情患者的同理心。

【实验内容】

一、视器的组成

视器即眼，是接受光刺激的感觉器官，由眼球和眼副器两部分组成（图 14-1）。

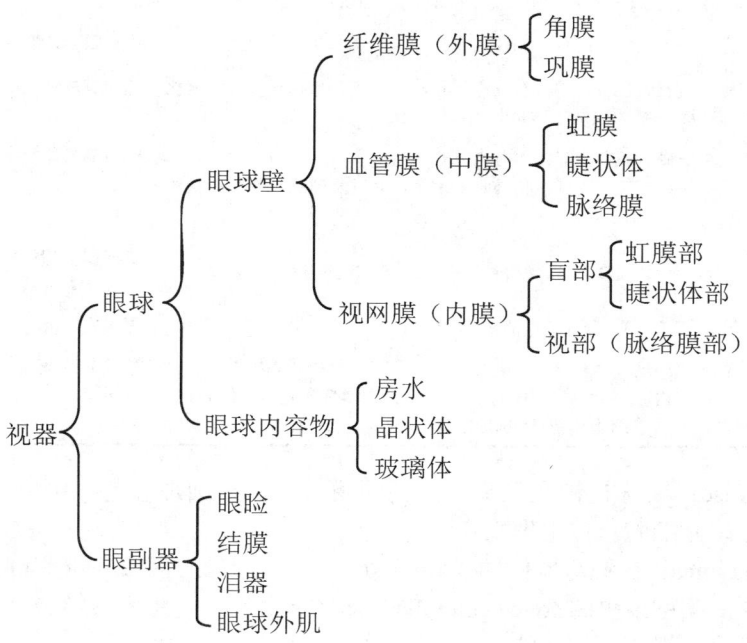

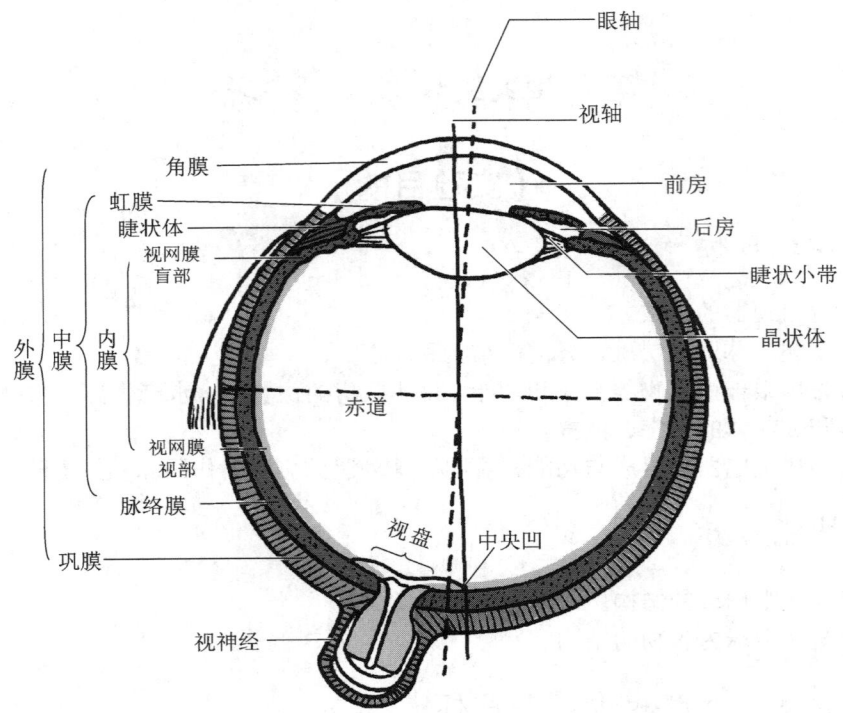

图 14-1　右眼球水平切面

二、眼球

1. 眼球壁　构成、分部、结构特点及作用见表 14-1。

表 14-1　眼球壁的构成、分部、结构特点及作用

构成	分部	结构特点	作用
纤维膜（外膜）	角膜	前 1/6，无色透明，无血管但有丰富的感觉神经末梢	屈光作用
	巩膜	后 5/6，乳白色，坚韧	维持眼球外形及保护眼球内容物
血管膜（中膜）	虹膜	富含色素，中央有孔称瞳孔，其周缘有瞳孔开大肌和瞳孔括约肌调节其大小	瞳孔有控制光量的作用
	睫状体	睫状肌：为睫状体内的平滑肌 睫状突：是睫状体前部的皱襞，其发出睫状小带与晶状体相连	调节晶状体的曲度和分泌房水
	脉络膜	中膜后 2/3，富含血管和色素	供应眼球内组织的营养和吸收眼内分散光线，以免扰乱视觉
视网膜（内膜）	盲部	前 1/3，分为虹膜部和睫状体部	无感光作用
	视部	外层（色素层）：由大量的单层色素上皮细胞构成 内层（神经层）：有 3 层细胞，从外向内依次是感光细胞（视锥细胞和视杆细胞）、双极细胞、节细胞	接受光刺激，并将其转化为神经冲动

视盘 optic disc：又称视神经乳头，为视网膜后部的一圆形隆起，中央有视网膜中央动静脉穿过，无感光细胞，称生理性盲点。

黄斑 macula lutea：在视盘颞侧约 3.5mm 处，有一由密集的视锥细胞构成的黄色小区，称黄斑，其中央凹陷称中央凹 fovea centralis，此区无血管，是感光最敏锐处。

2. 眼球内容物　组成、结构特点、功能及常见病变见表 14-2。

表 14-2　眼球内容物的组成、结构特点、功能及常见病变

名称	结构特点	功能	常见病变
房水	无色透明液体，充满在眼房内。其产生和回流途径为：睫状体产生房水→眼后房→瞳孔→眼前房→虹膜角膜角→巩膜静脉窦→眼静脉	营养角膜和晶状体维持眼内压参与屈光	房水代谢紊乱，眼内压增高，继发性青光眼
晶状体	位于虹膜与玻璃体之间，借睫状小带连于睫状突。呈双凸透镜状，表面有晶状体囊包裹。无色透明、富有弹性，无血管和神经	屈光作用	白内障、近视、远视及老花眼等都与晶状体异常、损伤或病变有关
玻璃体	位于晶状体与视网膜之间。为无色透明的胶状物质，表面被覆玻璃体膜	屈光作用支撑视网膜	玻璃体混浊可导致飞蚊症

三、眼副器

1. 眼睑　分上眼睑、下眼睑。
2. 结膜　分睑结膜、球结膜、穹窿结膜。
3. 泪器　由泪腺和泪道两部分构成。
　　泪液产生及排出的途径：泪液（泪腺分泌）→结膜囊→上、下泪点→上、下泪小管→泪囊→鼻泪管→下鼻道。
4. 眼球外肌　有 7 条，均属骨骼肌，包括 6 条运动眼球的直肌（4 条）和斜肌（2 条），以及运动眼睑的上睑提肌（表 14-3、图 14-2）。

表 14-3　眼球外肌的名称、作用和神经支配

名称	作用	神经支配
上睑提肌	上提上睑	动眼神经（Ⅲ）
上直肌	瞳孔转向上内方	动眼神经（Ⅲ）
内直肌	瞳孔转向内侧	动眼神经（Ⅲ）
下直肌	瞳孔转向下内方	动眼神经（Ⅲ）
下斜肌	瞳孔转向上外方	动眼神经（Ⅲ）
上斜肌	瞳孔转向下外方	滑车神经（Ⅳ）
外直肌	瞳孔转向外侧	展神经（Ⅵ）

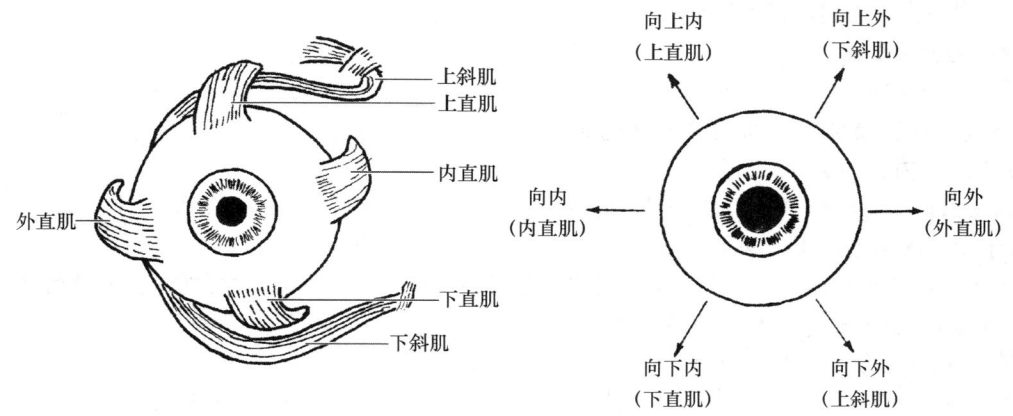

图 14-2　眼球外肌

【练习题】

一、名词解释

1. 视盘 optic disc
2. 黄斑 macula lutea

二、A₁型题（单句型最佳选择题）

1. 下列关于角膜的叙述，错误的是
   A. 无色透明　　　　　　　B. 富含血管　　　　　　　C. 感觉敏锐
   D. 位于外膜前 1/6　　　　E. 参与屈光
2. 视觉最敏锐处为
   A. 视盘　　　　　　　　　B. 中央凹　　　　　　　　C. 视网膜神经层
   D. 视网膜色素层　　　　　E. 视神经乳头
3. 有关巩膜的描述，错误的是
   A. 前接角膜　　　　　　　B. 巩膜与角膜交界处外面内陷称巩膜静脉窦
   C. 质地厚而坚韧　　　　　D. 后方与视神经鞘相延续　　E. 巩膜于赤道处最薄
4. 下列属于眼球壁外膜的结构是
   A. 角膜　　　　　　　　　B. 虹膜　　　　　　　　　C. 结膜
   D. 睫状体　　　　　　　　E. 视网膜
5. 关于虹膜的描述，正确的是
   A. 分泌房水
   B. 内含瞳孔开大肌，为副交感神经支配
   C. 虹膜内的环行肌称瞳孔开大肌
   D. 虹膜将眼房分为较小的前房和较大的后房
   E. 其中央的圆形孔为瞳孔
6. 巩膜静脉窦位于
   A. 静脉内　　　　　　　　B. 巩膜内　　　　　　　　C. 虹膜根部
   D. 巩膜与角膜连接处的深部　E. 巩膜与睫状体连接处
7. 关于睫状体的描述，正确的是
   A. 含骨骼肌　　　　　　　B. 具有屈光作用　　　　　C. 是吸收房水的部位
   D. 前部向内突出呈辐射状排列的皱襞称睫状突　　E. 位于中膜的最前方
8. 关于视网膜的描述，正确的是
   A. 内层为色素上皮层
   B. 外层为神经层
   C. 贴于脉络膜和睫状体内面的部分称视部
   D. 贴于虹膜内面的部分属盲部
   E. 视部最薄
9. 关于视盘的描述，正确的是
   A. 位于眼球的后极　　　　B. 为感光的敏感区　　　　C. 含有视网膜中央动脉
   D. 位于黄斑的外侧　　　　E. 含视杆细胞
10. 能分辨颜色的细胞是
    A. 节细胞　　　　　　　　B. 双极细胞　　　　　　　C. 色素细胞
    D. 视锥细胞　　　　　　　E. 视杆细胞

11. 没有屈光作用的结构是
A. 房水 B. 玻璃体 C. 晶状体
D. 角膜 E. 虹膜

12. 关于房水的描述，错误的是
A. 房水由睫状体产生 B. 维持正常眼内压 C. 营养角膜和晶状体
D. 经瞳孔从前房流入后房 E. 具有屈光作用

13. 眼前房与眼后房的分界是
A. 睫状体 B. 虹膜 C. 脉络膜
D. 晶状体 E. 玻璃体

14. 眼房位于
A. 角膜和虹膜之间 B. 角膜和视网膜之间 C. 虹膜和玻璃体之间
D. 角膜和晶状体、睫状体之间 E. 虹膜和晶状体之间

15. 关于晶状体的描述，正确的是
A. 位于角膜和玻璃体之间 B. 前面屈度大，后面屈度小
C. 富有弹性、血管和神经 D. 晶状体实质中央部称晶状体核
E. 借睫状小带连于睫状体，视近物时，睫状小带紧张

16. 参与调节晶状体曲度的结构不包括
A. 睫状体 B. 睫状肌 C. 睫状突
D. 睫状小带 E. 瞳孔括约肌

17. 视近物时
A. 睫状肌收缩，睫状小带紧张，晶状体曲度增大
B. 睫状肌收缩，睫状小带松弛，晶状体曲度增大
C. 睫状肌放松，睫状小带松弛，晶状体曲度减小
D. 睫状肌收缩，睫状小带紧张，晶状体曲度减小
E. 睫状肌放松，睫状小带紧张，晶状体曲度增大

18. 有关玻璃体的叙述，错误的是
A. 为无色透明的胶状物质 B. 位于晶状体和视网膜之间 C. 表面被覆玻璃体膜
D. 邻视盘处凹陷称玻璃体凹 E. 对视网膜起支撑作用

19. 眼副器包括
A. 眼睑、睫状体、结膜和眼球外肌 B. 结膜、睫状体、泪器和眼球外肌
C. 眼睑、眶脂体、睫状体和泪器 D. 眼睑、结膜、眼球外肌、眶脂体和泪器
E. 眼睑、眶脂体、泪器和眼球外肌

20. 关于结膜的描述，正确的是
A. 为透明不含血管的黏膜 B. 睑结膜与睑板疏松结合
C. 球结膜为覆盖眼球前面的部分 D. 结膜下穹较上穹为深
E. 结膜囊为一密闭的囊

21. 有关泪腺，正确的说法是
A. 位于眶的内下份 B. 其分泌由眼神经的泪腺神经管理
C. 泪液可经鼻泪管流入下鼻道 D. 泪液经泪小管流入结膜下穹
E. 其分泌由脑干的下泌涎核控制

22. 关于眼肌的描述，正确的是
A. 外直肌瘫痪可造成眼外斜视 B. 内直肌瘫痪可造成眼内斜视

C. 使瞳孔向下外方转向的是下斜肌　　　　　D. 使瞳孔向上外方转向的是上斜肌

E. 有6块运动眼球的骨骼肌

23. 上直肌的作用是

A. 使眼球向上外转　　　　B. 使眼球向上内转　　　　C. 使眼球向内下转

D. 使眼球向外下转　　　　E. 使眼球转向正上方

24. 收缩使瞳孔转向外上的肌是

A. 外直肌　　　　　　　　B. 内直肌　　　　　　　　C. 上斜肌

D. 下斜肌　　　　　　　　E. 上睑提肌

25. 视网膜中央动脉来源于

A. 面动脉　　　　　　　　B. 内眦动脉　　　　　　　C. 颈内动脉

D. 眼动脉　　　　　　　　E. 以上均不是

三、A_2型题（病例摘要型最佳选择题）

1. 患者，女性，63岁，因角膜溃疡并穿孔6小时入院，需行角膜移植术。角膜移植前不需要配型，其解剖基础是

A. 角膜无色透明　　　　　B. 角膜不含血管　　　　　C. 角膜含丰富神经末梢

D. 角膜富有弹性　　　　　E. 角膜有屈光作用

2. 患者，男性，71岁，右眼胀痛伴视力骤降3小时入院，诊断为青光眼。引起青光眼的原因是

A. 房水循环障碍　　　　　B. 晶状体混浊　　　　　　C. 玻璃体混浊

D. 黄斑变性　　　　　　　E. 角膜溃疡

3. 患者，男性，55岁，近2年视力下降，加重3天，查体见眼底白色棉絮状阴影，诊断为白内障，患者出现病变的部位是

A. 房水　　　　　　　　　B. 晶状体　　　　　　　　C. 玻璃体

D. 视网膜　　　　　　　　E. 角膜

4. 患者，男性，57岁，右眼视物模糊伴视野中央区黑影一周，既往糖尿病史10年，诊断为黄斑出血。下列有关黄斑的说法正确的是

A. 含视锥细胞少和视杆细胞多　　B. 感光敏锐　　　　　　C. 在视盘鼻侧

D. 是视神经起始处　　　　　　　E. 有视网膜中央动静脉通过

5. 患者，女性，28岁，突发右眼全盲，既往双眼近视800度，入院诊断为视网膜脱落。其解剖学基础是

A. 视网膜与脉络膜连结疏松　　　　　　　B. 视网膜色素层和视网膜神经层连结疏松

C. 视网膜盲部与视部连结疏松　　　　　　D. 视网膜视部由前向后逐渐增厚

E. 视网膜感光细胞层与双极细胞层连结疏松

四、B_1型题（标准配伍题）

（1~4题共用备选答案）

A. 角膜　　　　　　　　　B. 房水　　　　　　　　　C. 晶状体

D. 玻璃体　　　　　　　　E. 结膜

1. 富含血管的结构是

2. 自身厚度能够改变的结构是

3. 维持眼压的结构是

4. 支撑视网膜的结构是

（5～7 题共用备选答案）
A. 瞳孔开大肌 B. 瞳孔括约肌 C. 睫状肌
D. 上睑提肌   E. 上斜肌

5. 收缩能够使瞳孔缩小的肌是
6. 能够调节晶状体曲度的肌是
7. 受交感神经支配的肌是

（8～10 题共用备选答案）
A. 外直肌 B. 内直肌 C. 上斜肌
D. 下斜肌 E. 上睑提肌

8. 收缩使眼球转向下外的肌是
9. 收缩能上提眼睑的肌是
10. 受展神经支配的肌是

五、思考题

患者，女性，58 岁，因右眼视物模糊、视力下降、眼前有暗影就诊。入院检查，诊断为白内障。
问题：
1. 眼的屈光装置包括哪些？
2. 白内障是因为屈光装置中哪个器官病变导致？

【参考答案】

一、名词解释

1. 视盘 optic disc：又称视神经乳头，为视网膜后部的一圆形隆起，中央有视网膜中央动静脉穿过，无感光细胞，称生理性盲点。
2. 黄斑 macula lutea：在视盘颞侧约 3.5mm 处，有一由密集的视锥细胞构成的黄色小区，称黄斑，其中央凹陷称中央凹，是感光最敏锐处。

二、A_1 型题（单句型最佳选择题）

1. B 2. B 3. B 4. A 5. E 6. D 7. D 8. D 9. C 10. D 11. E 12. B 13. B 14. D
15. D 16. E 17. B 18. D 19. D 20. C 21. C 22. E 23. B 24. D 25. D

三、A_2 型题（病例摘要型最佳选择题）

1. B 2. A 3. B 4. B 5. B

四、B_1 型题（标准配伍题）

1. E 2. C 3. B 4. D 5. B 6. C 7. A 8. C 9. E 10. A

五、思考题（略）

（李姗姗）

第十五章 前庭蜗器

【实验目的】

一、知识目标

1. 能够说出前庭蜗器的组成和功能。
2. 能够说出外耳道的分部、弯曲。
3. 能够描述鼓膜的位置、形状和分部，阐述鼓室的位置、内容及六个壁的名称，说出乳突窦和乳突小房的位置和功能。
4. 能够阐述内耳的位置及骨迷路和膜迷路的分部。
5. 能够说明内耳各感受器的名称、位置和功能。
6. 能够说出声波传导的途径。

二、技能目标

1. 能够辨认外耳结构。
2. 能够辨认鼓室内容物。
3. 能够辨认内耳结构。

三、情感、态度和价值观目标

能够通过前庭蜗器结构和功能的学习，建立对耳聋患者或其他残障者的同情心和同理心。

【实验内容】

一、前庭蜗器的组成和功能

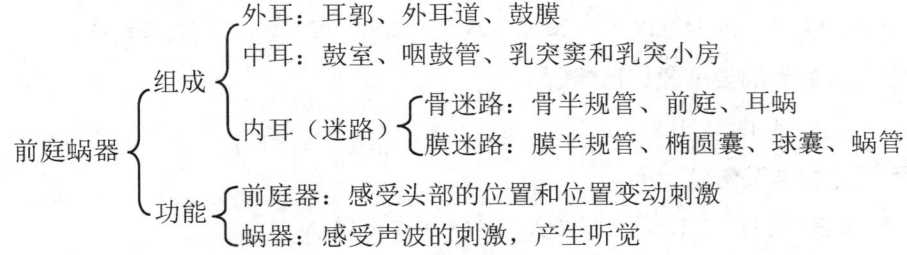

二、外耳

（一）外耳道

1. 位置 外耳道是从外耳门至鼓膜的管道。
2. 分部 外耳道外 1/3 为软骨部，与耳郭的软骨相延续；内 2/3 为骨性部，是由颞骨鳞部和鼓部围成的短管。

3. 形状 在成人，外耳道呈近"S"形弯曲，由外向内，先向前上，继而稍向后，再弯向前下。

（二）鼓膜

1. 位置 居于外耳道与鼓室之间。

2. 形状 椭圆形，半透明薄膜。中心凹陷称鼓膜脐，为锤骨柄附着处。

3. 分部

（1）松弛部：鼓膜上 1/4 的三角形区，薄而松弛。

（2）紧张部：鼓膜下 3/4 区，坚实紧张。紧张部前下方有一三角形的反光区，称光锥。中耳的一些疾病可引起光锥改变或消失，严重时可使鼓膜穿孔，影响听力。

三、中耳

（一）鼓室（图 15-1）

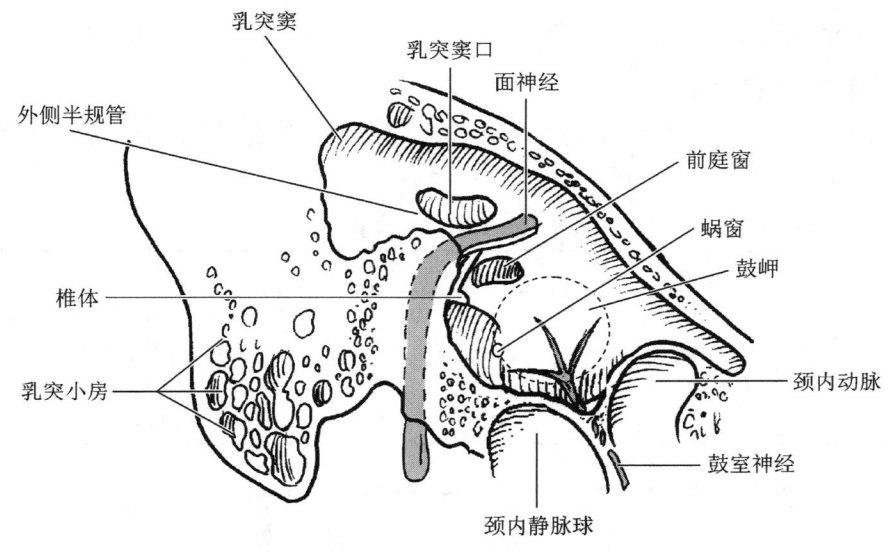

图 15-1 鼓室内侧壁

1. 鼓室的壁 见表 15-1。

表 15-1 鼓室的六壁

位置	结构	解剖描述
外侧壁	鼓膜壁	大部分是鼓膜，上部的小部分是鼓室上隐窝的外侧壁
上壁	鼓室盖壁	由颞骨岩部的鼓室盖构成，邻颅中窝，骨板薄
前壁	颈动脉壁	邻颈动脉管，有咽鼓管的鼓室口和鼓膜张肌半管的开口，内有鼓膜张肌
后壁	乳突壁	邻乳突窦和乳突小房，乳突窦入口下方的锥隆起内有镫骨肌
下壁	颈静脉壁	邻颈内静脉的起始部
内侧壁	迷路壁	邻内耳迷路。中部为岬，其后上方为前庭窗，被镫骨底封闭；后下方为蜗窗，被第二鼓膜封闭；前庭窗的外上方有面神经管凸，内有面神经通过

2. 鼓室内的结构

（1）听小骨：每侧有 3 块，即锤骨、砧骨和镫骨。

（2）听小骨链：锤骨借柄连于鼓膜，镫骨底封闭前庭窗，听小骨在鼓膜与前庭窗之间以关节和韧带连结成听小骨链 chain of auditory ossicles，组成杠杆系统，将声波的振动转换成机械能传入内耳。

（3）运动听小骨的肌：有鼓膜张肌和镫骨肌。

（二）乳突窦和乳突小房

1. 乳突窦　位于鼓室上隐窝后方，为鼓室和乳突小房之间的通道。

2. 乳突小房　为颞骨乳突部内的许多含气小腔隙，大小不等，互相连通，腔内黏膜与乳突窦和鼓室的黏膜相延续。中耳炎症可经乳突窦侵犯乳突小房，引起乳突炎。

四、内耳

（一）内耳的位置

内耳又称迷路，位于颞骨岩部骨质内，介于鼓室内侧壁与内耳道底之间。

（二）内耳的组成

内耳由骨迷路和膜迷路两部分组成。骨迷路和膜迷路之间充满外淋巴，膜迷路内充满内淋巴，内、外淋巴互不相通（表 15-2、图 15-2）。

表 15-2　内耳感受器的分类

分类	名称	位置	功能
位觉感受器	壶腹嵴	膜壶腹	感受头部旋转变速运动引起的刺激
	椭圆囊斑	椭圆囊壁	感受头部静止的位置及直线变速运动引起的刺激
	球囊斑	球囊壁	
听觉感受器	螺旋器	基底膜	感受声波引起的刺激

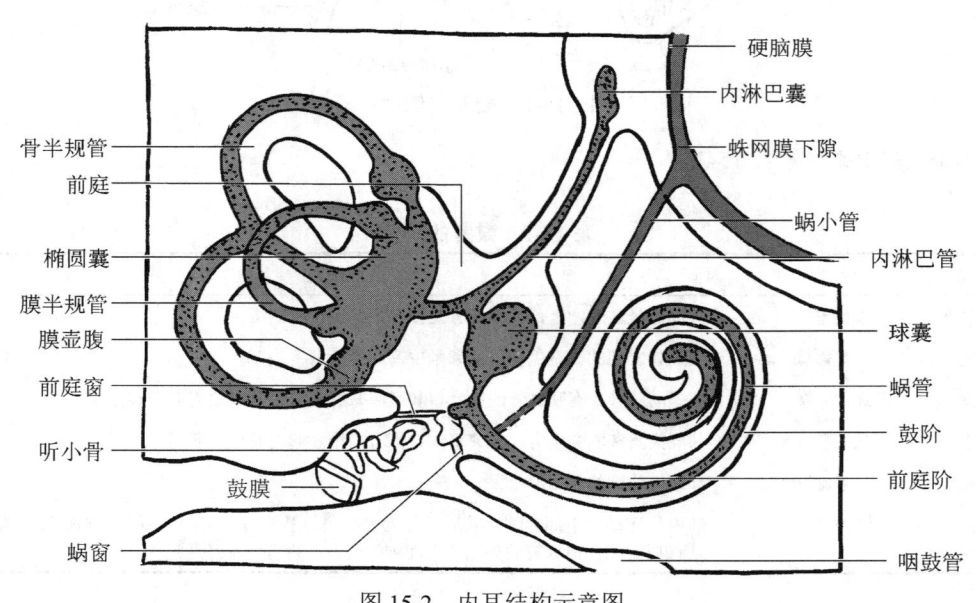

图 15-2　内耳结构示意图

五、声音的传导

声音的传导有空气传导和骨传导两条途径。正常情况下以空气传导为主。

1. 空气传导

声波→耳郭→外耳道→鼓膜→听小骨链→前庭窗→前庭阶、鼓阶外淋巴→前庭膜→蜗管内淋巴→螺旋膜→螺旋器 spiral organ →蜗神经→听觉通路→颞叶听觉中枢

2. 骨传导

声波→颅骨→前庭阶、鼓阶外淋巴→前庭膜→蜗管内淋巴→螺旋器→蜗神经→听觉通路→颞叶听觉中枢

外耳和中耳疾病引起的耳聋为传导性耳聋，此时空气传导途径阻断，但骨传导可部分地代偿，故不会产生完全性耳聋。内耳、蜗神经及听觉中枢疾病引起的耳聋为神经性耳聋，又称完全性耳聋。

【练习题】

一、名词解释

1. 听小骨链 chain of auditory ossicles
2. 螺旋器 spiral organ

二、A_1 型题（单句型最佳选择题）

1. 临床上检查幼儿鼓膜时，须将耳郭拉向

A. 前上 B. 前下 C. 后上
D. 后下 E. 上

2. 外耳道

A. 皮肤较厚 B. 神经分布较少 C. 由颞骨与蝶骨参与构成
D. 横截面积大于耳郭 E. 以上均不正确

3. 乳突

A. 由蝶骨构成 B. 内含外淋巴液 C. 内部空间大小与发育状况相关
D. 与外耳道直接相通 E. 以上均正确

4. 不属于中耳的结构是

A. 听小骨 B. 鼓室 C. 乳突窦
D. 咽鼓管鼓室口 E. 总骨脚

5. 鼓膜

A. 呈漏斗状，其内面凹陷 B. 鼓膜脐内侧面有锤骨头附着
C. 紧张部在上方 D. 在鼓膜脐的前下方有光锥
E. 呈透明的膜性结构

6. 鼓室

A. 经咽鼓管与鼻腔相通 B. 前壁为颈静脉壁 C. 后壁上有蜗窗
D. 内侧壁上有面神经管凸 E. 下壁为颈动脉壁

7. 小儿咽鼓管的特点是

A. 粗短平直 B. 较细长 C. 较细短
D. 较粗长 E. 腔较小

8. 不属于中耳的结构是
A. 乳突窦　　　　　　　　　B. 茎乳孔　　　　　　　　　C. 乳突小房
D. 听小骨　　　　　　　　　E. 鼓膜张肌
9. 不属于内耳的结构是
A. 耳蜗　　　　　　　　　　B. 蜗管　　　　　　　　　　C. 蜗螺旋板
D. 前庭阶　　　　　　　　　E. 鼓膜张肌半管
10. 膜迷路的结构不包括
A. 蜗管　　　　　　　　　　B. 骨半规管　　　　　　　　C. 壶腹嵴
D. 椭圆囊　　　　　　　　　E. 球囊
11. 骨迷路包括
A. 蜗管　　　　　　　　　　B. 膜半规管　　　　　　　　C. 前庭
D. 椭圆囊　　　　　　　　　E. 球囊
12. 能感受旋转变速运动刺激的是
A. 前庭神经节　　　　　　　B. 壶腹嵴　　　　　　　　　C. 螺旋器
D. 球囊斑　　　　　　　　　E. 椭圆囊斑
13. 能感受直线变速运动刺激的是
A. 前庭神经节　　　　　　　B. 壶腹嵴　　　　　　　　　C. 螺旋器
D. 前庭窗　　　　　　　　　E. 椭圆囊斑
14. 听觉感受器是
A. 螺旋器　　　　　　　　　B. 椭圆囊斑　　　　　　　　C. 球囊斑
D. 壶腹嵴　　　　　　　　　E. 蜗螺旋神经节
15. 某患者因听力下降到医院就诊，临床上诊断为传导性耳聋，可能是损伤了什么结构
A. 蜗神经　　　　　　　　　B. 壶腹嵴　　　　　　　　　C. 前庭神经
D. 听小骨链　　　　　　　　E. 颞横回

三、A₂型题（病例摘要型最佳选择题）

1. 患者，男性，8岁，因中耳感染突发听力下降至医院就诊。查体发现患者外耳及外耳道有脓性分泌物溢出，检测结果最可能为下列哪项
A. 乳突小房破损　　　　　　B. 听小骨链断裂　　　　　　C. 蜗神经损伤
D. 咽鼓管堵塞　　　　　　　E. 鼓膜破裂
2. 患者，女性，3岁，因耳郭冻伤就诊，家人询问原因，下列哪项回答最适宜
A. 皮肤薄、皮下组织少　　　B. 皮肤厚、皮下组织少　　　C. 皮肤薄、皮下组织厚
D. 皮肤厚、皮下组织厚　　　E. 皮肤薄、无皮下组织
3. 患者，女性，32岁，因急性咽炎感染突发耳鸣、听力下降至医院就诊。查体发现患者外耳及鼓膜并无异常，且无眩晕、耳鸣等症状，应首先检查的部位是
A. 乳突小房　　　　　　　　B. 听小骨链　　　　　　　　C. 蜗神经
D. 咽鼓管　　　　　　　　　E. 乳突窦
4. 患者，男性，31岁，因听力渐行下降伴右眼外展受限就诊，检查发现患者外耳、中耳局部无异常，磁共振扫描发现右侧延髓脑桥小脑间存在占位性病变，该患者听力降低在于损伤了
A. 咽鼓管　　　　　　　　　B. 螺旋器　　　　　　　　　C. 蜗神经
D. 前庭神经　　　　　　　　E. 展神经
5. 患者，男性，18岁，因颅脑损伤后突发听力下降住院会诊。查体发现患者外耳及鼓膜并无异常，且无眩晕、耳鸣等症状，但患者乳突区皮下有淤血（Battle征），导致患者听力降

低的主要结构是

A. 乳突小房　　B. 听小骨链　　C. 蜗神经
D. 咽鼓管　　　E. 鼓膜

四、B_1 型题（标准配伍题）

（1～2 题共用备选答案）

A. 锤骨柄　　　B. 咽鼓管　　　C. 镫骨底
D. 第二鼓膜　　E. 乳突小房

1. 附着于鼓膜内面的结构是
2. 参与平衡鼓膜内外压力的结构是

（3～4 题共用备选答案）

A. 外耳道　　　B. 咽鼓管　　　C. 鼓膜
D. 耳郭　　　　E. 第二鼓膜

3. 声波能转换为机械能的部位是
4. 缓冲鼓阶外淋巴波动的结构是

（5～7 题共用备选答案）

A. 颞横回　　　B. 螺旋器　　　C. 前庭神经
D. 听小骨链　　E. 蜗神经

5. 听觉感受器所在部位是
6. 听觉神经的名称是
7. 听觉中枢所在部位是

（8～10 题共用备选答案）

A. 蜗管　　　　B. 骨半规管　　C. 蜗窗
D. 前庭窗　　　E. 球囊

8. 与镫骨相连的部位是
9. 内部含有感受直线变速刺激感受器的结构是
10. 内部含有听觉感受器的结构是

五、思考题

患者，男性，56 岁，曾因咽部感染导致右侧中耳炎，且反复发作，时有脓液从外耳道流出，入院就诊。医生检查发现患者右侧外耳道内有脓液，出现听力下降，右侧面部有鼻唇沟变浅。临床上诊断为传导性耳聋。

问题：
1. 该患者可能损伤了什么结构？
2. 该患者咽炎导致中耳炎的解剖学基础是什么？
3. 患者为什么会出现面瘫的症状？

【参考答案】

一、名词解释

1. 听小骨链 chain of auditory ossicles：听小骨由外向内依次为锤骨、砧骨和镫骨，三块骨在鼓膜与前庭窗之间以关节和韧带连结形成杠杆系统，将声波的振动转换成机械能传入内耳。

2. 螺旋器 spiral organ：又称 Corti 器，是听觉感受器，位于内耳膜迷路蜗管的基底膜上，能感受声波的刺激。

二、A_1 型题（单句型最佳选择题）

1. D 2. E 3. C 4. E 5. D 6. D 7. A 8. B 9. E 10. B 11. C 12. B 13. E 14. A 15. D

三、A_2 型题（病例摘要型最佳选择题）

1. E 2. A 3. D 4. C 5. A

四、B_1 型题（标准配伍题）

1. A 2. B 3. C 4. E 5. B 6. E 7. A 8. D 9. E 10. A

五、思考题（略）

（李仲铭）

第五篇 神经系统

第十六章 神经系统总论

【实验目的】

一、知识目标

1. 能够说出神经系统的组成和区分。
2. 能够说明神经组织的组成和功能，神经元的基本形态、功能和分类。
3. 能够解释神经活动方式和反射弧的构成。
4. 能够说明神经系统常用术语。

二、技能目标

1. 能够例证神经系统的活动方式。
2. 能够辨认神经系统的基本结构。

三、情感、态度和价值观目标

能够联系神经系统对其他系统的调控作用及高级思维活动，重视意识的作用和精神的力量，树立正确的世界观、价值观。

【实验内容】

一、神经系统的组成和区分

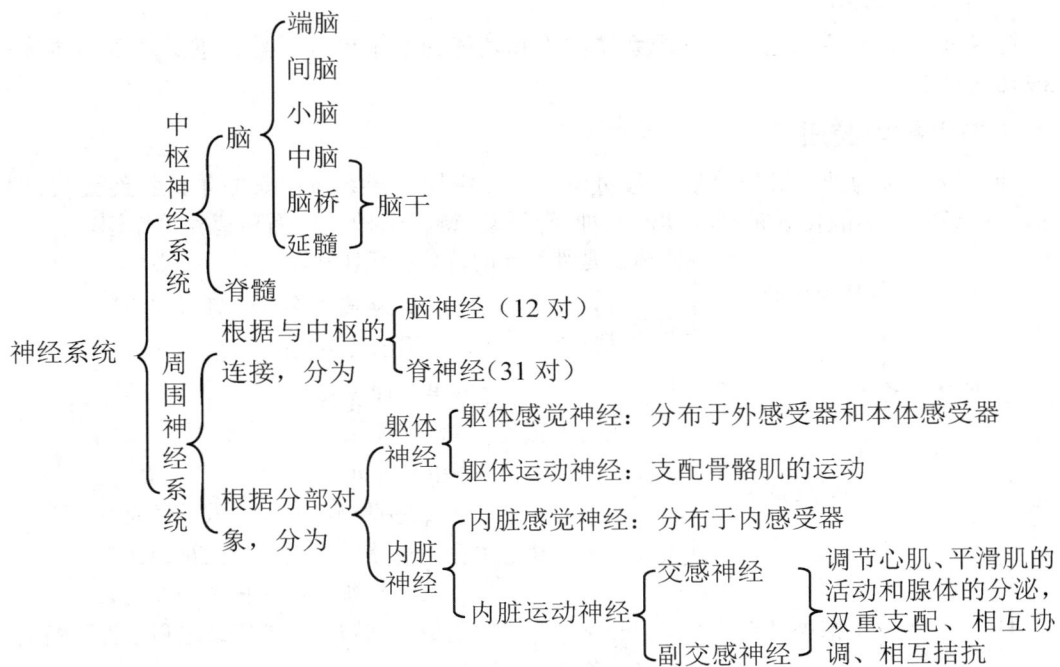

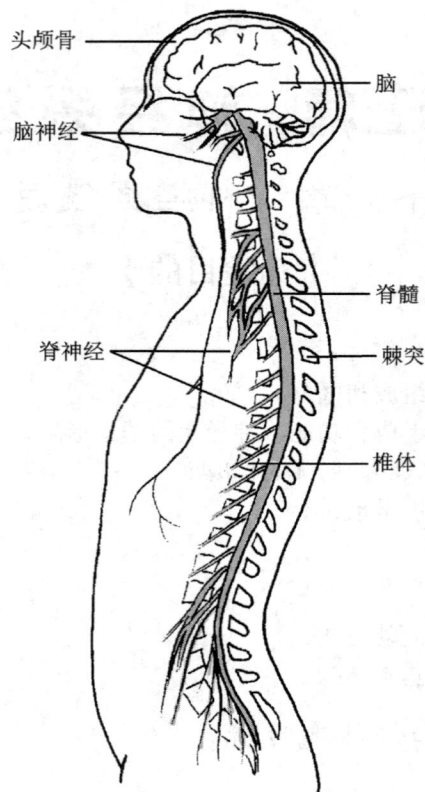

图 16-1　神经系统的区分

二、神经系统的基本结构

神经系统主要由神经组织组成，神经组织包括神经元和神经胶质。

（一）神经元

神经元又称神经细胞，是神经系统结构和功能的基本单位，具有感受刺激和传导神经冲动的功能。

（二）神经胶质

神经胶质即为神经胶质细胞，数量巨大，在中枢神经系统中其数量比神经元要高数十倍。神经胶质不能传导神经冲动，对神经元起支持、保护、分隔和营养等作用。

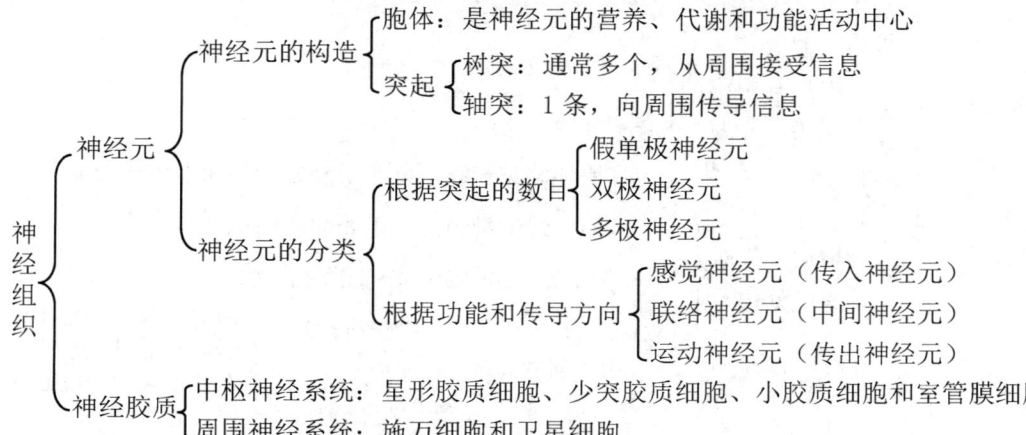

三、神经系统的基本活动方式

（一）反射

神经系统的基本活动方式是反射，是神经系统在调节机体活动中，对内、外环境的刺激做出适宜的反应。

（二）反射弧

反射弧 reflect arc 是反射活动的形态学基础（图 16-2），包括 5 个基本环节：

①感受器：接受内、外环境的刺激，并把刺激转换为神经兴奋
↓
②传入神经：将兴奋传到中枢
↓
③中枢：分别与某一功能相关
↓
④传出神经：将中枢的兴奋传到效应器
↓
⑤效应器：即肌肉、腺体等，实现反射效应

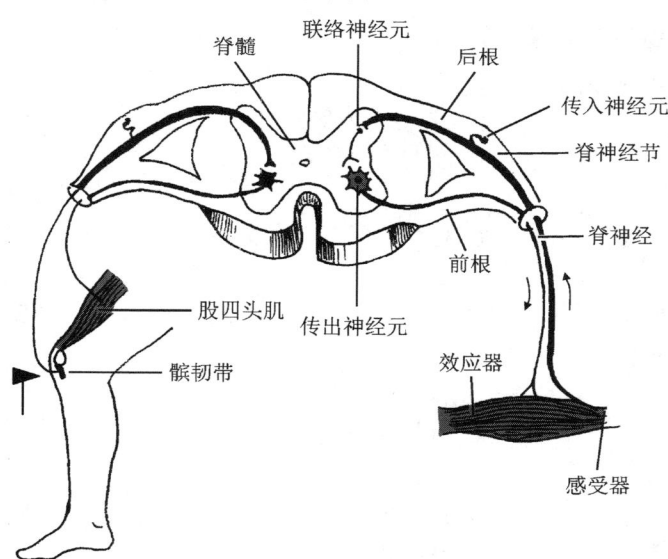

图 16-2　反射弧的组成及髌腱反射示意图

四、神经系统的常用术语

神经元的胞体和突起在神经系统的不同部位，形成结构有所不同，因而有不同的术语名称（表 16-1）。

表 16-1　神经系统术语

结构名称	位置	结构特点	举例
灰质 gray matter	中枢神经系统	神经元胞体及其树突聚集的部位；富含血管，色泽灰暗	脊髓灰质
皮质 cortex	中枢神经系统	大、小脑表面的灰质	大脑皮质
神经核 nucleus	中枢神经系统	形态和功能相似的神经元胞体聚集成团或柱	尾状核

续表

结构名称	位置	结构特点	举例
白质 white matter	中枢神经系统	神经纤维聚集的部位；色泽亮白	脊髓白质
髓质 medulla	中枢神经系统	大、小脑深面的白质	大脑髓质
纤维束 fasciculus	中枢神经系统	起止、行程、功能相近的神经纤维聚集成束	皮质脊髓束
神经节 ganglion	周围神经系统	神经元胞体聚集处	脊神经节
神经 nerve	周围神经系统	神经纤维聚集成条索状结构	尺神经

【练习题】

一、名词解释

1. 反射弧 reflect arc
2. 灰质 gray matter 和白质 white matter
3. 皮质 cortex 和髓质 medulla
4. 神经核 nucleus 和神经节 ganglion
5. 神经 nerve 和纤维束 fasciculus

二、A_1 型题（单句型最佳选择题）

1. 交感神经在神经系统中归属于
   A. 躯体感觉神经　　　　　B. 躯体运动神经　　　　　C. 内脏感觉神经
   D. 内脏运动神经　　　　　E. 以上均错
2. 脑神经的数目是
   A. 10　　　　B. 12　　　　C. 15　　　　D. 28　　　　E. 31
3. 脊神经的数目是
   A. 10　　　　B. 12　　　　C. 15　　　　D. 28　　　　E. 31
4. 神经胶质的功能不包括
   A. 支持　　　　　　　　　B. 转为神经元　　　　　　C. 营养
   D. 修复　　　　　　　　　E. 形成髓鞘
5. 反射弧包括
   A. 感受器　　　　　　　　B. 传入神经　　　　　　　C. 中枢
   D. 传出神经和效应器　　　E. 以上都对
6. 中枢神经系统内，由胞体和树突聚集所形成的结构是
   A. 灰质　　　B. 白质　　　C. 神经节　　　D. 神经　　　E. 网状结构
7. 在中枢神经系统内，由神经纤维（轴突及其髓鞘）聚集所形成的结构是
   A. 灰质　　　B. 白质　　　C. 神经节　　　D. 神经　　　E. 网状结构
8. 在中枢神经系统中，起止、行程、功能相近的神经纤维聚集形成的结构是
   A. 神经　　　　　　　　　B. 纤维束　　　　　　　　C. 神经节
   D. 神经核　　　　　　　　E. 网状结构
9. 在周围神经系统中，起止、行程、功能相近的神经纤维聚集形成的结构是
   A. 灰质　　　B. 白质　　　C. 神经节　　　D. 神经　　　E. 网状结构
10. 在中枢神经系统内，由神经纤维彼此交错形成的网眼中充以大、小不等的灰质团块而形成的结构是
    A. 灰质　　　B. 白质　　　C. 神经节　　　D. 神经核　　　E. 网状结构

三、A₂型题（病例摘要型最佳选择题）

1. 某男孩因突然高热、昏迷而入院，经询问病史的检查，发现患儿因患感冒，不久出现外耳道流脓，逐渐并发有面神经损伤的症状，提示波及反射弧的
   A. 感受器　　　　　　B. 传入神经　　　　　　C. 中枢
   D. 传出神经　　　　　E. 效应器

2. 一青年长期使用手机，致双眼视力下降，视物不清，经医院检查确定为黄斑病变，提示波及反射弧的
   A. 感受器　　　　　　B. 传入神经　　　　　　C. 中枢
   D. 传出神经　　　　　E. 效应器

3. 患者，男性，20岁。幼年时患脊髓灰质炎，成人后右侧下肢瘫痪。考虑是脊髓灰质炎病毒感染引起的累及灰质前角的病变，损伤所波及的反射弧为
   A. 感受器　　　　　　B. 传入神经　　　　　　C. 中枢
   D. 传出神经　　　　　E. 效应器

4. 一中年女性出现渐进性双眼视力下降，视物不清，经医院诊断确诊为垂体瘤压迫所致，提示波及视觉反射弧的
   A. 感受器　　　　　　B. 传入神经　　　　　　C. 中枢
   D. 传出神经　　　　　E. 效应器

5. 患者，男性，60岁因车祸造成颅骨骨折入院诊治，CT提示颅内硬膜外血肿，伤及大脑顶叶皮质。大脑皮质其实也是以下哪个结构
   A. 灰质　　　　　　　B. 白质　　　　　　　　C. 神经核
   D. 神经节　　　　　　E. 神经

四、B₁型题（标准配伍题）

（1～5题共用备选答案）
   A. 灰质　　　　　　　B. 白质　　　　　　　　C. 神经核
   D. 神经节　　　　　　E. 神经

1. 小脑髓质是
2. 脊神经节是
3. 尾状核是
4. 正中神经是
5. 小脑皮质是

五、思考题

患者，男性，36岁，车祸致股骨骨折，股神经受损，股四头肌功能障碍，膝跳反射消失。
问题：
1. 何谓膝跳反射？
2. 膝跳反射的反射弧包括哪些结构？

【参考答案】

一、名词解释

1. 反射弧 reflect arc：是反射活动的物质基础，包括感受器、传入神经、中枢、传出神经和效应器。

2. 灰质 gray matter 和白质 white matter：在中枢神经系统内，由胞体和树突聚集所形成的结构，颜色灰暗，称灰质；由神经纤维（轴突及其髓鞘）聚集所形成的结构，颜色白亮，称白质。

3. 皮质 cortex 和髓质 medulla：位于大、小脑表面的灰质称皮质；位于大、小脑深面的白质称髓质。

4. 神经核 nucleus 和神经节 ganglion：由形态和功能相似的神经元胞体聚集形成的团块状结构，在中枢神经系统内称为神经核；在周围神经系统内称为神经节。

5. 神经 nerve 和纤维束 fasciculus：起止、行程、功能相近的神经纤维在中枢神经系统聚集形成的结构称纤维束，在周围神经系统聚集形成的结构称为神经。

二、A_1 型题（单句型最佳选择题）

1. D 2. B 3. E 4. B 5. E 6. A 7. B 8. B 9. D 10. E

三、A_2 型题（病例摘要型最佳选择题）

1. D 2. A 3. C 4. B 5. A

四、B_1 型题（标准配伍题）

1. B 2. D 3. C 4. E 5. A

五、思考题（略）

（范　炜）

第十七章　中枢神经系统

【实验目的】

一、知识目标

1. 能够说明脊髓的位置和外形、内部结构与功能。

2. 能够描述脑干外形；阐述脑干的位置、组成及重要内部结构；说出脑干内各功能柱的性质与位置排列，脑干网状结构。

3. 能够说出间脑各部的组成和主要功能。

4. 能够描述小脑的位置、形态及主要功能，小脑扁桃体。

5. 能够说出大脑半球的外形和分叶；描述大脑半球的主要沟回及皮质功能定位；说出边缘系统的组成和功能，基底核的名称和位置；阐述内囊的构成、位置、分部和各部的主要传导束及临床意义。

6. 能够说出脑室系统的组成及其通连关系。

二、技能目标

1. 能够辨认脊髓的外形结构。

2. 能够辨认脑干、间脑和小脑的外形结构。

3. 能够辨认大脑半球的主要沟回并联系其皮质功能定位及辨认大脑基底核的位置。

三、情感、态度和价值观目标

能够通过中枢神经结构损伤定位训练，培养循证医学思维模式。

【实验内容】

一、脊髓

（一）位置和外形

1. 位置　脊髓位于椎管内，上端于枕骨大孔处与延髓相连，下端在成人约平第 1 腰椎下缘，借终丝止于尾骨背面。

2. 外形

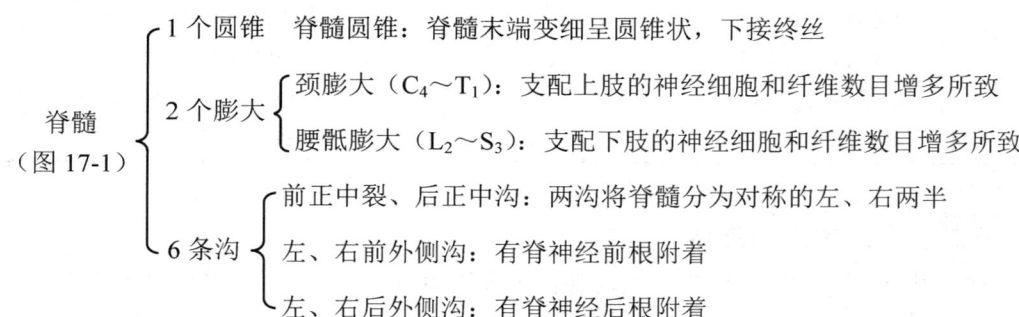

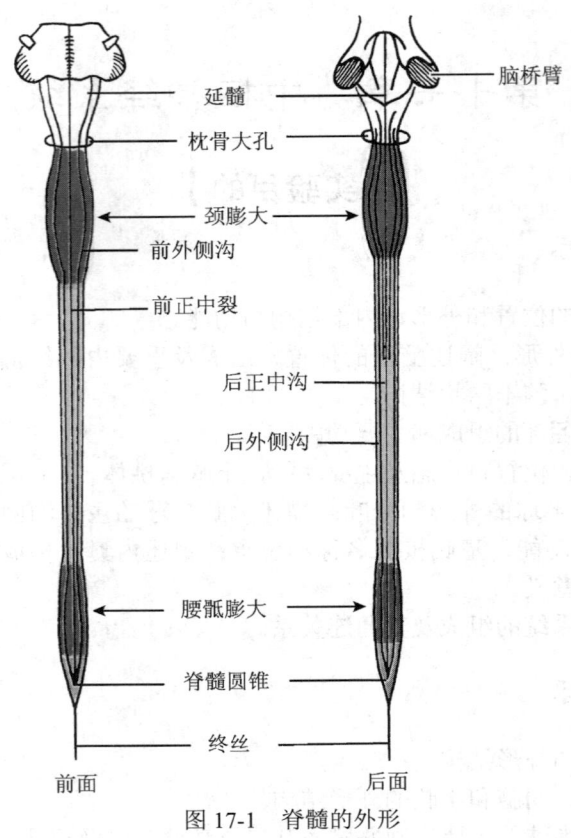

图 17-1 脊髓的外形

3. 脊髓节段及与椎骨的对应关系

（1）脊髓节段：每一对脊神经前、后根的根丝附着于脊髓的范围称为一个脊髓节段，共 31 个节段，包括颈节 8 个（$C_1 \sim C_8$）、胸节 12 个（$T_1 \sim T_{12}$）、腰节 5 个（$L_1 \sim L_5$）、骶节 5 个（$S_1 \sim S_5$）、尾节 1 个（Co）。

（2）与椎骨的对应关系：成人脊髓的长度和椎管的长度不一致，所以脊髓节段与相应的椎骨不能完全对应（表 17-1）。

表 17-1　脊髓节段与椎骨的对应关系

脊髓节段	对应椎骨
上颈髓 $C_1 \sim C_4$	平对同序数的椎骨
下颈髓 $C_5 \sim C_8$ 和上胸髓 $T_1 \sim T_4$	同序数椎骨数 -1
中胸髓 $T_5 \sim T_8$	同序数椎骨数 -2
下胸髓 $T_9 \sim T_{12}$	同序数椎骨数 -3
腰髓 $L_1 \sim L_5$	平对第 10～12 胸椎
全部骶髓和尾髓	平对第 1 腰椎

（二）脊髓的内部结构

脊髓由围绕中央管的"H"形灰质和位于外周的白质组成。在脊髓的横切面上，可见中央有一细小的中央管（图 17-2、图 17-3）。

1. 灰质

（1）后角：又称后柱，主要接受后根的传入纤维。后角固有核接受后根大部分纤维，发出纤维主要参与组成脊髓丘脑束。

（2）中间带：为前、后角之间的区域。$T_1 \sim L_3$ 节段的中间带向外突出形成侧角（或侧柱），含中间带外侧核，是交感神经的低级中枢。中间带内侧含中间带内侧核，纵贯脊髓全长，发出纤维组成脊髓小脑前束。$S_2 \sim S_4$ 节段的侧角含骶副交感核，是副交感神经在脊髓的低级中枢。

（3）前角：又称前柱，主要含运动神经元。其中内侧群支配躯干肌，外侧群支配四肢肌。

（4）灰质前、后连合：为中央管前、后的灰质。

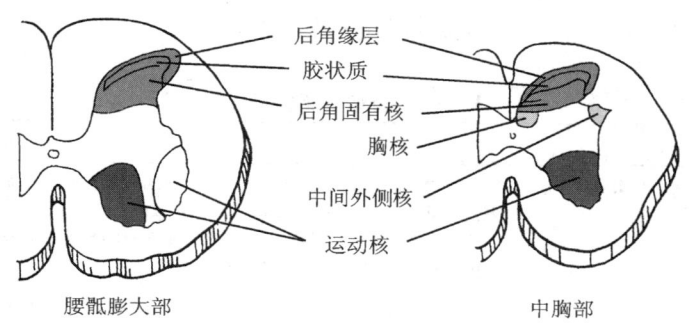

图 17-2　脊髓灰质主要核团

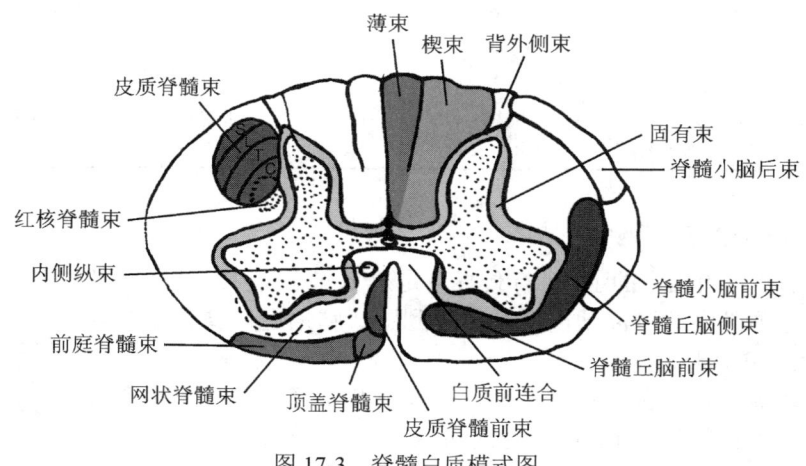

图 17-3　脊髓白质模式图

2. 白质　位于脊髓灰质的周围，分为前索、外侧索和后索，包括短距离的固有束和长距离的传导束。

（1）上行纤维束（感觉传导束）：见表 17-2。

表 17-2　脊髓的上行纤维束

名称	起源	终止	功能
薄束	同侧 T_5 以下的脊神经节细胞	同侧延髓的薄束核	传导同侧下半身的本体感觉和精细触觉
楔束	同侧 T_4 以上的脊神经节细胞	同侧延髓的楔束核	传导同侧上半身的本体感觉和精细触觉

续表

名称	起源	终止	功能
脊髓丘脑前束	主要起自脊髓灰质Ⅰ层和Ⅳ层	对侧背侧丘脑	传导对侧半躯干和肢体的粗触觉
脊髓丘脑侧束	主要起自脊髓灰质Ⅰ层和Ⅳ层	对侧背侧丘脑	传导对侧半躯干和肢体的痛、温觉
脊髓小脑前束	主要起自腰骶膨大节段Ⅴ~Ⅶ层的外侧部	大部分至对侧小脑皮质，小部分至同侧小脑皮质	与整个肢体的运动和姿势的传导有关
脊髓小脑后束	主要起自L_2节段以上Ⅶ层的胸核	同侧小脑皮质	与肢体个别肌的精细运动和姿势的协调传导有关

（2）下行纤维束（运动传导束）：见表 17-3。

表 17-3 脊髓的下行纤维束

名称	起源	终止	功能
皮质脊髓束	大脑皮质中央前回和中央旁小叶前部	大部分（75%~90%）纤维止于对侧前角外侧核，称皮质脊髓侧束；不交叉纤维止于T_4以上的双侧前角内侧核，称皮质脊髓前束	皮质脊髓侧束支配同侧上、下肢骨骼肌的随意运动 皮质脊髓前束支配双侧躯干肌的随意运动
红核脊髓束	中脑红核	Ⅴ~Ⅶ层前角运动细胞	兴奋屈肌，参与调控肢体远端肌的运动
前庭脊髓束	前庭神经外侧核	脊髓灰质Ⅷ层和部分Ⅶ层	兴奋伸肌，调节身体平衡
网状脊髓束	脑桥和延髓的网状结构	脊髓灰质Ⅶ、Ⅷ层	主要调控躯干和肢体近端肌的运动
顶盖脊髓束	中脑上丘	上颈髓灰质Ⅵ、Ⅷ层	引起颈部和上肢运动以完成视觉和听觉的反射活动
内侧纵束	此束起源复杂，大部分来自前庭神经核	脊髓灰质Ⅶ、Ⅷ层	主要是协调眼球和头颈部的运动

（三）脊髓的功能

1. 传导功能 白质中的上、下行传导束是感觉和运动神经冲动传导的重要结构。躯干、四肢和大部分内脏的感觉冲动由脊髓传递到脑；脑也通过脊髓实现对躯干、四肢骨骼肌及部分内脏活动的调节。

2. 反射功能 是脊髓固有的反射，其反射弧不经过脑，包括牵张反射、γ-反射、屈曲反射。在正常情况下，脊髓的反射活动始终在脑的控制下进行。

二、脑

脑位于颅腔内，由胚胎时期神经管的前部分化发育而成，是中枢神经系统的最高级部位，一般将脑分为6个部分：端脑、间脑、小脑、中脑、脑桥和延髓，中脑、脑桥和延髓合称脑干。

（一）脑干

脑干自下而上由延髓、脑桥和中脑组成，位于颅后窝前部，上接间脑，下续脊髓，延髓和脑桥的腹侧邻接颅后窝枕骨的斜坡，背面与小脑相连。延髓、脑桥和小脑之间围成的室腔为第四脑室 fourth ventricle（图 17-4、图 17-5）。

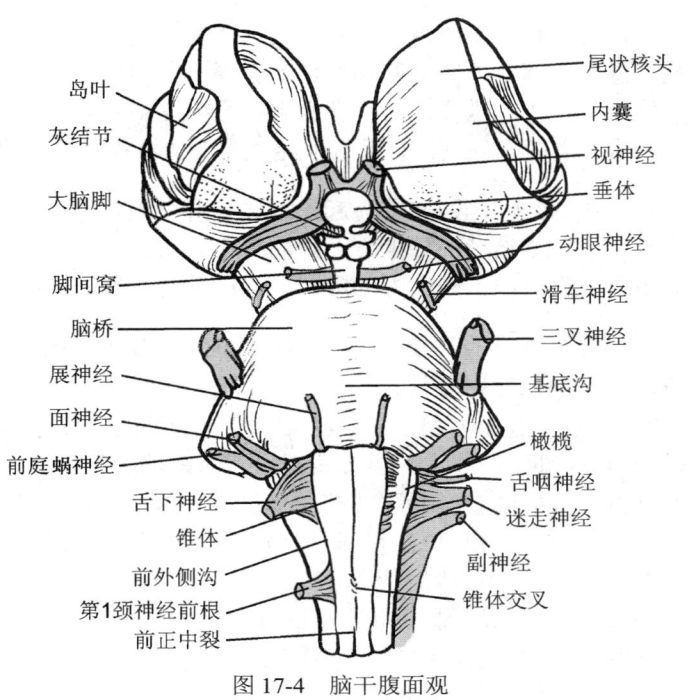

图 17-4 脑干腹面观

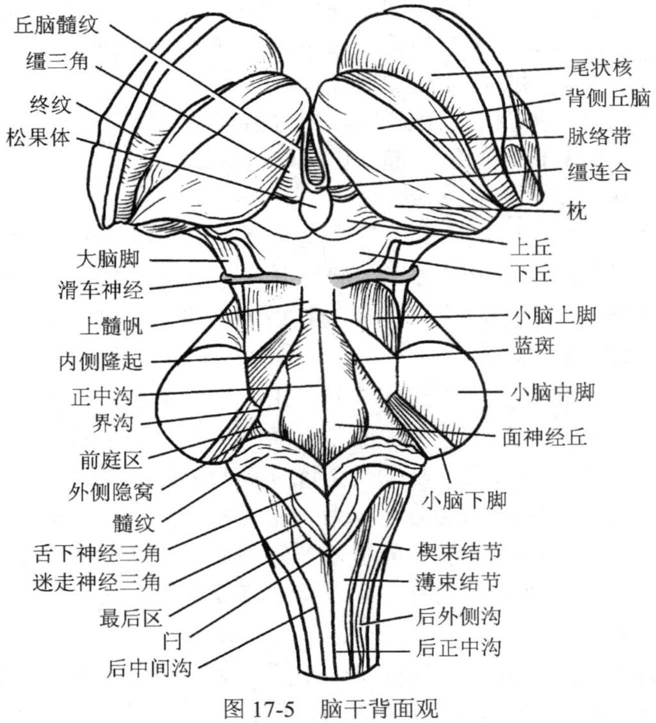

图 17-5 脑干背面观

1. 脑干的外形

（1）延髓：形似倒置的圆锥体，下端在枕骨大孔与延髓相续，上端借延髓脑桥沟与脑桥分界。

1）腹侧面 { 锥体：前正中裂两侧的纵行隆起，由锥体束构成。
橄榄：锥体上部背外侧的卵圆形隆起，深面有橄榄核。
前外侧沟：锥体和橄榄之间，有舌下神经根丝附着。
后外侧沟：橄榄背外侧，有舌咽神经、迷走神经和副神经的根丝附着。

2）背侧面 { 薄束结节：后正中沟两侧的隆起，深面有薄束核。
楔束结节：薄束结节的外上方，深面有楔束核。
小脑下脚：楔束结节外上方的隆起，由小脑与脊髓之间的纤维构成。

（2）脑桥：为脑干中较膨隆的部分，其下界为延髓脑桥沟，上界在腹侧面为脑桥上缘，背侧面为下丘下缘滑车神经根丝附着处。

1）腹侧面 { 基底部：中部的宽阔隆起，主要由大量横行的纤维和部分纵行的纤维组成
基底沟：基底部正中线上的纵行浅沟，表面有基底动脉走行
小脑中脚：基底部向两侧逐渐缩细的部分，两者交界处连有三叉神经根
延髓脑桥沟：延髓与脑桥在腹侧面的分界标志，有展神经、面神经和前庭蜗神经根丝附着
脑桥小脑三角：延髓、脑桥和小脑的交角处

2）背侧面 { 小脑上脚：第四脑室底上半的两侧壁
上髓帆：第四脑室底上半的顶

3）菱形窝
（又称第四脑室底） { 髓纹：是延髓和脑桥背面的分界标志
正中沟：菱形窝正中，将其分为左、右对称的两半
界沟：正中沟两侧，与之近似平行的沟
前庭区：界沟外侧的三角形区，内含前庭神经核
听结节：前庭区外侧的隆起，内含蜗神经核
面神经丘：髓纹上方，内含展神经核
舌下神经三角：髓纹下方、正中沟两侧的小三角形区，内含舌下神经核
迷走神经三角：舌下神经三角的外下方，内含迷走神经背核

（3）中脑：上界为间脑的视束，下界为脑桥的上缘。中脑的室腔为中脑水管，连通上方第三脑室和下方的第四脑室。

1）腹侧面 { 大脑脚：腹侧面的粗大纵行隆起，由大脑皮质发出的下行纤维束构成
脚间窝：两侧大脑脚之间的凹陷，动眼神经由此穿出

2）背侧面 { 上丘：背面上方圆形的隆起，为视觉反射中枢
下丘：背面下方圆形的隆起，为听觉反射中枢
上丘臂：上丘外侧的横行隆起，与外侧膝状体相连
下丘臂：下丘外侧的横行隆起，与内侧膝状体相连

2. 脑干内部结构

脑干的内部结构与脊髓相似，亦由灰质、白质和网状结构构成，但较脊髓更为复杂。

（1）脑干的灰质：即脑干内的神经核团，根据其纤维联系及功能的不同，分为脑神经核和非脑神经核。

1）脑神经核：包括 7 类核团，即一般躯体运动核、特殊内脏运动核、一般内

脏运动核、一般内脏感觉核、特殊内脏感觉核、一般躯体感觉核及特殊躯体感觉核（表 17-4、表 17-5）。其中孤束核上部为接受味觉纤维的特殊内脏感觉核，下部为接受一般内脏感觉纤维的一般内脏感觉核。因此，每侧脑干只要 6 个脑神经核功能柱（图 17-6）。

表 17-4 脑干的脑神经运动核

性质	名称	位置	相关脑神经	功能
一般躯体运动核	动眼神经核	中脑上丘	动眼神经	支配上睑提肌，上、下、内直肌，下斜肌
	滑车神经核	中脑下丘	滑车神经	支配上斜肌
	展神经核	脑桥	展神经	支配外直肌
	舌下神经核	延髓	舌下神经	支配舌内肌、舌外肌
特殊内脏运动核	三叉神经运动核	脑桥	三叉神经	支配咀嚼肌、二腹肌前腹、下颌舌骨肌
	面神经核	脑桥	面神经	面肌、二腹肌后腹、茎突舌骨肌、镫骨肌
	疑核	延髓	舌咽神经 迷走神经 副神经	茎突咽肌，软腭、咽、喉及食管上部骨骼肌
	副神经核	延髓部为疑核的下端；脊髓部延伸至上 5～6 颈髓节段	副神经	颅根纤维支配咽喉肌；脊髓根纤维支配胸锁乳突肌、斜方肌
一般内脏运动核	动眼神经副核	中脑上丘	动眼神经	支配睫状肌和瞳孔括约肌的收缩
	上泌涎核	脑桥	面神经	管理泪腺、下颌下腺、舌下腺及口、鼻腔黏膜腺的分泌
	下泌涎核	延髓	舌咽神经	管理腮腺的分泌
	迷走神经背核	延髓	迷走神经	支配颈部、胸部和腹腔大部分脏器的平滑肌，心肌的运动及腺体的分泌

表 17-5 脑干的脑神经感觉核

性质	名称	位置	相关脑神经	功能
一般内脏感觉核	孤束核（下部）	延髓	迷走神经 舌咽神经	接受一般内脏感觉纤维
特殊内脏感觉核	孤束核（头端）	脑桥	舌咽神经 面神经	接受味觉纤维
一般躯体感觉核	三叉神经中脑核	中脑	三叉神经	接受咀嚼肌、表情肌、牙齿、下颌关节等的本体感觉纤维
	三叉神经脑桥核	脑桥	三叉神经	接受三叉神经根传入的头面部触压觉纤维
	三叉神经脊束核	延髓	三叉神经	接受三叉神经根传入的头面部痛、温觉；下部接受面神经、舌咽神经、迷走神经的一般躯体感觉纤维
特殊躯体感觉核	前庭神经核	前庭区的深面	前庭神经	接受前庭神经转入的平衡觉纤维，还接受来自小脑的传入纤维；发出纤维组成前庭脊髓束和内侧纵束，调节伸肌张力及完成视、听觉反射
	蜗神经核	听结节的深面	蜗神经	接受内耳蜗神经传入的听觉纤维

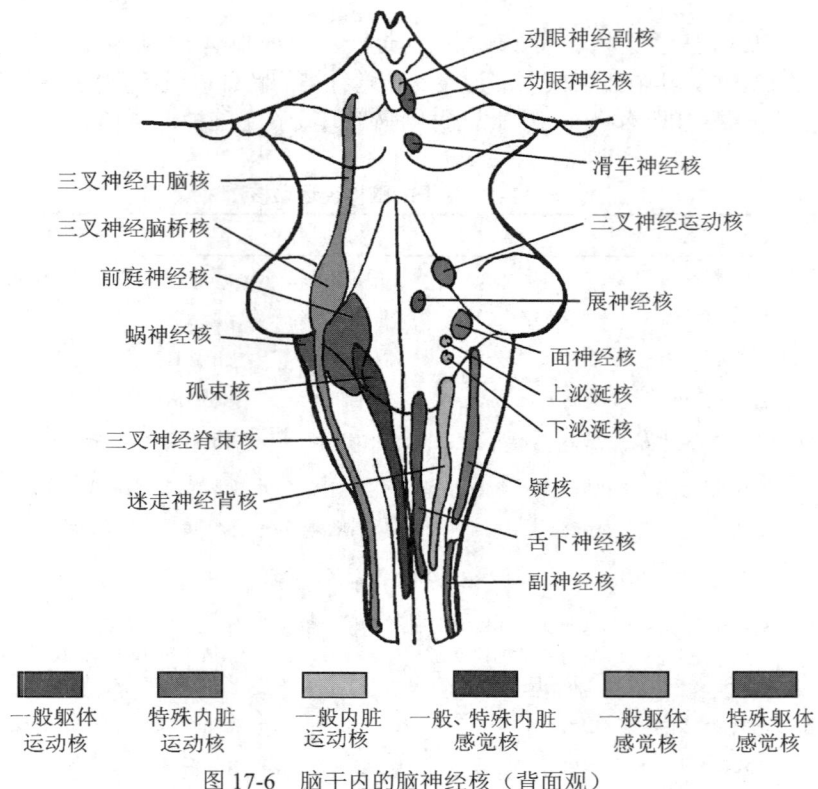

图 17-6 脑干内的脑神经核（背面观）

2）非脑神经核：见表 17-6。

表 17-6 脑干的非脑神经核

部位	名称	功能
延髓	薄束核与楔束核	传导躯干、四肢意识性本体感觉和精细触觉
	下橄榄核	参与小脑对运动的调控
脑桥	脑桥核	传递大脑皮质信息至小脑的中继站
	上橄榄核	参与声音的空间定位
	蓝斑核	与呼吸、睡眠和觉醒有关
中脑	上丘核	参与视觉反射
	下丘核	参与听觉反射
	顶盖前区	瞳孔对光反射中枢
	红核	调节屈肌的张力和协调运动
	黑质	调节纹状体的功能活动

（2）脑干的白质

1）上行纤维束（感觉传导束）：见表 17-7。

表 17-7 脑干的上行纤维束

名称	起源	走行特点	终止	功能
内侧丘系	薄束核和楔束核	内侧丘系交叉	丘脑腹后外侧核	传导对侧躯干、四肢意识性本体感觉和精细触觉

续表

名称	起源	走行特点	终止	功能
脊髓丘系	为脊髓丘脑前束和侧束的延续,两者在脑干内逐渐靠近而成	在脑干无交叉	丘脑腹后外侧核	传导对侧躯干、四肢的痛、温觉和粗触觉
三叉丘系	三叉神经脑桥核和脊束核	三叉丘系交叉	丘脑腹后内侧核	传导对侧头面部皮肤、牙齿及口、鼻黏膜的痛、温觉和触压觉
外侧丘系	双侧蜗神经核和双侧上橄榄核	纤维部分交叉至对侧,形成斜方体	下丘核、内侧膝状体	传导两侧耳的听觉冲动,以对侧为主
脊髓小脑前、后束	脊髓	在脑干无交叉	小脑	参与本体感觉的反射活动

2）下行纤维束（运动传导束）：见表 17-8。

表 17-8 脑干的主要下行纤维束

名称	起源	走行特点	终止	功能
皮质核束	中央前回下部的锥体细胞	经端脑的内囊膝下行到脑干,穿行于中脑的 3/5 大脑脚、脑桥基底部至延髓腹侧。在脑干内,边下行边终止	脑干：双侧的一般躯体运动核和特殊内脏运动核（面神经核下半和舌下神经核只接受对侧纤维）	支配大部分双侧的头部骨骼肌,以及对侧眼裂以下的表情肌和舌肌的随意运动
皮质脊髓束	中央前回中、上部和中央旁小叶前部的锥体细胞	穿内囊后肢和脑干,该束至延髓腹侧聚集为延髓的锥体,在其下端,大部分纤维在锥体交叉处交叉至对侧下行,分为皮质脊髓侧束和前束	脊髓前角运动细胞	支配对侧肢体骨骼肌和双侧躯干肌的随意运动

（3）脑干的网状结构

1）位置：位于脑干内神经核与长上、下行纤维束之外。

2）功能

A. 调节肌张力。

B. 上行网状激动系统：对睡眠、觉醒和意识状态进行调节。

C. 调节内脏活动：延髓网状结构中有呼吸中枢、心血管中枢和呕吐中枢等,是维持生命活动的重要部位。

（二）小脑

小脑是机体重要的躯体运动调节中枢,其功能主要是维持身体平衡、调节肌张力及协调随意运动。

1. 小脑的位置 小脑位于颅后窝,借上、中、下三对小脑脚连于脑干的背面,其上方借大脑横裂和小脑幕与大脑分隔。

2. 小脑的外形 小脑两侧的膨大部为小脑半球,中间的狭窄部为小脑蚓。小脑上面稍平坦,下面膨隆。小脑蚓下面凹陷于两半球之间,从前向后依次为小结、蚓垂、蚓锥体和蚓结节,小结向两侧借绒球脚,与位于小脑半球前缘的绒球相连（图 17-7）。

小脑扁桃体 tonsil of cerebellum：是小脑半球下面前内侧的膨大部,紧邻延髓和枕骨大孔的两侧。当颅内压增高时,小脑扁桃体可被挤压入枕骨大孔,形成枕骨大孔疝（或称小脑扁桃体疝）,压迫延髓内的呼吸中枢和心血管运动中枢,危及生命。

3. 小脑的分叶、分区

分叶 { 前叶：小脑上面原裂以前
后叶：小脑原裂与外侧裂之间
绒球小结叶：小脑下面借后外侧裂与后叶分界 }

分区 { 前庭小脑（绒球小结叶），又称原小脑
脊髓小脑（小脑蚓和小脑半球中间部及相关的顶核与中间核），又称旧小脑
大脑小脑（小脑半球外侧部及相关的齿状核），又称新小脑 }

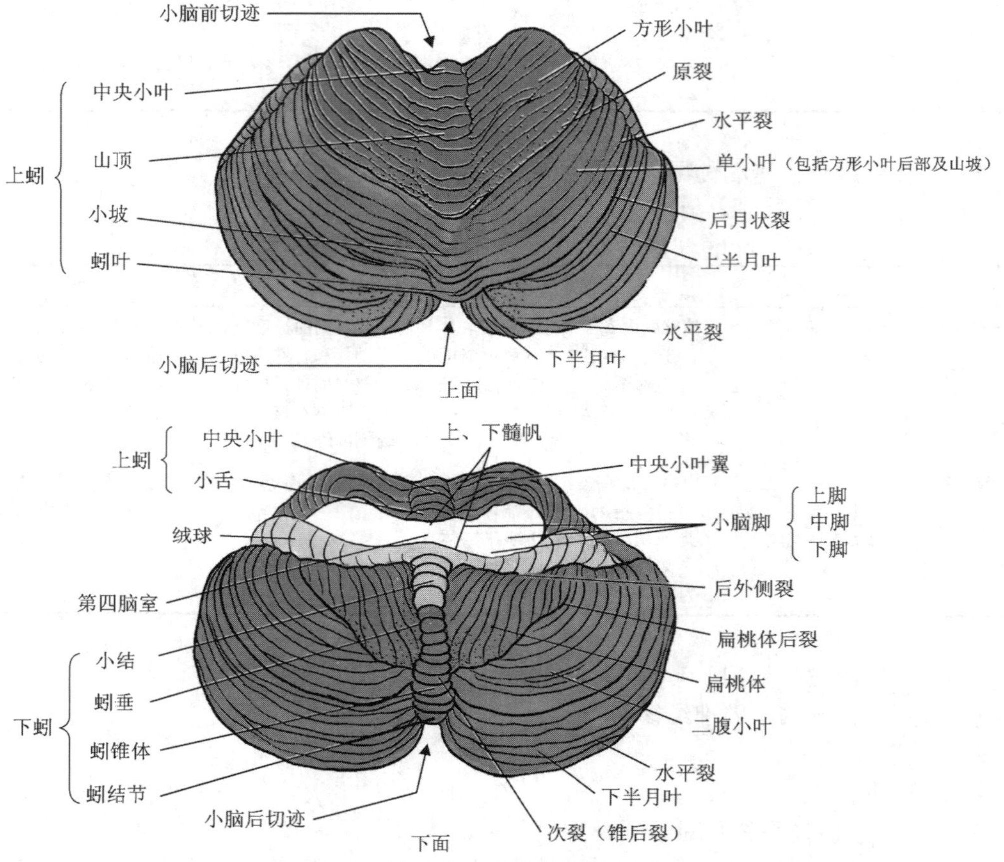

图 17-7 小脑的外形

4. 小脑的内部结构

（1）小脑皮质：位于表面，向深部凹陷形成沟，将小脑分成若干小脑叶片。

（2）小脑髓质：位于皮质深面，主要由进出小脑的纤维组成。

（3）小脑核：位于小脑髓质内，又称小脑中央核，包括顶核、球状核、栓状核和齿状核。

5. 小脑的功能

（1）原小脑（前庭小脑）：维持身体的平衡，协调眼球运动。

（2）旧小脑（脊髓小脑）：控制运动中肢体远端肌肉的张力。

（3）新小脑（大脑小脑）：控制上、下肢精准运动的起始、计划和协调。

小脑损伤的典型体征：平衡失调；共济失调；眼球震颤；意向性震颤。

（三）间脑

间脑位于脑干与端脑之间，大部分被大脑半球掩盖，仅部分腹侧面露于外部，间脑

的内腔为第三脑室。间脑包括背侧丘脑、后丘脑、底丘脑、上丘脑和下丘脑 5 个部分。

1. 背侧丘脑

（1）外形：卵圆形灰质团块；前端为丘脑前结节，后端为丘脑枕，两侧丘脑借丘脑间黏合相连。

（2）分部：以"Y"形内髓板分为前核群、内侧核群、外侧核群。其中腹后内侧核接受三叉丘系和味觉纤维。腹后外侧核接受内侧丘系、脊髓丘系（图 17-8）。

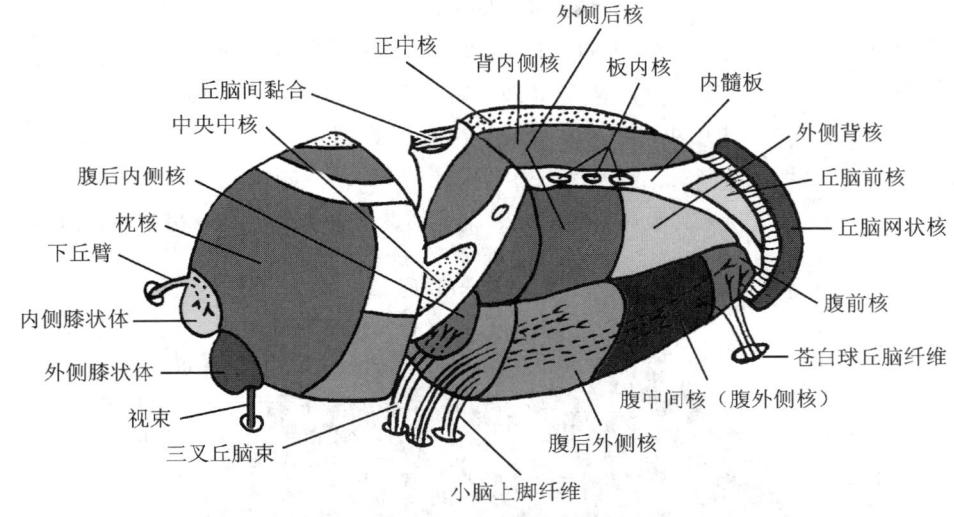

图 17-8　背侧丘脑核团模式图

2. 后丘脑（图 17-8）

（1）内侧膝状体：接受来自下丘的听觉纤维，发出听辐射至听觉中枢。

（2）外侧膝状体：接受来自视束的视觉纤维，发出视辐射至视觉中枢。

3. 底丘脑　位于中脑与间脑的过渡区，内含底丘脑核，与红核、黑质、苍白球有密切的纤维联系，参与锥体外系的功能。

4. 上丘脑　包括缰连合、缰三角、丘脑髓纹、后连合和松果体。松果体为内分泌腺，16 岁以后逐渐钙化，临床影像学上常把它作为颅内定位的标志（图 17-5）。

5. 下丘脑

（1）位置：位于背侧丘脑的前下方，构成第三脑室侧壁的下壁和底壁，后上方借下丘脑沟与背侧丘脑为界，其前端达室间孔与侧脑室相通，后端与中脑被盖相续。

（2）结构：包括视交叉、视束、灰结节、漏斗和垂体等。

（3）功能

1）神经 - 内分泌中心：完成神经 - 体液调节。

2）皮质下自主神经中枢：调节体温、摄食、生殖、水盐代谢及内分泌活动。

3）参与情绪行为反应、昼夜节律（生物钟）等。

（四）端脑

1. 端脑的外形和分叶

（1）外形：左、右大脑半球之间为纵行的大脑纵裂，纵裂的底为连接两半球宽厚的纤维束板，即胼胝体。大脑和小脑之间为大脑横裂。

（2）分叶：每个大脑半球分为上外侧面、内侧面和下面。半球内有三条恒定的沟：外侧沟、中央沟和顶枕沟，将每侧半球分为五叶：额叶、顶叶、枕叶、颞叶及岛叶。

（3）大脑半球的主要沟回：如图17-9所示。

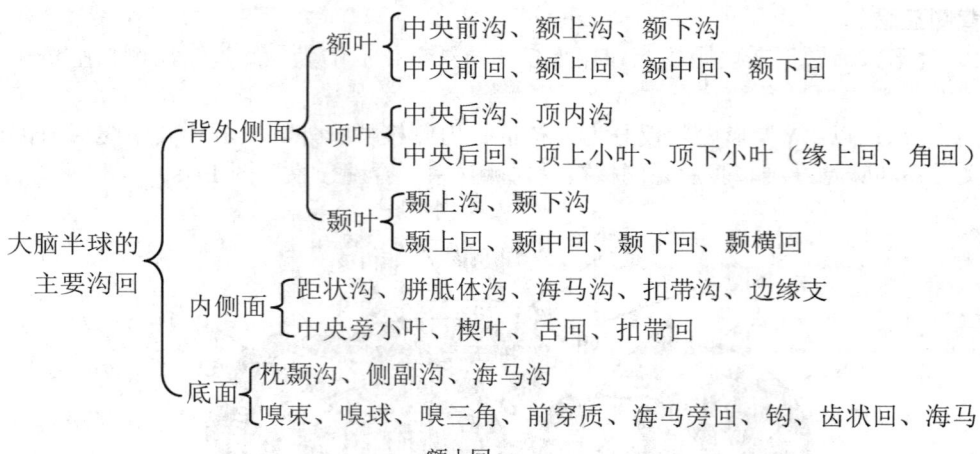

大脑半球的主要沟回
- 背外侧面
  - 额叶
    - 中央前沟、额上沟、额下沟
    - 中央前回、额上回、额中回、额下回
  - 顶叶
    - 中央后沟、顶内沟
    - 中央后回、顶上小叶、顶下小叶（缘上回、角回）
  - 颞叶
    - 颞上沟、颞下沟
    - 颞上回、颞中回、颞下回、颞横回
- 内侧面
  - 距状沟、胼胝体沟、海马沟、扣带沟、边缘支
  - 中央旁小叶、楔叶、舌回、扣带回
- 底面
  - 枕颞沟、侧副沟、海马沟
  - 嗅束、嗅球、嗅三角、前穿质、海马旁回、钩、齿状回、海马

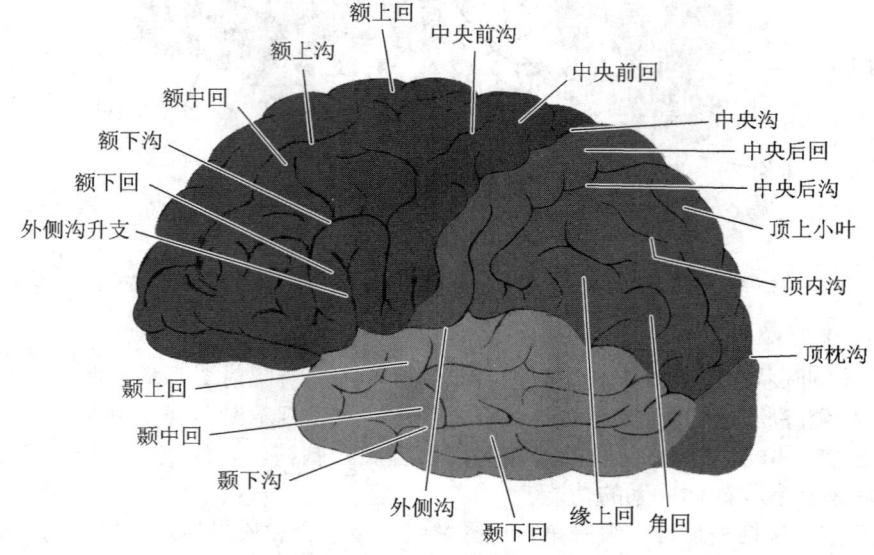

图17-9 大脑半球的主要沟回

边缘系统 limbic system：由边缘叶和与之相关的皮质和皮质下结构，包括岛叶、杏仁体、隔核、下丘脑、背侧丘脑前核群等共同组成。与内脏活动调节、情绪反应和性反应及记忆活动等有关。

2. 端脑的内部结构

（1）大脑皮质：主要功能区见表17-9。

表17-9 大脑皮质的主要功能区

中枢名称	位置	功能	损伤表现
第Ⅰ躯体运动区	中央前回、中央旁小叶前部	管理全身对侧半身骨骼肌的运动	对侧肢体、眼裂以下表情肌、舌内外肌瘫痪
第Ⅰ躯体感觉区	中央后回、中央旁小叶后部	接受全身对侧半身的浅、深感觉信息	对侧半身浅、深感觉障碍
视区	距状沟周围两侧的枕叶皮质	接受视觉信息	双眼对侧视野同向性偏盲
听区	颞横回	接受听觉信息	一侧损伤无明显听觉障碍症状

续表

中枢名称		位置	功能	损伤表现
语言中枢	书写中枢	额中回后部	主司书写功能	失写症
	运动性语言中枢（说话中枢）	额下回后部	主司说话功能	运动性失语症
	听觉性语言中枢（听话中枢）	颞上回后部	能调整自己的语言和听到、理解别人的语言	感觉性失语症
	视觉性语言中枢（阅读中枢）	角回	理解文字和认图	失读症

（2）基底核：位于白质内，靠近脑底，埋藏在大脑髓质内的灰质团块，包括4对。

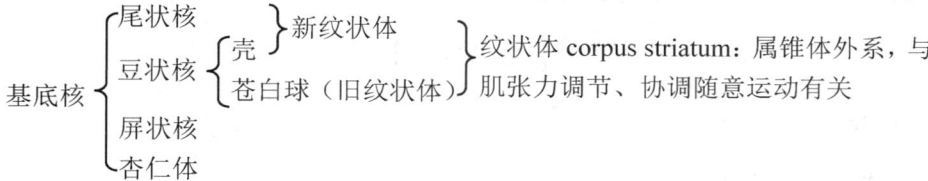

(3) 髓质

1) 联络纤维：联系同侧半球内各部分皮质的纤维。
2) 连合纤维：连接左、右大脑半球皮质的纤维。
3) 投射纤维：由联系大脑皮质与皮质下结构间的上、下行纤维组成，大部分通过内囊。
内囊 internal capsule（图 17-10）是位于丘脑、尾状核和豆状核之间的白质板。

内囊分部
- 前肢：位于豆状核与尾状核之间，有额桥束和丘脑前辐射通过
- 膝部：前、后肢汇合部，有皮质核束通过
- 后肢：位于豆状核与丘脑之间，有皮质脊髓束、皮质红核束、顶桥束、丘脑中央辐射、视辐射和听辐射通过

内囊损伤的表现：当内囊损伤时，患者会出现对侧偏身感觉丧失（丘脑中央辐射受损），对侧偏瘫（皮质脊髓束、皮质核束损伤）和双眼视野对侧同向性偏盲（视辐射受损）的"三偏"症状。

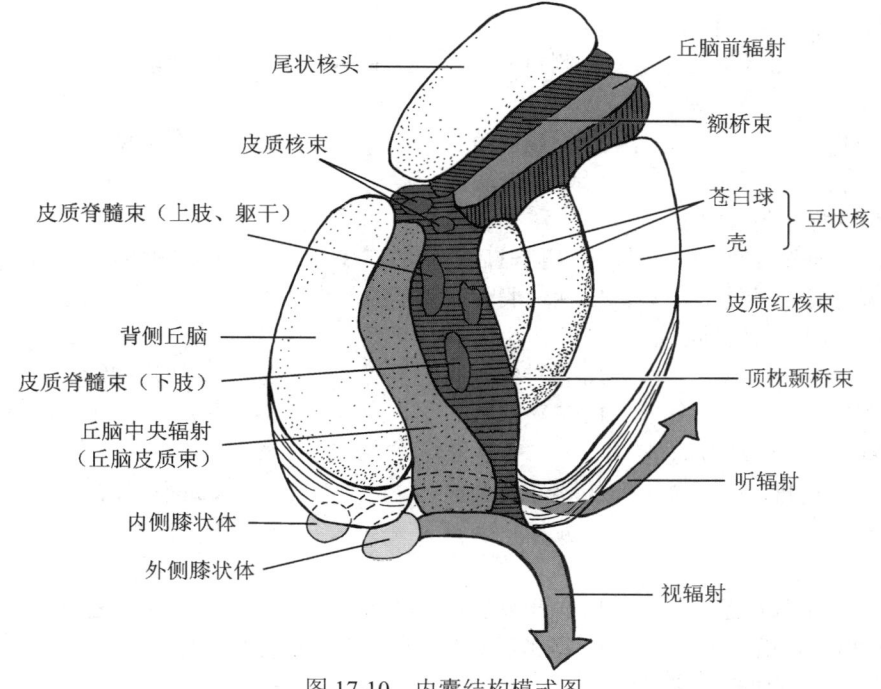

图 17-10 内囊结构模式图

（4）侧脑室

1）位置：侧脑室为大脑半球内部的腔隙，内含脑脊液。

2）分部 $\begin{cases} 中央部：位于顶叶内 \\ 前角：伸入额叶的部分 \\ 后角：伸入枕叶的部分 \\ 下角：伸入颞叶的部分 \end{cases}$

3）连通：经室间孔与第三脑室相通。

【练习题】

一、名词解释

1. 第四脑室 fourth ventricle
2. 小脑扁桃体 tonsil of cerebellum
3. 纹状体 corpus striatum
4. 内囊 internal capsule
5. 边缘系统 limbic system

二、A_1型题（单句型最佳选择题）

1. 关于薄束和楔束的描述，正确的是
   A. 第4胸节以下只有楔束　　　B. 第4胸节以上才有薄束和楔束
   C. 传导同侧躯体浅感觉　　　　D. 传导对侧躯体深感觉　　　　E. 位于前索
2. 成人脊髓末端约平对
   A. 第11胸椎下缘　　　　B. 第12胸椎下缘　　　　C. 第1腰椎下缘
   D. 第2腰椎下缘　　　　E. 第3腰椎下缘
3. 交感神经元胞体位于脊髓
   A. 前角　　　B. 后角　　　C. 侧角　　　D. 前索　　　E. 后索
4. 脊神经节位于
   A. 脊神经前根　　　　B. 脊髓前角　　　　C. 脊髓后角
   D. 脊神经后根　　　　E. 脊髓灰质
5. 腰穿定位的标志是
   A. 两侧髂前上棘的连线　　　B. 两侧髂后上棘的连线　　　C. 两侧髂结节的连线
   D. 两侧髂嵴最高点的连线　　E. 两侧股骨大转子的连线
6. 经延髓脑桥沟出入的神经是
   A. 面神经　　　　B. 舌神经　　　　C. 迷走神经
   D. 舌下神经　　　E. 三叉神经
7. 不属于特殊内脏运动核的是
   A. 三叉神经运动核　　　B. 滑车神经核　　　C. 面神经核
   D. 副神经核　　　　　　E. 疑核
8. 菱形窝
   A. 位于脑桥和中脑背面　　　B. 位于延髓和脑桥腹面　　　C. 上部两边界为小脑下脚
   D. 下部两边界为小脑上脚　　E. 窝底正中沟与界沟之间称内侧隆起
9. 属于一般内脏运动核的核团是
   A. 迷走神经背核　　　B. 面神经核　　　C. 前庭神经核

D. 孤束核　　　　　　　　E. 展神经核
10. 管理腮腺分泌的核团是
A. 迷走神经背核　　　　　B. 孤束核　　　　　　　　C. 上泌涎核
D. 下泌涎核　　　　　　　E. 疑核
11. 下列何者不属于脑神经核
A. 动眼神经核　　　　　　B. 孤束核　　　　　　　　C. 疑核
D. 红核　　　　　　　　　E. 下泌涎核
12. 上泌涎核发出的纤维加入哪对脑神经
A. 动眼神经　　　　　　　B. 舌咽神经　　　　　　　C. 面神经
D. 舌下神经　　　　　　　E. 展神经
13. 从脑干背面出脑的脑神经是
A. 舌咽神经　　　　　　　B. 动眼神经　　　　　　　C. 滑车神经
D. 面神经　　　　　　　　E. 迷走神经
14. 面神经丘深面的脑神经核是
A. 面神经核　　　　　　　B. 滑车神经核　　　　　　C. 展神经核
D. 迷走神经背核　　　　　E. 舌下神经核
15. 小脑
A. 位于颅中窝　　　　　　　　　　　B. 上面与大脑枕叶直接相贴
C. 小脑扁桃体位于小脑半球的后方　　D. 绒球属新小脑　　　　E. 借上脚与中脑联系
16. 下列何结构不属于小脑的核团
A. 栓状核　　　　　　　　B. 齿状核　　　　　　　　C. 屏状核
D. 顶核　　　　　　　　　E. 球状核
17. 属前庭小脑的结构是
A. 小脑后叶　　　　　　　B. 小脑体　　　　　　　　C. 小脑蚓
D. 绒球小结叶　　　　　　E. 前叶
18. 不属于上丘脑的结构是
A. 缰连合　　　　　　　　B. 缰三角　　　　　　　　C. 丘脑间黏合
D. 丘脑髓纹　　　　　　　E. 松果体
19. 背侧丘脑腹后内侧核接受的纤维束是
A. 三叉丘系　　　　　　　B. 内侧丘系　　　　　　　C. 脊髓丘脑束
D. 听辐射　　　　　　　　E. 视辐射
20. 外侧膝状体是
A. 深部感觉的皮质下中枢　　B. 痛、温觉的皮质下中枢　　C. 自主神经的皮质下中枢
D. 听觉的皮质下中枢　　　　E. 视觉传导通路的中继核
21. 与神经内分泌有关的核是
A. 乳头体核　　　　　　　B. 室旁核　　　　　　　　C. 顶核
D. 底丘脑核　　　　　　　E. 板内核
22. 间脑包括
A. 上丘脑　　　　　　　　B. 底丘脑　　　　　　　　C. 背侧丘脑
D. 后丘脑和下丘脑　　　　E. 以上全部都是
23. 松果体位于间脑的哪个部位
A. 下丘脑　　　　　　　　B. 丘脑　　　　　　　　　C. 后丘脑
D. 上丘脑　　　　　　　　E. 底丘脑

24. 关于纹状体的叙述，错误的是
A. 尾状核与豆状核合称纹状体　　　　　　B. 豆状核分壳和苍白球两部分
C. 尾状核和苍白球合称新纹状体　　　　　D. 纹状体控制肌张力　　E. 苍白球即旧纹状体
25. 距状沟两侧的皮质接受
A. 背侧丘脑前核群的纤维　　　　　　　　B. 背侧丘脑腹后外侧核的纤维
C. 背侧丘脑腹后内侧核的纤维　　　　　　D. 内侧膝状体的纤维　　E. 外侧膝状体的纤维
26. 视觉性语言中枢位于
A. 优势半球额中回后部　　　B. 优势半球距状沟两侧　　　C. 优势半球额下回后部
D. 优势半球顶叶角回　　　　E. 以上都不是
27. 基底核不包括
A. 尾状核　　　B. 豆状核　　　C. 屏状核　　　D. 杏仁体　　　E. 视上核
28. 位于大脑外侧沟深面的是
A. 额叶　　　　B. 颞叶　　　　C. 枕叶　　　　D. 岛叶　　　　E. 额叶
29. 经过内囊膝的传导束是
A. 丘脑前辐射　　　　　　　B. 皮质核束　　　　　　　　C. 丘脑中央辐射
D. 枕桥束　　　　　　　　　E. 皮质红核束
30. 关于侧脑室的描述，正确的是
A. 在下角内有海马的隆起　　　　　　　　B. 各部都有脉络丛
C. 借室间孔与第4脑室直接相通　　　　　D. 后角向后伸入顶叶　　E. 无上述情况

三、A_2型题（病例摘要型最佳选择题）

1. 患者，男性，18岁。因发热、呕吐入院，血常规显示白细胞总数与中性粒细胞比例增加，疑为流行性脑膜炎，拟行腰椎穿刺抽取脑脊液进行化验，腰椎穿刺应在哪里进行
A. 第1腰椎以上　　　　　　　　　　　　B. 第1～2或2～3腰椎
C. 第2～3或3～4腰椎　　　　　　　　　D. 第3～4或4～5腰椎
E. 第4～5腰椎两侧髂嵴的连线
2. 患者，男性，50岁。因车祸急诊入院，CT显示椎体骨折、脊髓后索受损，患者最有可能出现的症状是
A. 闭眼能确定关节的位置　　　　　　　　B. 闭眼能维持身体直立不摇晃
C. 闭眼不能确定各关节的位置　　　　　　D. 闭眼能指鼻准确
E. 受损的对侧有痛觉障碍
3. 患者，男性，50岁。因车祸急诊入院，CT显示椎体骨折、脊髓第2胸节右侧后索损伤，患者最有可能出现的症状是
A. 同侧半身胸骨角平面以下深感觉和精细触觉丧失
B. 同侧半身胸骨角平面以下痛、温觉和粗触觉丧失
C. 同侧半身乳头平面以下深感觉和精细触觉丧失
D. 同侧半身乳头平面以下痛、温觉和粗触觉丧失
E. 上述情况均不对
4. 患者，男性，50岁。因车祸急诊入院，经CT检查后发现椎体骨折、右侧C_5～T_2后角受损，患者最有可能出现的症状是
A. 病变水平以下的对侧肢体所有感觉缺失或减退
B. 病变水平以下同侧肢体所有感觉缺失或减退
C. 右上肢所有感觉减退或缺失

D. 右上肢痛、温觉减退或缺失而触觉和深感觉保留
E. 左上肢痛、温觉减退或缺失而触觉和深感觉保留
5. 患儿2岁，患小儿麻痹症，该症是由于病毒侵犯
   A. 脊髓前角 B. 脊髓后角 C. 周围神经
   D. 中枢神经 E. 脊髓中间带
6. 患者发热、头痛1周后，右眼睑下垂，说话不清楚，逐渐出现吞咽困难及声音嘶哑，进而出现左侧上、下肢运动障碍，检查发现：右侧瞳孔散大，右眼不能外展，口角歪向左侧，伸舌时舌尖偏向右侧，左半身痛、温觉丧失，左侧上、下肢瘫痪，原因可能是
   A. Horner综合征 B. 内囊出血 C. 小脑扁桃体疝
   D. 右侧半脑干脑炎 E. 脊髓前角灰质炎
7. 患者出现右眼视野鼻侧半和左眼颞侧半偏盲，可能是下述何结构损伤所致
   A. 左侧视辐射或视束 B. 右侧视辐射或视束
   C. 视交叉外侧部的不交叉纤维 D. 视交叉内侧部的交叉纤维 E. 右侧视神经
8. 患者劳动时突然昏倒，意识恢复后，发现右侧上、下肢瘫痪，检查见右侧肢体张力增强，腱反射亢进，右半身深感觉和浅感觉丧失，右侧视野同向性偏盲，损伤下列何结构可出现上述情况
   A. 左侧脑桥 B. 左大脑皮质 C. 左侧内囊 D. 左侧中脑 E. 右侧内囊
9. 医生在为儿童检查时，发现患儿出现挤眉弄眼、身体不协调运动等表现，诊断为"舞蹈症"，这是下列何结构损伤所造成的
   A. 扣带回 B. 额上回 C. 苍白球 D. 屏状核 E. 新纹状体
10. 患者颅内肿瘤，医生对患者进行检查时，发现患者走路出现"醉酒"步态，眼球运动不协调，是肿瘤压迫了下列何结构
    A. 原小脑 B. 旧小脑 C. 新小脑 D. 海马 E. 苍白球

四、B$_1$型题（标准配伍题）

（1～2题共用备选答案）
A. 薄束和楔束 B. 皮质脊髓前束 C. 皮质脊髓侧束
D. 脊髓丘脑侧束 E. 以上都不是
1. 位于后索的纤维束是
2. 位于前索的纤维束是

（3～4题共用备选答案）
A. 第1腰椎下缘 B. 第1腰椎上缘 C. 第3～4腰椎
D. 第2腰椎下缘 E. 第1～2腰椎
3. 成人脊髓下端平对
4. 成人腰椎穿刺抽取脑脊液的部位是

（5～8题共用备选答案）
A. 距状沟周围皮质 B. 中央前回和中央旁小叶前部 C. 颞上回后部
D. 额中回后部 E. 中央后回和中央旁小叶后部
5. 患者出现对侧半躯体运动障碍是损伤
6. 患者出现双眼对侧半同向性偏盲是损伤
7. 患者出现写而非字是损伤
8. 患者出现听而不解其意是损伤

（9～10题共用备选答案）

A. 豆状核　　　B. 顶核　　　C. 薄束核　　　D. 楔束核　　　E. 红核

9. 属于基底核的是
10. 属于小脑核的是

五、思考题

患者，男性，67岁。在家中突然昏倒，意识恢复后，发现右侧上、下肢运动障碍，右侧口角低垂、流涎，急送入院。检查见右侧鼻唇沟消失，口角低垂、流涎。右侧肢体肌张力增强，腱反射亢进，右半身深感觉和浅感觉丧失，双眼右侧视野偏盲。影像学检查诊断为"内囊出血"。

问题：

1. 何谓内囊？
2. 有哪些传导束经过内囊？
3. 供应内囊的动脉是什么？来源于哪条动脉的分支？

【参考答案】

一、名词解释

1. 第四脑室 fourth ventricle：位于小脑前方，脑桥和延髓上半部的背方，其上连中脑水管，下接延髓中央管，第四脑室底为菱形窝。第四脑室借脉络组织上的一个正中孔和两侧孔与蛛网膜下隙相通。
2. 小脑扁桃体 tonsil of cerebellum：是小脑半球下面前内侧的膨大部，紧邻延髓和枕骨大孔的两侧。当颅内压增高时，小脑扁桃体可被挤压入枕骨大孔，形成枕骨大孔疝（或称小脑扁桃体疝），压迫延髓内的呼吸中枢和心血管运动中枢，危及生命。
3. 纹状体 corpus striatum：由尾状核和豆状核组成，其前端互相连接。尾状核和壳合称新纹状体，苍白球称旧纹状体。纹状体是锥体外系的重要组成部分，在调节躯体运动中起重要作用。
4. 内囊 internal capsule：是位于尾状核、背侧丘脑与豆状核之间的白质板。水平切面上，内囊呈一向外开放的"V"形，分为内囊前肢、内囊后肢和内囊膝三部分。
5. 边缘系统 limbic system：由边缘叶和与之相关的皮质和皮质下结构，包括岛叶、杏仁体、隔核、下丘脑、背侧丘脑前核群等共同组成。与内脏活动调节、情绪反应和性反应及记忆活动等有关。

二、A_1型题（单句型最佳选择题）

1. B　2. C　3. C　4. D　5. D　6. A　7. B　8. E　9. A　10. D　11. D　12. C　13. C　14. C　15. E　16. C　17. D　18. C　19. A　20. E　21. B　22. E　23. D　24. C　25. E　26. D　27. E　28. D　29. B　30. A

三、A_2型题（病例摘要型最佳选择题）

1. D　2. C　3. A　4. E　5. A　6. D　7. B　8. C　9. E　10. A

四、B_1型题（标准配伍题）

1. A　2. B　3. A　4. C　5. B　6. A　7. D　8. C　9. A　10. B

五、思考题（略）

（陈媛丽　巴迎春）

第十八章　周围神经系统

【实验目的】

一、知识目标

1. 能够阐述脊神经的构成、纤维成分和主要分支。
2. 能够描述颈丛、臂丛、腰丛、骶丛的组成、位置、主要分支、分布范围和损伤表现。
3. 能够说明脑神经的名称、序号、纤维成分、性质、连脑部位及分布概况。
4. 能够进行躯体运动神经与内脏运动神经的比较；交感神经与副交感神经的比较。
5. 能够说出内脏神经的分布概况。

二、技能目标

1. 能够辨认颈丛、臂丛、腰丛、骶丛的位置及主要分支。
2. 能够辨认脑神经的连脑部位。

三、情感、态度和价值观目标

能够通过神经损伤的表现定位损伤部位，认识疾病发生因果联系的医学哲学原理。

【实验内容】

一、脊神经

（一）脊神经的概述

1. 脊神经的构成、分部和纤维成分

（1）脊神经的构成、分部：脊神经共有 31 对，每对脊神经连于一个脊髓节段。每对脊神经借前根连于脊髓前外侧沟；借后根连于脊髓后外侧沟。前根属运动性，后根属感觉性，前根和后根在椎间孔合成脊神经，经椎间孔出椎管。脊神经后根近椎间孔处有脊神经节 spinal ganglion，属感觉神经节（表 18-1）。

表 18-1　脊神经的分部及穿椎间孔部位

名称	序数	穿椎间孔部位
颈神经	$C_1 \sim C_8$	C_1 穿枕骨与寰椎间；$C_2 \sim C_7$ 穿同序数颈椎上方的椎间孔；C_8 穿第 7 颈椎下方的椎间孔
胸神经	$T_1 \sim T_{12}$	同序数胸椎下方的椎间孔
腰神经	$L_1 \sim L_5$	同序数腰椎下方的椎间孔
骶神经	$S_1 \sim S_5$	$S_1 \sim S_4$ 穿同序数骶前、后孔；S_5 穿骶管裂孔
尾神经	Co	骶管裂孔

（2）脊神经的性质及纤维成分：脊神经是混合性神经，含有四种纤维成分。

1）躯体运动纤维：支配躯干、四肢骨骼肌的随意运动。

2）内脏运动纤维：支配心肌、平滑肌的运动和腺体的分泌。

3）躯体感觉纤维：分布于全身皮肤、骨骼肌、肌腱和关节等，将皮肤的浅感觉和肌、肌腱、关节的深感觉冲动传入中枢等。

4）内脏感觉纤维：分布于内脏、心血管和腺体，将内脏感觉冲动传入中枢等。

2. 脊神经的分支

（1）前支：粗大，为混合性，分布于躯干前外侧和四肢的肌肉及皮肤等。除胸神经前支保持原有的节段性走行和分布，其余各部脊神经分支分别交织成丛，形成4个神经丛，即颈丛、臂丛、腰丛和骶丛。

（2）后支：较细，混合性。肌支分布于项、背、腰、骶部的深层肌，皮支分布于枕、项、背、腰、骶及臀部的皮肤。

（3）交通支：连于脊神经与交感干之间的细支。发自脊神经、连于交感干为白交通支，发自交感干、连于脊神经为灰交通支。

（4）脊膜支：分布于脊髓的被膜和血管、骨膜、椎间盘和韧带等处。

（二）颈丛

1. 颈丛的组成和位置 颈丛由$C_1 \sim C_4$前支构成，位于胸锁乳突肌上部的深面，中斜角肌和肩胛提肌前方（图18-1）。

2. 颈丛的分支

（1）皮支：在胸锁乳突肌后缘中点附近，颈丛皮支集中穿出至浅筋膜内，其穿出部位是颈部浅层结构浸润麻醉的阻滞点。主要分支有：

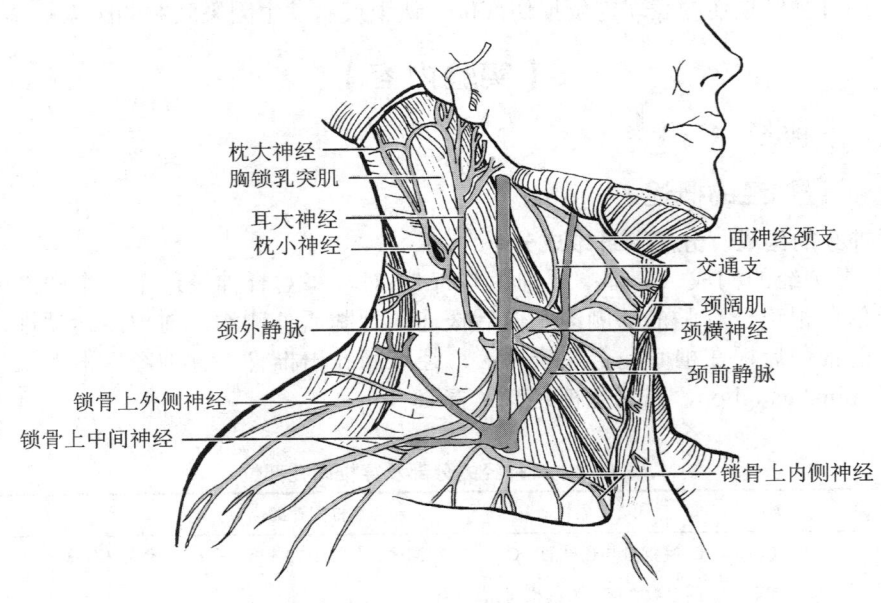

图18-1 颈丛皮支分布

1）枕小神经：沿胸锁乳突肌后缘上升，分布于枕部及耳郭背面上部的皮肤。

2）耳大神经：沿胸锁乳突肌表面行向前上，至耳郭及其附近的皮肤。

3）颈横神经：横过胸锁乳突肌浅面向前，分布于颈部皮肤。

4）锁骨上神经：向外下方分为内、中、外3支，分布于颈外侧、胸壁上部和肩部的皮肤。

（2）肌支：主要支配颈部深层肌、肩胛提肌、舌骨下肌群和膈。

（3）膈神经：是颈丛最重要的分支，属混合性。

1）行程：颈丛（$C_3 \sim C_5$）发出经前斜角肌前面，在穿锁骨下动、静脉之间经胸廓上口入胸腔，经肺根前方下降，在纵隔胸膜与心包之间下降至膈。

2）分部
- 运动纤维：支配膈肌
- 感觉纤维：分布于心包、膈胸膜和膈下中央部的腹膜。右膈神经的感觉性纤维分布于肝、胆囊和肝外胆道的浆膜

3）损伤表现：同侧半膈肌瘫痪，腹式呼吸减弱或消失。

（三）臂丛

1. 臂丛的组成和位置

（1）组成：臂丛由 $C_5 \sim C_8$ 前支和 T_1 前支的大部分组成（图 18-2）。

（2）行程：穿斜角肌间隙，分为上、中、下三干，于锁骨中段后方，每干分前、后两股，经腋窝后形成内、外侧束和后束。臂丛在锁骨中点后方，比较集中，位置表浅，常作为臂丛阻滞麻醉的部位。

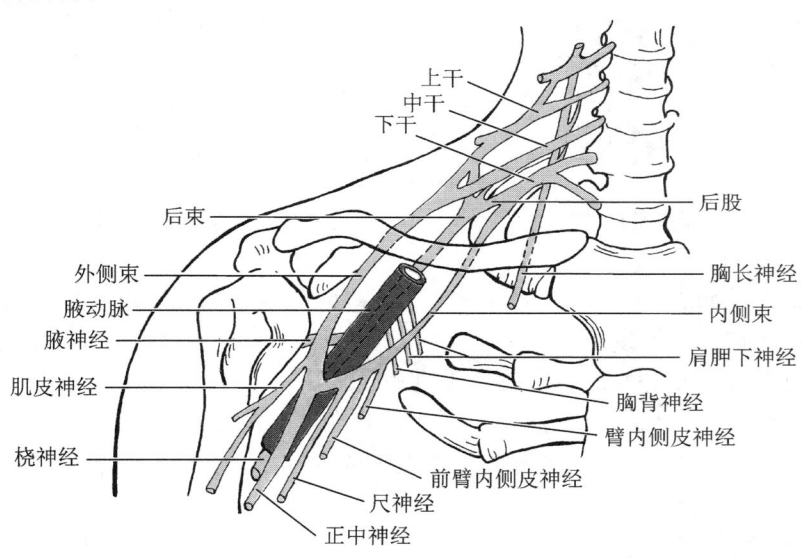

图 18-2 臂丛组成示意图

2. 臂丛的主要分支（图 18-3、图 18-4）

（1）胸长神经：起自神经根，支配前锯肌。损伤此神经可导致前锯肌瘫痪，出现"翼状肩"。

（2）胸背神经：起自后束，支配背阔肌。在乳腺癌根治术中，清除腋淋巴结群时，应注意勿损伤此神经。

（3）腋神经

1）行程：发自臂丛后束，穿四边孔，绕肱骨外科颈，达三角肌深面。

2）分部
- 肌支：支配三角肌和小圆肌
- 皮支（臂外侧上皮神经）：分布于肩部和臂外侧区上部皮肤

3）损伤表现：三角肌瘫痪，出现臂不能外展等运动障碍和三角肌区感觉障碍。三角肌萎缩可出现"方肩"畸形。肱骨外科颈骨折、肩关节脱位和使用腋杖不当等，都可能损伤腋神经。

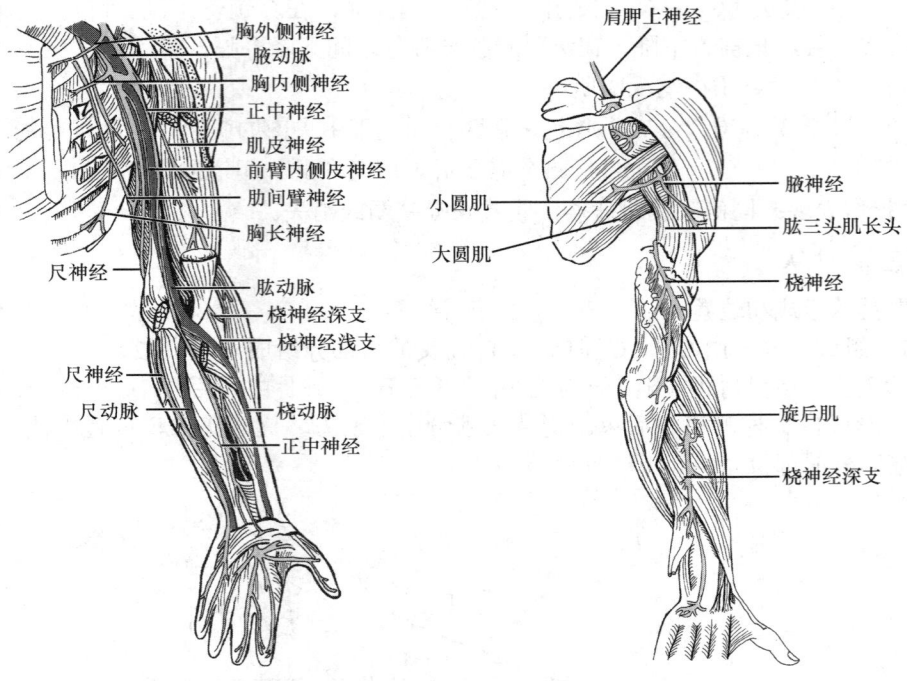

图 18-3　上肢前面的神经　　　　图 18-4　上肢后面的神经

（4）肌皮神经

1）行程：发自臂丛外侧束，斜穿喙肱肌，经肱二头肌和肱肌间下降，其终支在肘关节稍下方延续为前臂外侧皮神经。

2）分部 { 肌支：支配喙肱肌、肱二头肌和肱肌
皮支（前臂外侧皮神经）：分布于前臂外侧的皮肤

3）损伤表现：屈肘无力，前臂外侧皮肤感觉障碍。肱骨骨折和肩关节损伤常合并肌皮神经损伤。

（5）正中神经

1）行程：发自臂丛内、外侧束，沿肱二头肌内侧沟下行至肘窝，穿旋前圆肌及前臂正中指浅、深屈肌之间，穿腕管，达手部。

2）分部 { 肌支：支配除肱桡肌、尺侧腕屈肌和指深屈肌尺侧半以外的前臂前群肌和拇收肌以外的鱼际肌及第1、2蚓状肌
皮支：分布于手的桡侧三个半指的掌面及其中节和远节手指背面的皮肤

3）损伤表现：前臂不能旋前，屈腕力减弱；握拳时拇、中、示指不能屈，拇指不能对掌，呈"猿掌"畸形，并伴正中神经分布区感觉障碍。前臂和腕部外伤时易损伤正中神经。

（6）尺神经

1）行程：发自臂丛内侧束，沿肱动脉内侧下行，绕肱骨尺神经沟、伴尺血管，达手部。

2）分部 { 肌支：支配尺侧腕屈肌、指深屈肌的尺侧半和小鱼际肌、拇收肌、骨间肌及第3、4蚓状肌
皮支：分布于手背尺侧半和小指、环指及中指尺侧半背面皮肤，以及小鱼际、小指和环指尺侧半掌面的皮肤

3）损伤表现：屈腕力减弱，环指和小指远节不能屈，小鱼际肌萎缩，拇指不能内收，

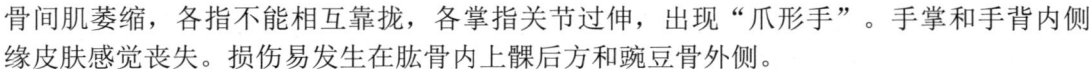

骨间肌萎缩，各指不能相互靠拢，各掌指关节过伸，出现"爪形手"。手掌和手背内侧缘皮肤感觉丧失。损伤易发生在肱骨内上髁后方和豌豆骨外侧。

（7）桡神经

1) 行程：发自臂丛后束，沿肱骨桡神经沟，在肱骨外上髁前方分浅、深两支，经前臂达手背。

2) 分部
- 肌支：支配肱三头肌、肱桡肌和前臂后群肌
- 皮支：分布于臂和前臂背面皮肤及手背桡侧半、桡侧两个半手指近节背面的皮肤

3) 损伤表现：不能伸腕、伸肘、伸指，呈"垂腕"征。感觉障碍以第 1、2 掌骨间背面"虎口区"皮肤最为明显。肱骨中段骨折和桡骨颈骨折时易损伤。

（四）胸神经前支

1. 组成及分支　胸神经前支没有构成神经丛，借交通支与交感神经通连，有 12 对。

（1）肋间神经：11 对，位于肋间隙内。

（2）肋下神经：位于第 12 肋的下方。

2. 分部

（1）肌支：支配肋间肌和腹肌的前外侧群。

（2）皮支：分布于胸、腹壁的皮肤和壁胸膜、壁腹膜。

3. 胸神经前支的节段性　胸神经前支在胸、腹壁皮肤的节段性分布最为明显。临床常以节段性分布区的感觉障碍来推断损伤平面的位置（表 18-2）。

表 18-2　胸神经前支的节段性分布规律

脊髓节段	对应平面
T_2	胸骨角平面
T_4	乳头平面
T_6	剑突平面
T_8	肋弓平面
T_{10}	脐平面
T_{12}	脐与耻骨联合连线中点的平面

（五）腰丛

1. 腰丛的组成和位置

（1）组成：由 T_{12} 前支一部分、$L_1 \sim L_3$ 前支及 L_4 前支一部分构成（图 18-5）。

（2）位置：位于腰大肌深面，腰椎横突前方。

2. 腰丛的分支

1) 髂腹下神经：皮支分布于耻骨区皮肤；肌支支配腹内、外斜肌和腹横肌。

2) 髂腹股沟神经：分布于腹股沟部、阴囊或大阴唇皮肤；肌支支配腹壁肌。

3) 股外侧皮神经：分布于大腿前外侧皮肤。

4) 股神经：腰大肌与髂肌之间下行，经腹股沟韧带深面、股动脉外侧至股三角。

分部
- 肌支：支配髂肌、股四头肌、缝匠肌和耻骨肌
- 皮支：分布于股前部和膝关节前面的皮肤。隐神经分布于髌下、小腿内侧面和足内侧缘的皮肤

损伤表现：屈髋无力，髌骨突出；坐位时不能伸膝，行走困难，膝跳反射消失，大腿前面和小腿内侧面皮肤感觉障碍。

5）闭孔神经：腰大肌外侧缘穿出，穿闭膜管出盆腔至股内侧区。

分部 { 肌支：支配闭孔外肌、长收肌、短收肌、大收肌和股薄肌
      皮支：分布于大腿内侧面的皮肤及髋关节、膝关节

损伤表现：大腿不能内收，且外旋、内旋无力；大腿内侧上部感觉障碍。

6）生殖股神经：生殖支分布于提睾肌和阴囊（随子宫圆韧带分布于大阴唇）；股支分布于股三角区的皮肤。

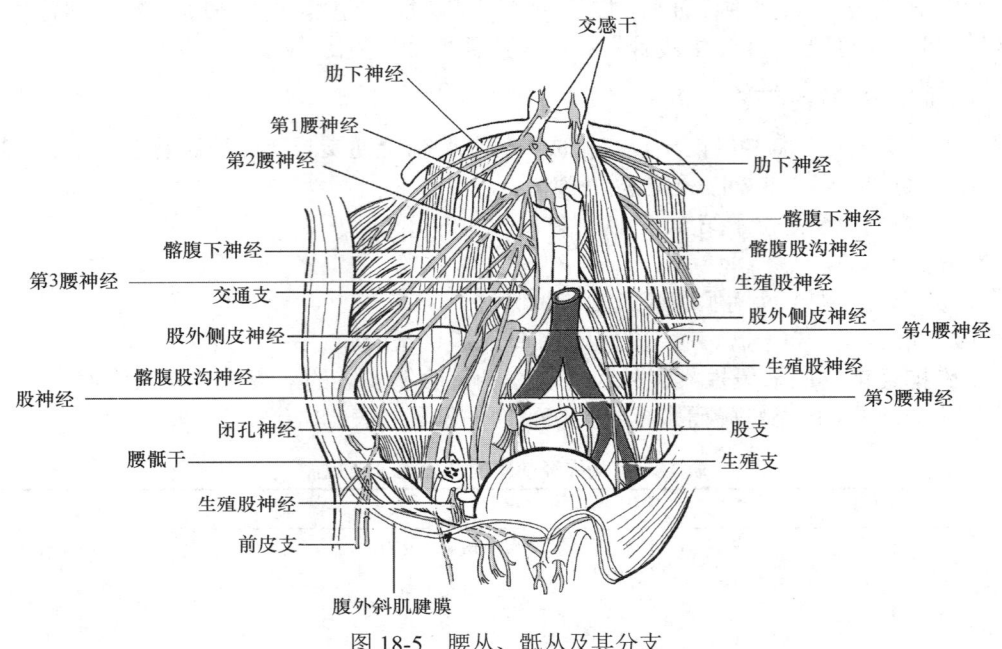

图18-5 腰丛、骶丛及其分支

（六）骶丛

1. 骶丛的组成和位置

（1）组成：由腰骶干（L_4前支的一部分和L_5前支合成）、全部骶神经和尾神经的前支构成。

（2）位置：位于盆腔内，骶骨和梨状肌前面，髂血管后方。

2. 骶丛的分支

1）臀上神经：支配臀中肌、臀小肌和阔筋膜张肌。

2）臀下神经：支配臀大肌。

3）股后皮神经：分布于臀区、股后区和腘窝的皮肤。

4）阴部神经：伴阴部内血管，出梨状肌下孔，绕坐骨棘经坐骨小孔，入坐骨肛门窝的阴部管，分布于会阴、外生殖器。

分支 { 肛神经：分布于肛门外括约肌及肛门部的皮肤
      会阴神经：分布于会阴诸肌和阴囊或大阴唇的皮肤
      阴茎（阴蒂）背神经：分布于阴茎或阴蒂的海绵体和皮肤

5）坐骨神经（图18-6）：出梨状肌下孔，经臀大肌深面、坐骨结节与股骨大转子之间，于股二头肌长头深面下降，在腘窝上角处分胫神经和腓总神经，最后至小腿和足。

分支及损伤表现
- 股后部神经：分支支配股后群肌
- 胫神经：支配小腿后群肌、足底肌及相应部位的皮肤。损伤表现：踝关节不能跖屈，足趾不能屈，形成"钩状足"
- 腓总神经：分为腓浅神经和腓深神经。腓浅神经支配小腿外侧群肌，分布于小腿外侧、足背和第2~5趾背侧皮肤；腓深神经支配小腿前群肌、足背肌，分布于第1、2趾背面的相对缘皮肤。损伤表现：足不能背屈，足趾不能伸，足下垂且内翻，呈"马蹄内翻足"

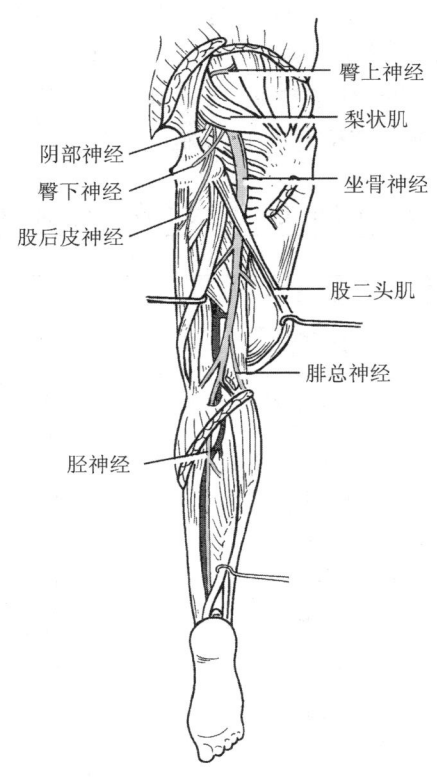

图18-6 下肢后面的神经

二、脑神经

脑神经是与脑相连的周围神经，共12对，其排列顺序通常用罗马数字表示。

（一）脑神经的顺序及名称

Ⅰ嗅神经；Ⅱ视神经；Ⅲ动眼神经；Ⅳ滑车神经；Ⅴ三叉神经；Ⅵ展神经；Ⅶ面神经；Ⅷ前庭蜗神经；Ⅸ舌咽神经；Ⅹ迷走神经；Ⅺ副神经；Ⅻ舌下神经。

口诀：Ⅰ嗅Ⅱ视Ⅲ动眼，Ⅳ滑Ⅴ叉Ⅵ外展；Ⅶ面Ⅷ听Ⅸ舌咽，迷副舌下神经全。

（二）脑神经连脑的部位

口诀：Ⅰ端Ⅱ间Ⅲ、Ⅳ中，中四（Ⅴ、Ⅵ、Ⅶ、Ⅷ）连桥，后四（Ⅸ、Ⅹ、Ⅺ、Ⅻ）延。

（三）脑神经的纤维成分和性质

1. 纤维成分
   - 感觉纤维
     - 一般躯体感觉纤维：分布于皮肤、肌腱和大部分口、鼻腔黏膜
     - 特殊躯体感觉纤维：分布于视器、前庭蜗器等特殊感受器
     - 一般内脏感觉纤维：分布于头、颈和胸、腹腔内脏器官
     - 特殊内脏感觉纤维：分布于嗅器、味蕾
   - 运动纤维
     - 躯体运动纤维：支配眼外肌、舌肌
     - 特殊内脏运动纤维：支配咀嚼肌、面肌、咽喉肌等（鳃弓肌）
     - 一般内脏运动纤维：支配平滑肌、心肌的运动和腺体的分泌

2. 脑神经的性质（依神经纤维成分定性）
   - 感觉性脑神经：Ⅰ、Ⅱ、Ⅷ
   - 运动性脑神经：Ⅲ、Ⅳ、Ⅵ、Ⅺ、Ⅻ
   - 混合性脑神经：Ⅴ、Ⅶ、Ⅸ、Ⅹ

脑神经的名称、性质、连脑部位及进出颅部位见表18-3。

表 18-3　脑神经的名称、性质、连脑部位及进出颅部位

顺序及名称	性质	连脑部位	进出颅部位
Ⅰ嗅神经	感觉性	端脑	筛孔
Ⅱ视神经	感觉性	间脑	视神经管
Ⅲ动眼神经	运动性	中脑	眶上裂
Ⅳ滑车神经	运动性	中脑	眶上裂
Ⅴ三叉神经			
眼神经	感觉性	脑桥	眶上裂
上颌神经	感觉性	脑桥	圆孔
下颌神经	混合性	脑桥	卵圆孔
Ⅵ展神经	运动性	脑桥	眶上裂
Ⅶ面神经	混合性	脑桥	内耳门、茎乳孔
Ⅷ前庭蜗神经	感觉性	脑桥	内耳门
Ⅸ舌咽神经	混合性	延髓	颈静脉孔
Ⅹ迷走神经	混合性	延髓	颈静脉孔
Ⅺ副神经	运动性	延髓	颈静脉孔
Ⅻ舌下神经	运动性	延髓	舌下神经管

（四）感觉性脑神经（表18-4）

表 18-4　感觉性脑神经

顺序及名称	纤维成分	终止核	连脑部位	进出颅部位	分布	损伤症状
Ⅰ嗅神经	特殊内脏感觉	嗅球	端脑	筛孔	鼻腔嗅黏膜	嗅觉障碍
Ⅱ视神经	特殊躯体感觉	外侧膝状体	间脑	视神经管	眼球视网膜	视觉障碍
Ⅷ前庭蜗神经	特殊躯体感觉 特殊躯体感觉	前庭神经核 蜗神经核	脑桥	内耳门	壶腹嵴、椭圆囊斑和球囊斑 螺旋器	眩晕、眼球震颤等 听力障碍

（五）运动性脑神经（表 18-5）

表 18-5 运动性脑神经

顺序及名称	纤维成分	起始核	连脑部位	进出颅部位	分布	损伤症状
Ⅲ动眼神经	躯体运动	动眼神经核	中脑	眶上裂	上、下、内直肌，下斜肌、上睑提肌	眼外斜视、上睑下垂
	一般内脏运动（副交感）	动眼神经副核			瞳孔括约肌、睫状肌	瞳孔对光及调节反射消失
Ⅳ滑车神经	躯体运动	滑车神经核	中脑	眶上裂	上斜肌	眼不能外下斜视
Ⅵ展神经	躯体运动	展神经核	脑桥	眶上裂	外直肌	眼内斜视
Ⅺ副神经	特殊内脏运动	疑核（延髓部）	延髓	颈静脉孔	咽喉肌	咽喉肌功能障碍
	躯体运动	副神经核（脊髓部）			胸锁乳突肌、斜方肌	一侧胸锁乳突肌瘫痪，头不能转向对侧
Ⅻ舌下神经	躯体运动	舌下神经核	延髓	舌下神经管	舌肌	舌肌瘫痪，伸舌时舌尖偏向患侧

（六）混合性脑神经

1. 三叉神经

（1）性质：为混合性神经（图 18-7）。

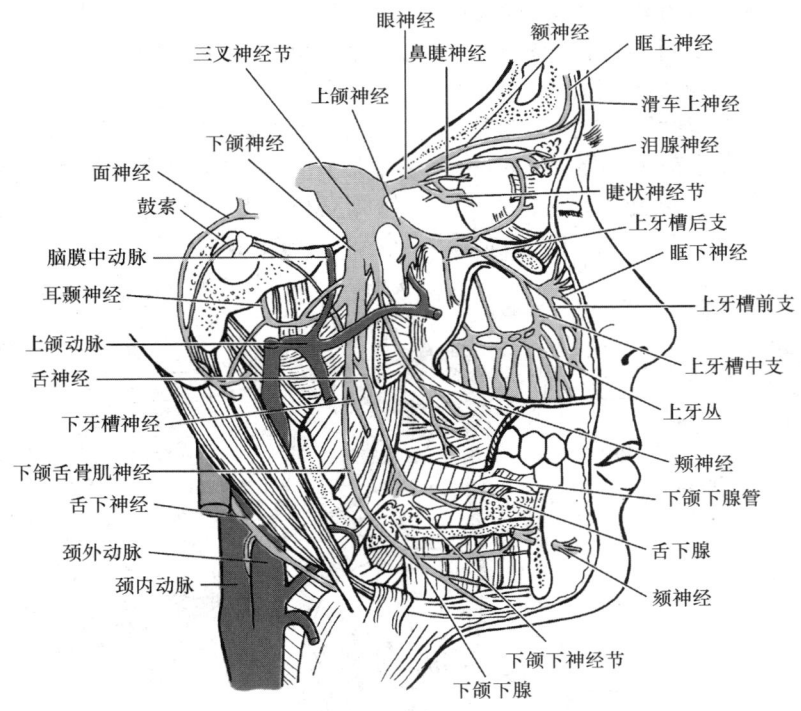

图 18-7 三叉神经分支与分布示意图

（2）纤维成分：有 2 种。

1）特殊内脏运动纤维：起于三叉神经运动核，支配咀嚼肌等。

2）一般躯体感觉纤维：分布于头面部皮肤、眼及眶内、口腔、鼻腔、鼻旁窦的黏膜、牙齿、硬脑膜等，传导头面部痛温觉的纤维止于三叉神经脊束核；传导触觉的纤维止于三叉神经脑桥核；传导咀嚼肌本体感觉的纤维止于三叉神经中脑核。

（3）主要分支及分布

1）眼神经：含一般躯体感觉纤维，发自三叉神经节，经眶上裂入眶，分支分布于眶、眼球、泪腺、结膜、硬脑膜、部分鼻黏膜、额顶部和鼻背部的皮肤。主要分支有额神经、泪腺神经和鼻睫神经。

2）上颌神经：为一般躯体感觉性神经，发自三叉神经节，经圆孔出颅，进入翼腭窝，分支分布于上颌牙、口腔、鼻腔黏膜、硬脑膜、睑裂与口裂之间的皮肤。主要分支有眶下神经、颧神经、上牙槽神经和翼腭神经。

3）下颌神经：混合性，含有一般躯体感觉纤维和特殊内脏运动两种纤维。经卵圆孔出颅，其运动纤维支配咀嚼肌、鼓膜张肌和腭帆张肌等。感觉纤维分布于硬脑膜、下颌牙及牙龈、耳颞区及口裂以下的皮肤、舌前2/3及口腔底粘膜。主要分支有咀嚼肌神经、耳颞神经、颊神经、舌神经和下牙槽神经。

2. 面神经

（1）性质：为混合性神经（图18-8）。

（2）纤维成分：4种。

1）特殊内脏运动纤维：起于面神经核，出茎乳孔，支配面肌的运动。

2）一般内脏运动纤维：属副交感节前纤维，起于上泌涎核，在翼腭神经节及下颌下神经节换元，节后纤维分布于泪腺、舌下腺、下颌下腺及鼻、腭的黏膜腺体。

3）特殊内脏感觉纤维，即味觉纤维，分布于舌前2/3味蕾，止于孤束核。

4）一般躯体感觉纤维：传导耳部皮肤的浅感觉和面肌的本体感觉。

（3）主要分支及分布

1）鼓索：含有两种纤维。①味觉纤维：随舌神经分布于舌前2/3的味蕾，传导味觉。②副交感纤维：在下颌下神经节换元，节后纤维支配下颌下腺和舌下腺的分泌。

2）面部的肌支：颞支、颧支、颊支、下颌缘支和颈支，支配面肌和颈阔肌。

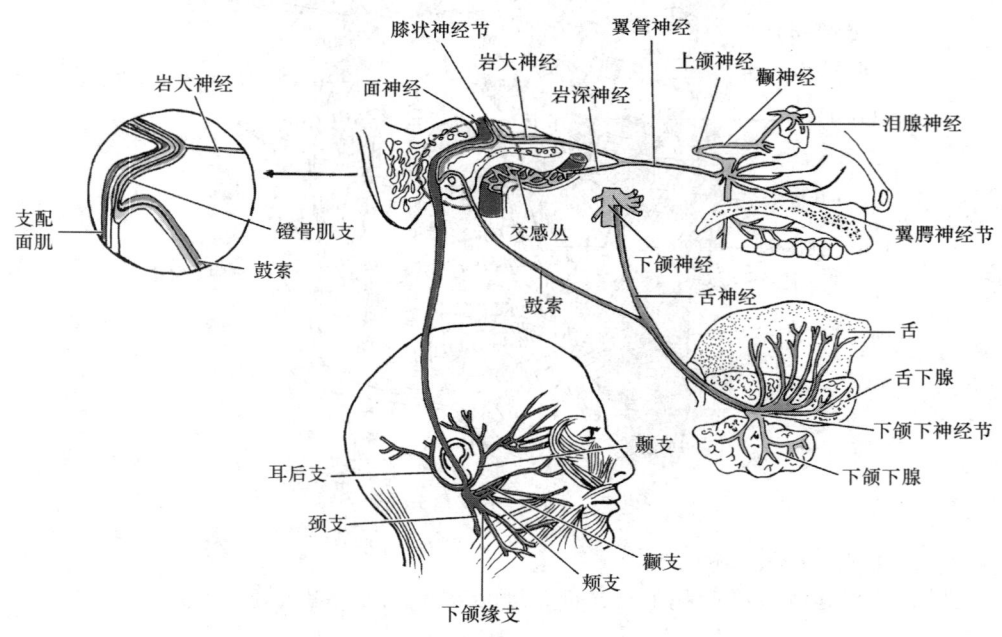

图18-8 面神经的分支与分布

3. 舌咽神经

（1）性质：为混合性神经。

（2）纤维成分：5种。

1）特殊内脏运动纤维：起于疑核，支配茎突咽肌。

2）一般内脏运动纤维：属副交感纤维，起自下泌涎核，在耳神经节换元，节后纤维控制腮腺的分泌。

3）特殊内脏感觉纤维：分布于舌后 1/3 的味蕾，终止于孤束核。

4）一般内脏感觉纤维：分布于咽、舌后 1/3、咽鼓管、鼓室等处的黏膜及颈动脉窦和颈动脉小球。

5）一般躯体感觉纤维：分布于耳后皮肤。

（3）主要分支及分布

1）鼓室神经：分布于腮腺，控制腮腺的分泌。

2）颈动脉窦支：分布于颈动脉窦和颈动脉小球。

3）舌支：为舌咽神经的终支，分布于舌后 1/3 的黏膜和味蕾。

4. 迷走神经

（1）性质：为混合性神经，是行程最长、分布范围最广的脑神经（图 18-9）。

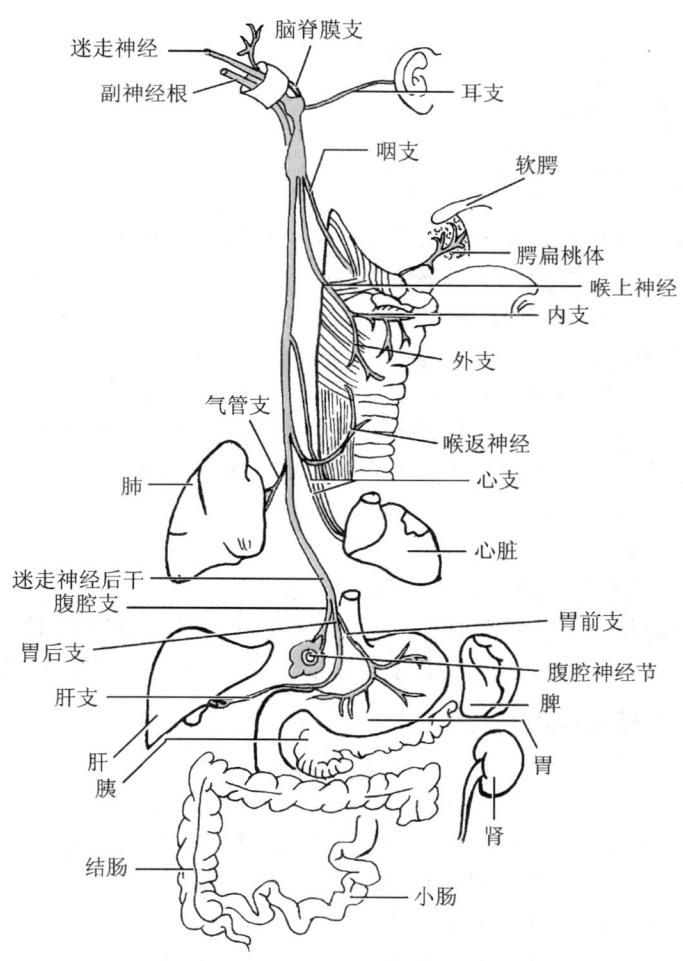

图 18-9　迷走神经的分支与分布

（2）纤维成分：4种。

1) 一般内脏运动纤维：属副交感纤维，起自迷走神经背核，主要分布于颈、胸和腹部的大部分脏器，调节平滑肌、心肌和腺体活动。

2) 一般内脏感觉纤维：分布于颈、胸和腹部的脏器，终止于孤束核。

3) 一般躯体感觉纤维：主要分布于外耳的皮肤和硬脑膜，止于三叉神经脊束核。

4) 特殊内脏运动纤维：起自疑核，支配咽喉肌。

（3）主要分支

1) 喉上神经：起自下神经节，分内、外支。外支支配环甲肌，内支分布于声门裂以上的喉黏膜及会厌、舌根等。

2) 喉返神经：左（右）迷走神经经过主动脉弓（右锁骨下动脉）前方处发出左（右）喉返神经，勾绕主动脉弓（右锁骨下动脉）下后方返至颈部。其中运动纤维支配除环甲肌以外的所有喉肌；感觉纤维分布于声门裂以下的喉黏膜。

3) 迷走前干（贲门附近） { 胃前支→胃前壁 ; 肝支→肝丛→肝、胆囊等处

4) 迷走后干（贲门附近） { 腹腔支→肝、胆、胰、脾、肾及结肠左曲以上的消化管 ; 胃后支→胃后壁

三、内脏神经

（一）内脏运动神经

内脏运动神经主要支配内脏、心血管等器官的运动及腺体的分泌，其调节过程通常不受人的意志控制，故又称自主神经；又因其主要是控制和调节动、植物共有的物质代谢活动，并不支配动物特有的骨骼肌运动，所以也称植物神经（图18-10）。

1. 内脏运动神经与躯体运动神经的差异　内脏运动神经和躯体运动神经一样，都接受大脑皮质和皮质下中枢的调控，但两者在结构和功能上有较大差别（表18-6）。

2. 交感神经和副交感神经　内脏运动神经根据纤维的分布、走行、功能和药理特点分为交感神经和副交感神经，每一部分又分为中枢部和周围部。

（1）交感神经：低级中枢位于脊髓 $T_1 \sim L_3$ 节段灰质侧角的中间带外侧核。周围部包括交感干、交感神经节及由节发出的分支和交感神经丛等。

（2）副交感神经：低级中枢位于脑干的副交感神经核和脊髓 $S_2 \sim S_4$ 节段灰质的骶副交感核。周围部有副交感神经节和节前、后纤维。

（3）交感神经和副交感神经的区分：见表18-7。

（4）内脏神经丛：由交感神经、副交感神经和内脏感觉神经在到达所支配脏器的行程中相互交织形成，由神经丛再发出分支分布于胸腔、腹腔及盆腔脏器（表18-8）。

（二）内脏感觉神经

内脏感觉神经在形态结构上与躯体感觉神经大致相似，但仍有其自身特点：

1. 痛阈较高　内脏痛觉主要通过交感神经内的感觉纤维传入脊髓，对内脏反射的调节作用不大，故临床上为了解除内脏痛而切断交感神经不会引起严重的内脏功能紊乱。

2. 定位不准确　内脏感觉神经的传入途径比较分散，即一个脏器的感觉纤维经多个节段的脊神经进入脊髓，而一条脊神经含有几个脏器的感觉纤维。

3. 牵涉性痛　当某些内脏器官发生病变时，常在体表一定区域产生疼痛或感觉过敏的现象称牵涉性痛。一般认为，发生牵涉性痛的体表部位与病变器官往往接受同一脊髓

节段的支配,体表部位和病变器官的感觉神经进入同一脊髓节段,并在后角内发生密切联系。因此,从患病内脏传来的冲动可扩散到邻近的躯体感觉神经元,从而产生牵涉性痛。

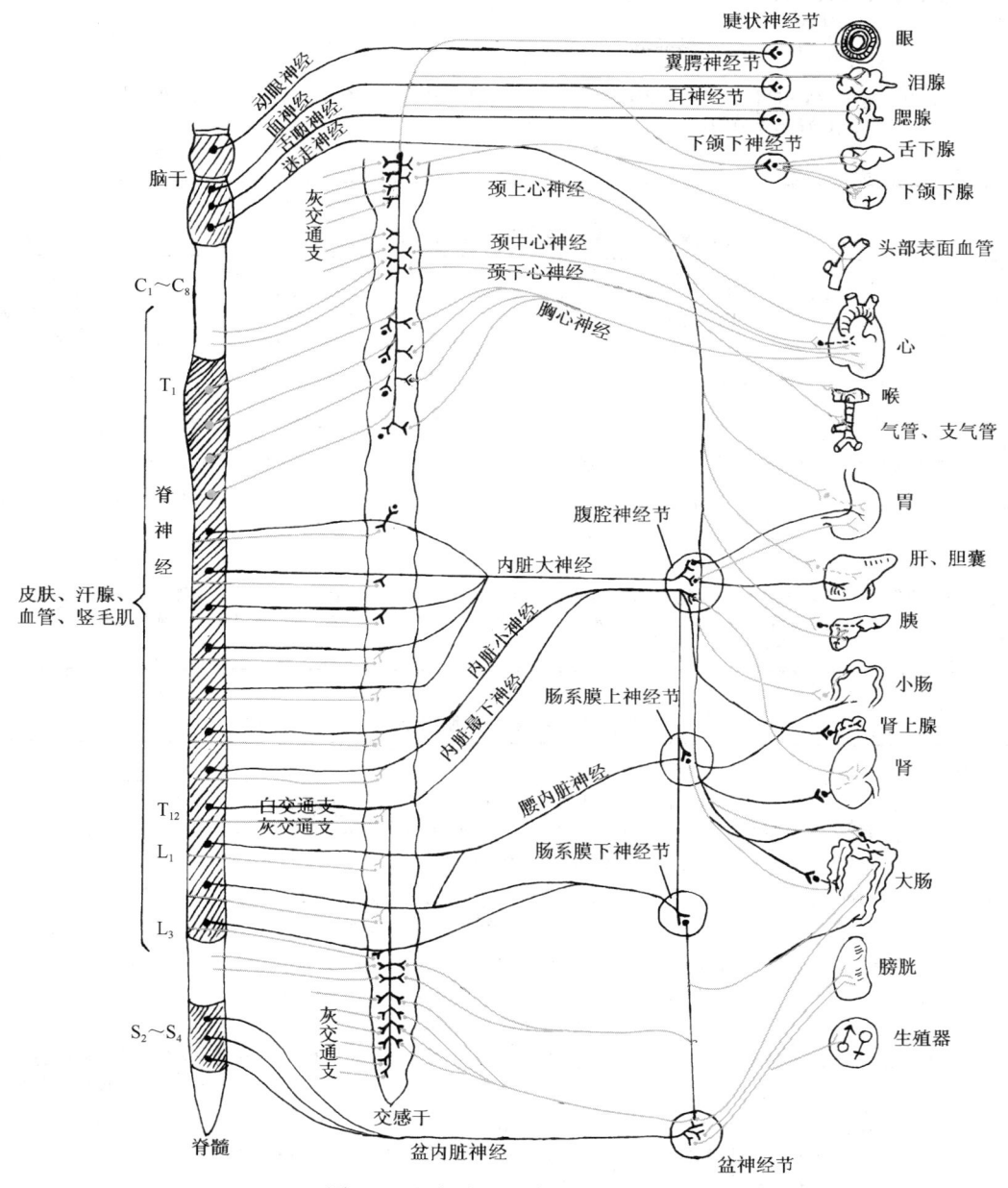

图 18-10 内脏运动神经概况示意图

表 18-6 躯体运动神经和内脏运动神经的比较

项目	躯体运动神经	内脏运动神经
支配器官	骨骼肌	心肌、平滑肌、腺体
神经元数目	1个	2个(节前神经元、节后神经元)
纤维成分	1种(躯体运动纤维)	2种(交感神经和副交感神经)

续表

项目	躯体运动神经	内脏运动神经
神经纤维	粗，有髓神经纤维	细，薄髓或无髓神经纤维
分布形式	神经干	神经丛（攀附于脏器和血管）
低级中枢部位	脑干躯体运动核、特殊内脏运动核及脊髓灰质前角细胞	脑干一般内脏运动核、脊髓 $T_1 \sim L_3$ 节段中间带外侧核及 $S_2 \sim S_4$ 的骶副交感核
意识支配	受	不受

表 18-7 交感神经与副交感神经的主要区别

项目	交感神经	副交感神经
低级中枢	脊髓 $T_1 \sim L_3$ 节段灰质侧柱中间外侧核	4 对脑神经副交感神经核（动眼神经副核，上、下泌涎核，迷走神经背核）和 $S_2 \sim S_4$ 的骶副交感核
周围神经节	椎旁节，椎前节	器官旁节、器官内节
节前、后纤维长度	节前纤维短，节后纤维长	节前纤维长，节后纤维短
节前、后神经元比例	一个节前纤维与许多节后神经元形成突触	一个节前纤维与较少节后神经元形成突触
分布范围	分布广泛，分布于头颈部、胸腔、腹腔及全身的血管、腺体、竖毛肌、肾上腺髓质等	分布较局限，大部分的血管、汗腺、竖毛肌、肾上腺髓质无副交感神经分布
对器官所起的作用	加强代谢，增加能量消耗，出现心跳加快、血压升高、呼吸加快、瞳孔扩大及消化活动抑制等改变	恢复体力、储存能量，出现心跳减慢、血压下降、呼吸减慢、瞳孔缩小及消化活动增强等改变

表 18-8 主要的内脏神经丛

名称	位置	组成	分布
心丛	浅丛位于主动脉弓下方、右肺动脉前方；深丛位于主动脉弓和气管杈之间	两侧交感干的颈上、中、下神经节和第 1～4 或第 5 胸神经节发出的心支及迷走神经的心支	心肌等
肺丛	位于肺根前、后方	迷走神经的支气管支、交感干的第 2～5 胸神经节的分支及心丛的分支	肺、支气管等
腹腔丛	腹腔干和肠系膜上动脉根部周围	两侧胸交感干的内脏大、小神经和迷走神经后干的腹腔支及腰上部交感神经分支	肝、胃、脾、肾、空回肠等
腹主动脉丛	腹主动脉前面及两侧	腹腔丛在腹主动脉表面向下的延续	结肠左曲至直肠上段的肠管、下肢血管、汗腺和竖毛肌
腹下丛	上腹下丛位于第 5 腰椎前面、腹主动脉末端及两髂总动脉之间；下腹下丛（即盆丛）位于直肠的两侧	上腹下丛由腹主动脉丛向下的延续及下位两腰神经节发出的腰内脏神经组成；下腹下丛是上腹下丛在直肠两侧的部分	盆腔各脏器

【练习题】

一、名词解释

1. 脊神经节 spinal ganglion
2. 膝神经节 geniculate ganglion

二、A_1 型题（单句型最佳选择题）

1. 下列神经不属于颈丛的是
   A. 枕小神经　　　　　　　B. 枕大神经　　　　　　　C. 耳大神经
   D. 颈横神经　　　　　　　E. 锁骨上神经

2. 临床上颈部皮肤浸润麻醉的阻滞点在
   A. 胸锁乳突肌后缘中点　　B. 胸锁乳突肌前缘中点　　C. 胸锁乳突肌上部
   D. 胸锁乳突肌下部　　　　E. 斜方肌前缘

3. 颈丛是由以下哪些颈神经前支组成
   A. $C_1\sim C_3$　　　　　B. $C_1\sim C_4$　　　　　C. $C_1\sim C_5$
   D. $C_1\sim C_6$　　　　　E. $C_2\sim C_4$

4. 肱骨中段骨折易损伤
   A. 尺神经　　　　　　　　B. 腋神经　　　　　　　　C. 正中神经
   D. 桡神经　　　　　　　　E. 肌皮神经

5. 属于腰丛分支的是
   A. 股后皮神经　　　　　　B. 股神经　　　　　　　　C. 坐骨神经
   D. 阴部神经　　　　　　　E. 臀下神经

6. 胫神经损伤可引起
   A. 足不能背屈　　　　　　B. 走路时呈"跨阈步态"　　C. 形成"仰趾足"
   D. 小腿外侧及足背、趾背感觉障碍　　　　E. 形成"马蹄内翻足"

7. 脊神经节连于
   A. 脊神经前根　　　　　　B. 脊神经后根　　　　　　C. 脊神经前支
   D. 脊神经后支　　　　　　E. 脊髓前角

8. 分布于脐平面的胸神经前支是
   A. T_6 前支　　　　　　B. T_7 前支　　　　　　C. T_8 前支
   D. T_{10} 前支　　　　　E. T_{12} 前支

9. 支配肱二头肌的是
   A. 正中神经　　　　　　　B. 桡神经　　　　　　　　C. 肌皮神经
   D. 腋神经　　　　　　　　E. 尺神经

10. 肱骨外科颈骨折易损伤的是
    A. 正中神经　　　　　　　B. 腋神经　　　　　　　　C. 桡神经
    D. 尺神经　　　　　　　　E. 肌皮神经

11. 下肢神经的分布，错误的是
    A. 闭孔神经分布于股内侧肌群　　　　　　B. 坐骨神经分布于股后肌群
    C. 胫神经分布于小腿后肌群　　　　　　　D. 腓浅神经分布于小腿外侧肌群
    E. 腓深神经分布于足底肌群

12. 腓骨颈处的骨折易导致
    A. 胫神经损伤　　　　　　B. 腓总神经损伤　　　　　C. 隐神经损伤
    D. 股后皮神经损伤　　　　E. 股外侧皮神经损伤

13. 以下结构不属于膈神经支配的是
    A. 膈肌　　　　　　　　　B. 胸膜　　　　　　　　　C. 心包
    D. 腹膜　　　　　　　　　E. 肺

14. 属于骶丛分支的是
A. 生殖股神经　　　　　　　B. 闭孔神经　　　　　　　C. 髂腹下神经
D. 股神经　　　　　　　　　E. 臀下神经

15. 以下结构不属于股神经分布范围的是
A. 股四头肌　　　　　　　　B. 缝匠肌　　　　　　　　C. 股内侧皮肤
D. 小腿内侧皮肤　　　　　　E. 足内侧缘皮肤

16. 与额部皮肤感觉麻木有关的神经是
A. 视神经　　　　　　　　　B. 眼神经　　　　　　　　C. 上颌神经
D. 下颌神经　　　　　　　　E. 动眼神经

17. 动眼神经不支配的眼外肌是
A. 上直肌　　　　　　　　　B. 下直肌　　　　　　　　C. 内直肌
D. 上斜肌　　　　　　　　　E. 下斜肌

18. 对三叉神经的描述，错误的是
A. 与脑桥相连　　　　　　　B. 为混合性脑神经　　　　C. 眼神经由眶上裂入颅
D. 上颌神经由圆孔入颅　　　E. 下颌神经属感觉性

19. 对鼓索的描述，错误的是
A. 经鼓室后出茎乳孔　　　　　　　　　　　　B. 出颅后并入舌神经
C. 其一般内脏运动纤维终于下颌下神经节　　　D. 味觉纤维分布于舌前 2/3 的味蕾
E. 属混合性神经

20. 面神经不支配下列哪一个腺体的分泌
A. 腮腺　　　　　　　　　　B. 泪腺　　　　　　　　　C. 舌下腺
D. 下颌下腺　　　　　　　　E. 鼻黏膜腺

21. 甲状腺肿瘤患者手术切除后出现声音嘶哑，可能是损伤了
A. 喉肌　　　　　　　　　　B. 喉上神经内支　　　　　C. 喉返神经
D. 声带　　　　　　　　　　E. 喉的血管

22. 动眼神经损伤，可以导致
A. 眼内斜视　　　　　　　　B. 眼内斜视和瞳孔散大　　C. 眼外斜视
D. 眼外斜视和瞳孔散大　　　E. 眼外斜视和瞳孔缩小

23. 有关舌的神经支配描述，正确的是
A. 舌的一般躯体感觉由面神经和舌咽神经共同管理
B. 三叉神经的舌神经管理舌前 2/3 的黏膜感觉
C. 舌肌的运动由舌神经控制
D. 舌咽神经的舌支管理舌前 2/3 的味觉
E. 舌后 1/3 味觉由舌下神经传导

24. 分布于舌前 2/3 味蕾的脑神经是
A. 面神经　　　　　　　　　B. 上颌神经　　　　　　　C. 舌咽神经
D. 舌下神经　　　　　　　　E. 下颌神经

25. 舌咽神经支配的腺体是
A. 腮腺　　　　　　　　　　B. 泪腺　　　　　　　　　C. 舌下腺
D. 下颌下腺　　　　　　　　E. 甲状腺

26. 交感神经的低级中枢位于
A. $T_1 \sim L_3$ 脊髓节段　　　B. $T_1 \sim T_{12}$ 脊髓节段　　C. $S_2 \sim S_4$ 脊髓节段
D. $L_1 \sim L_3$ 脊髓节段　　　E. $T_1 \sim S_3$ 脊髓节段

27. 不属于椎前神经节的是
A. 腹腔神经节　　　　　　　B. 肠系膜上神经节　　　　　　C. 肠系膜下神经节
D. 主动脉肾神经节　　　　　E. 颈上神经节

28. 交感神经兴奋时
A. 冠状动脉收缩　　　　　　B. 支气管平滑肌收缩　　　　　C. 瞳孔开大
D. 心跳减慢　　　　　　　　E. 胃肠蠕动加快

29. 不含有副交感纤维成分的脑神经
A. 动眼神经　　　　　　　　B. 滑车神经　　　　　　　　　C. 面神经
D. 舌咽神经　　　　　　　　E. 迷走神经

30. 有副交感神经加入内脏神经丛的是
A. 盆丛　　　　　　　　　　B. 颈外动脉丛　　　　　　　　C. 锁骨下动脉丛
D. 椎动脉丛　　　　　　　　E. 颈内动脉丛

三、A₂型题（病例摘要型最佳选择题）

1. 患者，男性，65岁。因跌倒时手、肘着地后，右肩出现局部肿胀、疼痛、压痛，肩关节外展困难，上臂上段瘀斑，X线可见肱骨外科颈处骨折，提示损伤
A. 尺神经　　　　　　　　　B. 腋神经　　　　　　　　　　C. 正中神经
D. 桡神经　　　　　　　　　E. 肌皮神经

2. 患者，女性，30岁。肱骨髁上骨折出现拇指不能内收，其他各指不能内收与外展，小鱼际及小指感觉丧失，掌间隙出现深沟，各掌指关节过伸，第4、5指的指间关节屈曲，表现为"爪形手"。有可能是损伤了
A. 桡神经　　　　　　　　　B. 正中神经　　　　　　　　　C. 腋神经
D. 尺神经　　　　　　　　　E. 肌皮神经

3. 患者，女性，25岁。因车祸至右小腿出现局部肿胀、疼痛、压痛，足不能背屈，呈"马蹄内翻足"，X线可见腓骨头处骨折，提示损伤了
A. 腓总神经　　　　　　　　B. 股神经　　　　　　　　　　C. 坐骨神经
D. 阴部神经　　　　　　　　E. 胫神经

4. 患者，男性，45岁。骑车时摔倒，地面钢筋刺入左小腿后部深面，足踝不能跖屈，呈"钩状足"。有可能是损伤了
A. 股神经　　　　　　　　　B. 腓总神经　　　　　　　　　C. 胫神经
D. 闭孔神经　　　　　　　　E. 阴部神经

5. 患者，男性，57岁。因两车追尾而受伤，盆部剧烈疼痛，遂送入医院急诊室就诊。检查发现患者耻骨联合处按压内陷，右侧下肢不能内收，X线可见耻右侧耻骨下支和坐骨支处骨折。有可能是损伤了
A. 股神经　　　　　　　　　B. 腓总神经　　　　　　　　　C. 胫神经
D. 闭孔神经　　　　　　　　E. 阴部神经

6. 某中年女性垂体瘤患者，瘤体正在扩大，垂体瘤最不易压迫的结构是
A. 动眼神经　　　　　　　　B. 滑车神经　　　　　　　　　C. 下颌神经
D. 上颌神经　　　　　　　　E. 眼神经

7. 患者，男性，5岁。有中度发热、咽痛，一侧面部的耳前区有一肿大包块。触压腮腺时疼痛。口腔检查发现腮腺管乳头周围红肿。当让患者吸吮果汁时，肿大腮腺的疼痛增加。诊断为腮腺炎。随着病情发展可能首先累及的神经是
A. 前庭蜗神经　　　　　　　B. 动眼神经　　　　　　　　　C. 嗅神经

D. 视神经 E. 面神经

8. 患者，女性，50岁。因外伤致颞区头皮撕裂，行显微缝合手术，关于手术涉及结构正确描述的是

A. 耳颞神经分布于皮肤，并与颞浅血管伴行 B. 面神经颞支支配颞肌
C. 耳大神经与颞浅血管伴行分布于皮肤   D. 上颌神经分支支配颞肌
E. 以上说法都不对

9. 患者，女性，54岁。近期频发右侧面部刀割样疼痛伴流泪、面部抽搐等伴随动作，持续发作历时1~2分钟后停止，白天为主，夜间减少。洗脸、刷牙、吹风等可诱发。门诊诊断为"原发性三叉神经痛"，与该疾病无关的神经是

A. 眶上神经   B. 眶下神经   C. 镫骨肌神经
D. 上颌神经   E. 下颌神经

10. 患者，男性，37岁。一个半月前，工作时被金属异物伤及左侧下颌，到当地医院行清创缝合术，术后舌活动障碍。检查：舌体运动失调，伸舌时舌尖偏向左侧，损伤的神经为

A. 上颌神经   B. 面神经   C. 舌下神经
D. 舌咽神经   E. 下颌神经

11. 患者，男，58岁，患高血压性心脏病数年，因激动或过劳而发生心绞痛，最初经休息后尚可自行缓解，几天后心绞痛加重并有心律失常，请问心绞痛时常牵涉到的疼痛部位是

A. 胸前区及左臂内侧   B. 右臂内侧皮肤   C. 左下肢内侧皮肤
D. 右下肢内侧皮肤   E. 背部皮肤

12. 患者，女，44岁，近2年来多次有上腹绞痛史，服用消炎利胆片后疼痛缓解。2小时前阵发性右上腹绞痛，服用消炎利胆片未缓解，即入院。入院后检查：皮肤、巩膜见轻度黄染，经B超检查等诊断为胆囊管结石。请问绞痛常会牵涉到哪些部位疼痛

A. 左肩部   B. 右肩部   C. 左下肢
D. 右下肢   E. 背部皮肤

13. 患者，胃区烧灼痛约1周，疼痛开始于饭后2小时，再次进食后疼痛消失。入院后经放射线、细菌学检查初步诊断为胃溃疡。胃溃疡的疼痛可放射至上腹部和左季肋区，试问胃的痛觉传入纤维到达脊髓的途径

A. 迷走神经   B. 内脏大神经   C. 内脏小神经
D. 腰内脏神经   E. 盆内脏神经

14. 患者有尿路结石，某日突然感到身体左侧剧烈疼痛，检查时发现左下腹有触痛和肌肉痉挛，左侧腹股沟区和阴囊部有疼痛并沿大腿放射，试问输尿管的痛觉纤维传入纤维是

A. 内脏小神经   B. 内脏大神经   C. 髂腹股沟神经
D. 生殖股神经   E. 闭孔神经

15. 患者有糖尿病病史，最近半年发现静息时心率加快，提示受损的结构是

A. 交感颈下心支   B. 交感颈中心支   C. 迷走神经
D. 奇神经节   E. 胸交感神经节

四、B₁型题（标准配伍题）

（1~3题共用备选答案）

A. 乳头平面   B. 脐平面   C. 胸骨角平面
D. 肋弓平面   E. 剑突平面

1. 第4胸神经前支分布区相当于
2. 第8胸神经前支分布区相当于

3. 第10胸神经前支分布区相当于

（4～6题共用备选答案）
A. 腓总神经　　　　　　　　B. 胫神经　　　　　　　　C. 闭孔神经
D. 股神经　　　　　　　　　E. 生殖股神经
4. 不能跷"二郎腿"可能损伤了
5. 不能伸小腿，走路时抬腿困难可能损伤了
6. "马蹄内翻足"可能损伤了

（7～9题共用备选答案）
A. 嗅神经　　　　　　　　　B. 动眼神经　　　　　　　C. 滑车神经
D. 舌咽神经　　　　　　　　E. 舌下神经
7. 属于感觉性的神经是
8. 属于混合性的神经是
9. 内含有副交感纤维的神经是

（10～12题共用备选答案）
A. 圆孔　　　　　　　　　　B. 卵圆孔　　　　　　　　C. 棘孔
D. 颈静脉孔　　　　　　　　E. 茎乳孔
10. 上颌神经出颅的部位是
11. 面神经出颅的部位是
12. 副神经出颅的部位是

（13～15题共用备选答案）
A. 眼神经　　　　　　　　　B. 上颌神经　　　　　　　C. 下颌神经
D. 下牙槽神经　　　　　　　E. 咀嚼肌神经
13. 属于运动性神经的是
14. 属于混合性神经的是
15. 分布于眼睑以上皮肤感觉的神经是

（16～20题共用备选答案）
A. 睫状神经节　　　　　　　B. 翼腭神经节　　　　　　C. 耳神经节
D. 下颌下神经节　　　　　　E. 下神经节
16. 发出节后纤维支配泪腺的是
17. 发出节后纤维支配瞳孔括约肌的是
18. 发出节后纤维支配腮腺的是
19. 发出节后纤维支配下颌下腺的是
20. 发出节后纤维支配舌下腺的是

五、思考题

患者，男性，28岁，骑电动车时被甩出，跌倒时左臂着地，左臂中部疼痛，肿胀有瘀斑，X线可见肱骨中段骨折并伴有神经损伤。

问题:
1. 该患者最可能损伤的神经是哪条?
2. 该患者可能出现的手畸形是哪种?

【参考答案】

一、名词解释

1. 脊神经节 spinal ganglion：脊神经后根（感觉性）近椎间孔处形成的一膨大神经节。
2. 膝神经节 geniculate ganglion：为面神经管始部的神经节，由面神经内特殊内脏感觉纤维的胞体组成，其周围突分布于舌前 2/3 味蕾，中枢突止于孤束核。

二、A_1 型题（单句型最佳选择题）

1. B　2. A　3. B　4. D　5. B　6. C　7. B　8. D　9. C　10. B　11. E　12. B　13. E　14. E　15. C　16. B　17. D　18. E　19. A　20. A　21. C　22. D　23. B　24. A　25. A　26. A　27. E　28. C　29. B　30. A

三、A_2 型题（病例摘要型最佳选择题）

1. B　2. D　3. A　4. C　5. D　6. C　7. E　8. A　9. C　10. C　11. A　12. B　13. B　14. A　15. C

四、B_1 型题（标准配伍题）

1. A　2. D　3. B　4. C　5. D　6. A　7. A　8. D　9. B　10. A　11. E　12. D　13. E　14. C　15. A　16. B　17. A　18. C　19. D　20. D

五、思考题（略）

（叶　频　孟步亮　袁德凯）

第十九章 神经系统的传导通路

【实验目的】

一、知识目标

1. 能够说出传导通路的概念。
2. 能够阐述躯干和四肢意识性本体感觉和浅感觉传导通路的组成和功能。
3. 能够说出头面部浅感觉传导通路的组成和功能。
4. 能够阐述视觉传导通路的组成和功能。
5. 能够说出听觉传导通路、瞳孔对光反射传导通路、平衡觉传导通路的组成。
6. 能够阐述锥体系的组成和功能。
7. 能够说出锥体外系的组成和功能。

二、技能目标

1. 能够推断躯干和四肢浅感觉和深感觉传导通路不同部位损伤的功能障碍。
2. 能够推断视觉传导通路不同部位损伤的功能障碍。

三、情感、态度和价值观目标

能够通过位于传导通路的不同结构间的联系，领悟"一切事物都处在普遍联系之中，其中没有任何一个事物孤立地存在"这一哲学原理。

【实验内容】

一、感觉传导通路

感觉传导通路学习要点：①感受器的位置；②神经元胞体的位置；③交叉部位；④经内囊位置；⑤投射至大脑皮质的位置。

1. 躯干和四肢意识性本体感觉和精细触觉传导通路（图19-1）

躯干、四肢本体感受器和精细触觉感受器→脊神经→脊神经节（第一级神经元胞体）→后根→脊髓后索的薄、楔束→薄、楔束核（第二级神经元胞体）→内侧丘系交叉→对侧内侧丘系→丘脑腹后外侧核（第三级神经元胞体）→丘脑中央辐射→内囊后肢→中央后回中上部、中央旁小叶后部

2. 躯干和四肢痛、温觉和粗触觉传导通路（图19-2）

躯干、四肢痛、温觉和粗触觉感受器→脊神经→脊神经节（第一级神经元胞体）→后根→后角固有核（第二级神经元胞体）→白质前连合交叉→脊髓丘脑束（痛、温觉主要通过脊髓丘脑侧束，粗触觉主要通过脊髓丘脑前束）→脊髓丘系→丘脑腹后外侧核（第三级神经元胞体）→丘脑中央辐射→内囊后肢→中央后回中上部、中央旁小叶后部

3. 头面部痛、温觉和触觉传导通路（图19-2）

头面部皮肤、口鼻腔黏膜的痛、温觉和触觉感受器→三叉神经节（第一级神经元胞体）→三叉神经感觉根→三叉神经脑桥核、脊束核（第二级神经元胞体），痛、温觉止于三

叉神经脊束核，触觉止于三叉神经脑桥核→交叉至对侧→对侧三叉丘系→丘脑腹后内侧核（第三级神经元胞体）→丘脑中央辐射→内囊后肢→中央后回下部

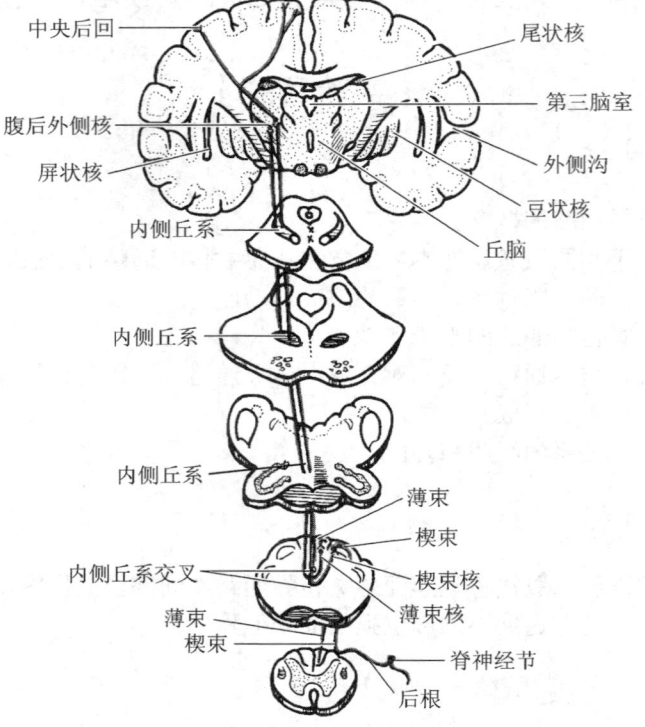

图 19-1　躯干、四肢意识性本体感觉和精细触觉传导通路

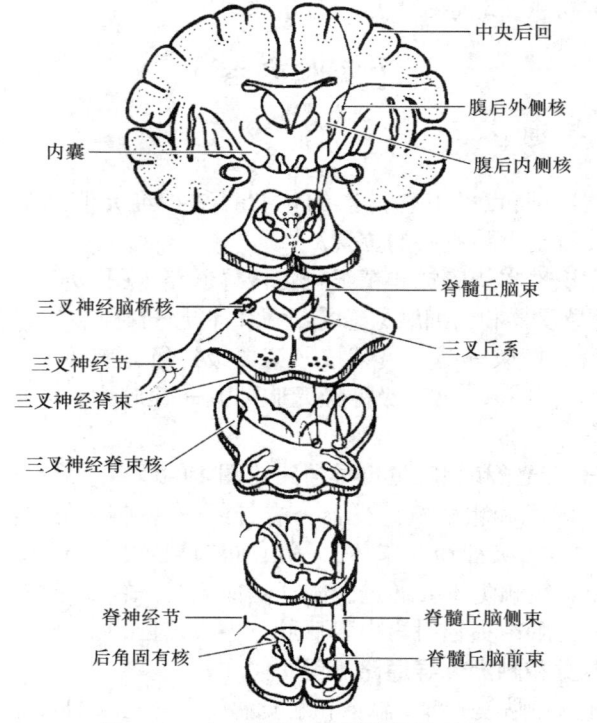

图 19-2　痛、温觉和粗触觉传导通路

4. 视觉传导通路和瞳孔对光反射传导通路（图 19-3）

（1）视觉传导通路

视网膜的视锥细胞、视杆细胞→双极细胞（第一级神经元胞体）→节细胞（第二级神经元胞体）→视神经→视交叉→视束→外侧膝状体（第三级神经元胞体）→视辐射→内囊后肢→视区（距状沟两侧的枕叶皮质）

（2）瞳孔对光反射传导通路：光照一侧瞳孔，引起两眼瞳孔缩小的反应称为瞳孔对光反射 pupillary light reflex。光照侧瞳孔缩小称直接对光反射，未照射侧瞳孔缩小称间接对光反射。

视网膜的视锥细胞、视杆细胞→双极细胞→节细胞→视神经→视交叉→视束→上丘臂→顶盖前区→两侧动眼神经副核→动眼神经→睫状神经节→节后纤维→瞳孔括约肌收缩→两侧瞳孔缩小

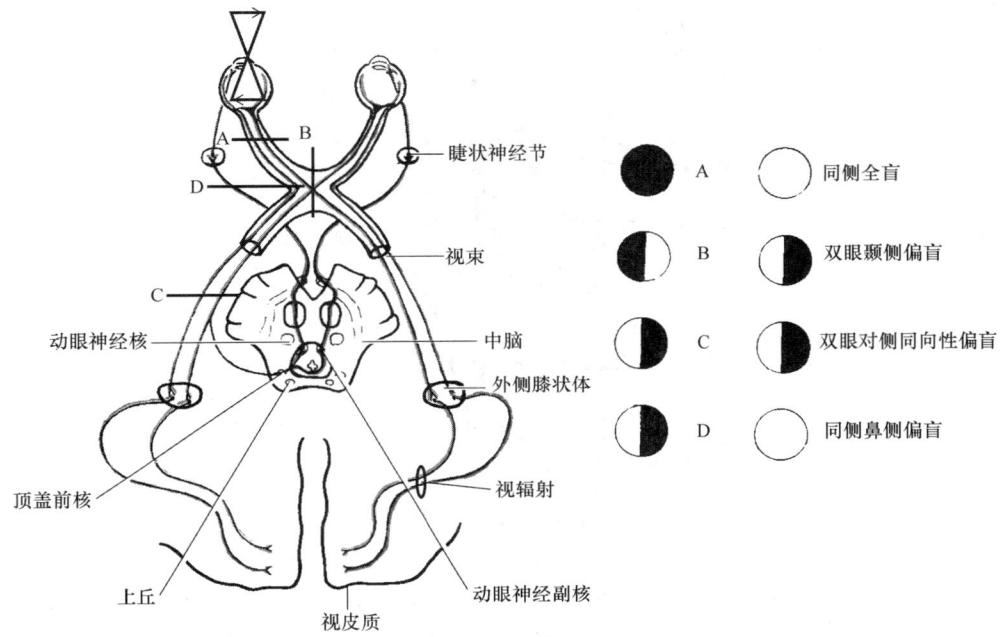

图 19-3　视觉传导通路和瞳孔对光反射传导通路

5. 听觉传导通路

内耳的螺旋器→蜗神经节（第一级神经元胞体）→蜗神经→蜗神经核（第二级神经元胞体）→大部分纤维交叉形成斜方体，小部分纤维不交叉→外侧丘系→下丘核（第三级神经元胞体）→下丘臂→内侧膝状体（第四级神经元胞体）→听辐射→内囊后肢→听区（颞横回）

6. 平衡觉传导通路

内耳的壶腹嵴、球囊斑、椭圆囊斑→前庭神经节（第一级神经元胞体）→前庭神经→前庭神经核群
- 前庭脊髓束→脊髓前角运动神经元（躯干、四肢姿势反射）
- 内侧纵束
  - 升支→动眼、滑车、展神经核（前庭反射）
  - 降支→副神经核及脊髓前角（头、眼的协调运动）
- 小脑下脚→小脑（参与平衡调节）
- 脑干网状结构、迷走神经背核及疑核（前庭器受刺激可引起眩晕、恶心、呕吐等）

二、运动传导通路

运动传导通路包括锥体系和锥体外系。

1. 锥体系 主要司骨骼肌的随意运动，由两级神经元组成，即上运动神经元和下运动神经元。上运动神经元胞体主要位于中央前回和中央旁小叶前部皮质区，轴突组成下行纤维束 - 锥体束，其中下行至脑干运动神经核的纤维称皮质核束（皮质脑干束，图 19-4），下行至脊髓前角的纤维束称皮质脊髓束（图 19-5）。

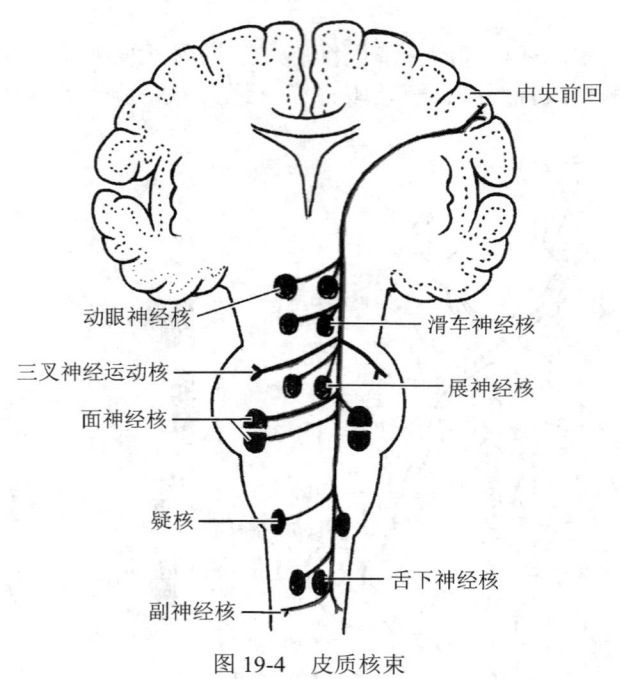

图 19-4 皮质核束

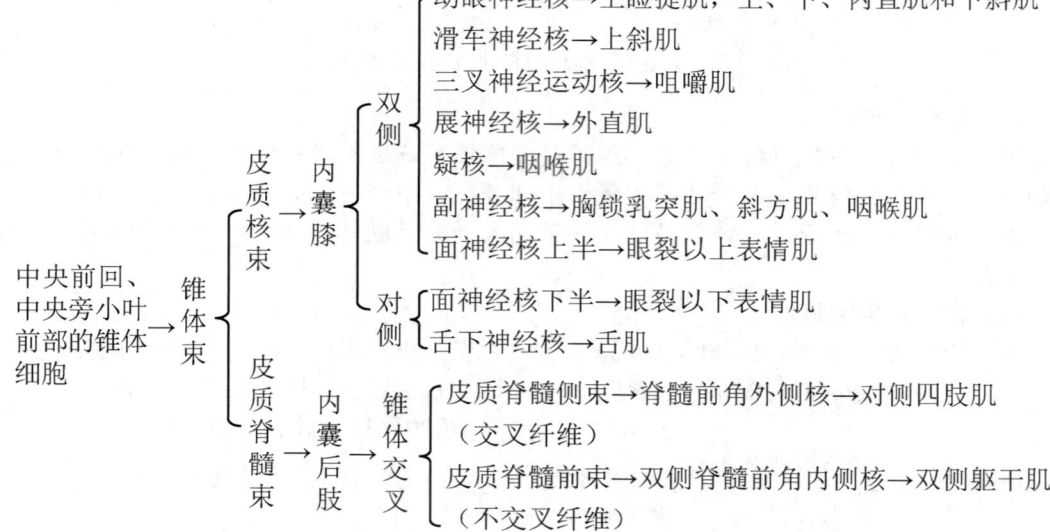

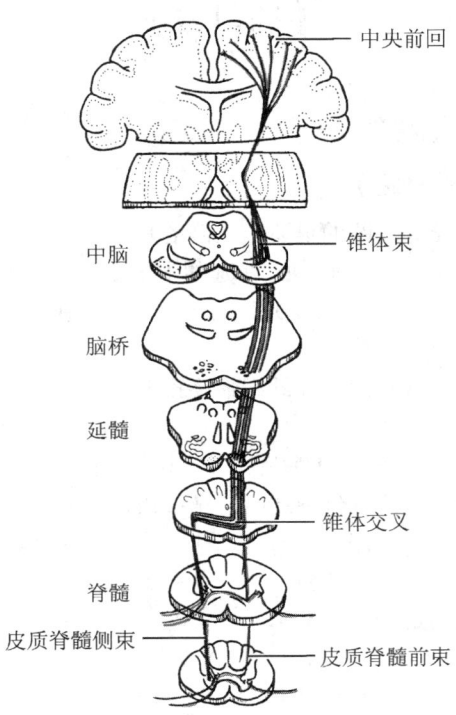

图 19-5 皮质脊髓束

上、下位运动神经元受损的比较见表 19-1。

表 19-1 上、下位运动神经元受损的比较

损伤部位	上位运动神经元 （大脑皮质运动区及锥体束）	下位运动神经元 （脑干运动核、脊髓前角及脊神经）
瘫痪特点	硬瘫（痉挛性）	软瘫（弛缓性）
肌张力	增强	减弱
肌肉萎缩	早期不明显	明显
病理反射	病理反射阳性	病理反射阴性
瘫痪范围	广泛，常为截瘫或偏瘫	局限

2. 锥体外系　指锥体系以外影响和控制躯体运动的传导路径，其结构十分复杂。锥体外系的纤维最后经红核脊髓束、网状脊髓束等中继，下行终止于脑神经运动核和脊髓前角细胞。其主要功能是调节肌张力，协调肌群运动，维持体态姿势和习惯性动作。主要的锥体外系通路有：

（1）新纹状体 - 黑质环路：黑质神经细胞产生和释放多巴胺，当黑质变性后，纹状体内的多巴胺含量亦降低，与 Parkinson 病（震颤麻痹）有关。

（2）皮质 - 新纹状体 - 背侧丘脑 - 皮质环路。

（3）皮质 - 脑桥 - 小脑 - 皮质环路。

（4）苍白球 - 底丘脑核环路。

上述环路的任何部位损伤，都会导致共济失调，如行走蹒跚和醉酒步态。

【练习题】

一、名词解释

瞳孔对光反射 pupillary light reflex

二、A_1 型题（单句型最佳选择题）

1. 关于躯干、四肢痛、温觉传导通路的描述，正确的是
   A. 第一级神经元位于脊髓后角　　　　B. 在延髓水平交叉
   C. 于脑桥核中继　　　　　　　　　　D. 最后一级神经元胞体位于丘脑腹后外侧核
   E. 经内囊膝投射至大脑皮质

2. 传导躯干、四肢意识性本体感觉的神经纤维最终投射到
   A. 丘脑　　　　　　B. 小脑　　　　　　C. 外侧膝状体
   D. 基底核　　　　　E. 中央后回上 2/3 和中央旁小叶后部

3. 传导躯干和四肢的意识性本体感觉传导通路，第二级神经元发出的轴突交叉部位在
   A. 脊髓　　　　　　B. 延髓　　　　　　C. 中脑
   D. 脑桥　　　　　　E. 丘脑

4. 关于锥体系的描述，错误的是
   A. 调节骨骼肌的随意运动
   B. 由上、下两级神经元组成
   C. 上运动神经元胞体位于大脑皮质运动中枢
   D. 下运动神经元胞体仅位于脊髓灰质前角
   E. 上运动神经元胞体发出的轴突下行，称锥体束

5. 关于头面部痛、温觉传导通路的描述，正确的是
   A. 第一级神经元胞体位于脊髓后角
   B. 没有交叉
   C. 第二级神经元胞体位于三叉神经节
   D. 第三级神经元胞体位于丘脑腹后外侧核
   E. 最后一级神经元胞体位于丘脑腹后内侧核

6. 关于视觉传导通路，下列描述正确的是
   A. 不发生交叉　　　　　　　　　　B. 经丘脑腹后外侧核中继
   C. 第三级神经元位于外侧膝状体　　D. 最后一级神经元位于内侧膝状体
   E. 投射到颞横回

7. 瞳孔对光反射中枢在
   A. 上丘　　　　　　B. 下丘　　　　　　C. 上丘臂
   D. 下丘臂　　　　　E. 顶盖前区

8. 关于锥体外系的描述，错误的是
   A. 调节肌张力　　　B. 执行随意运动　　C. 协调肌肉活动
   D. 调整姿势　　　　E. 执行重复性或节律性动作

9. 左侧舌下神经完全损伤，下列描述正确的是
   A. 有泌涎障碍　　　B. 舌的左侧半感觉障碍　　C. 舌的左侧半不萎缩
   D. 伸舌时舌尖偏向右侧　　　　E. 伸舌时舌尖偏向左侧

10. 当右侧内囊膝损伤时，面肌瘫痪的部位是
    A. 左侧面部睑裂以下　　B. 左侧面部睑裂以上　　C. 右侧面部睑裂以上

D. 右侧面部睑裂以下　　　　　　　E. 左侧面部全部表情肌

三、A_2 型题（病例摘要型最佳选择题）

1. 患者，男性，35 岁。因高空作业不小心摔下。检查发现：患者从肚脐平面开始，右侧下半身痛、温觉丧失，左下肢本体感觉丧失。患者摔下可能导致哪块椎骨发生骨折
   A. 第 7 胸椎　　　　　　B. 第 9 胸椎　　　　　　C. 第 10 胸椎
   D. 第 11 胸椎　　　　　　E. 第 12 胸椎

2. 患者，男性，30 岁。患者被刀刺伤致第 2 胸髓左侧半横贯性损伤，其症状不会出现的是
   A. 左下肢完全瘫痪，左下肢腱反射亢进
   B. 左侧损伤平面以下深感觉、精细触觉消失
   C. 损伤平面对侧 1～2 节段以下痛、温觉消失
   D. 损伤平面同侧 1～2 节段以下痛、温觉消失
   E. 左侧肢体痉挛性瘫痪

3. 患者，男性，65 岁。因右侧内囊出血收入院，患者不可能出现的表现是
   A. 对侧上肢痉挛性瘫痪　　　　　　　　　　B. 对侧偏身感觉障碍
   C. 双眼视野对侧同向性偏盲　　　　　　　　D. 左侧眼裂下部面肌瘫痪
   E. 伸舌时，舌尖偏向右侧

4. 某患者，双眼视野颞侧偏盲，经 CT 检查，证实为垂体肿瘤压迫所致，可能损伤的纤维是
   A. 视交叉内的交叉纤维　　B. 视束　　　　　　　C. 外侧膝状体
   D. 视辐射　　　　　　　　E. 视区

5. 患者，男性，42 岁。光照左眼时，直接和间接瞳孔对光反射都消失，而光照右眼时，直接和间接瞳孔对光反射都存在，病变可能损伤了
   A. 左视神经　　　　　　　B. 右视神经　　　　　　C. 左动眼神经
   D. 右动眼神经　　　　　　E. 视交叉

四、B_1 型题（标准配伍题）

（1～3 题共用备选答案）
   A. 脊神经节　　　　　　　B. 脊髓　　　　　　　　C. 丘脑腹后外侧核
   D. 丘脑腹后内侧核　　　　E. 薄束核、楔束核
1. 躯干和四肢痛、温觉传导通路的第一级神经元在
2. 躯干和四肢精细触觉传导通路的第二级神经元在
3. 躯干和四肢深感觉传导通路的第三级神经元在

（4～5 题共用备选答案）
   A. 视神经　　　　　　　　B. 视交叉内交叉纤维　　C. 视束
   D. 视交叉内不交叉纤维　　E. 动眼神经
4. 一侧眼全盲，损伤的部位在
5. 双颞侧视野偏盲，损伤的部位在

五、思考题

患者，男性，53 岁，因斗殴被刀刺中脊柱急诊入院。CT 查体发现刀经 T_{10}、T_{11} 之间棘突右外侧刺入椎管内，形成脊髓右半横断损伤。患者出现躯干和四肢的部分运动和感觉障碍。

问题：
1. 该患者会出现哪些意识性感觉障碍？
2. 该患者会出现哪些运动障碍？

【参考答案】

一、名词解释

瞳孔对光反射 pupillary light reflex：光照一侧瞳孔，引起两眼瞳孔缩小的反应称为瞳孔对光反射，光照侧瞳孔缩小称直接对光反射，未照射侧瞳孔缩小称间接对光反射。

二、A_1 型题（单句型最佳选择题）

1. D 2. E 3. B 4. D 5. E 6. C 7. E 8. B 9. E 10. A

三、A_2 型题（病例摘要型最佳选择题）

1. A 2. D 3. E 4. A 5. A

四、B_1 型题（标准配伍题）

1. A 2. E 3. C 4. A 5. B

五、思考题（略）

（刘承杏）

第二十章 脑和脊髓的被膜、血管及脑脊液循环

【实验目的】

一、知识目标

1. 能够描述脊髓和脑的被膜层次及形成结构。
2. 能够阐述脑的动脉名称、来源及大脑的动脉供应范围；脑底动脉环的组成、位置、临床意义。
3. 能够说出脑的静脉回流概况。
4. 能够描述硬脑膜窦的血液流向。
5. 能够说出脊髓的动脉供应。
6. 能够说明脑脊液的产生及循环途径。

二、技能目标

1. 能够辨认脊髓和脑的被膜。
2. 能够辨认脑的主要动脉。
3. 能够辨认各部硬脑膜窦。
4. 能够辨认各脑室。

三、情感、态度和价值观目标

能够通过学习脑的血供特点和动脉环，了解心脑血管病的发生和发展，从而建立健康饮食、体育锻炼的生活态度。

【实验内容】

一、脑和脊髓的被膜

脑和脊髓的表面都包有三层被膜，由外向内依次为：硬膜、蛛网膜和软膜。脑的被膜依次是硬脑膜、脑蛛网膜和软脑膜；脊髓的被膜依次是硬脊膜、脊髓蛛网膜和软脊膜。它们有保护、支持、营养脑和脊髓的作用。

（一）脊髓的被膜（图 20-1）

1. 硬脊膜 由致密结缔组织构成，厚而坚韧。附着于枕骨大孔边缘，与硬脑膜相延续，向下在第 2 骶椎水平逐渐变细，包裹终丝，附于尾骨。硬脊膜囊内有脊髓、马尾和 31 对脊神经根。
2. 蛛网膜 薄而半透明，续于脑蛛网膜，向下平第 2 骶椎高度成一盲端。
3. 软脊膜 薄，富含血管，紧贴脊髓表面，陷入脊髓的沟裂。在脊髓两侧，软脊膜增厚外突，形成齿状韧带。

脊膜腔的位置、结构特点及临床应用见表 20-1。

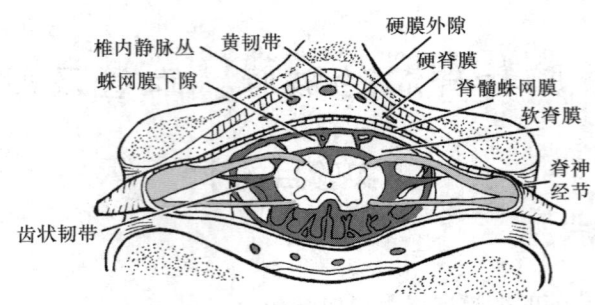

图 20-1 脊髓的被膜

表 20-1 脊膜腔的位置、结构特点及临床应用

项目	位置	结构特点	临床应用
硬膜外隙 extradural space	椎管内面的骨膜与硬脊膜之间	①内含疏松结缔组织、脂肪、椎内静脉丛和脊神经根等 ②上端起自枕骨大孔，下端终于骶骨裂孔 ③腔内为负压，不与颅腔相通	临床硬膜外麻醉，即将药物注入硬膜外隙，以阻滞该隙内的脊神经根
硬膜下隙	硬脊膜与脊髓蛛网膜之间	①是潜在腔隙，内有少量液体 ②与脊神经周围的淋巴液相通	
蛛网膜下隙 subarachnoid space	脊髓蛛网膜与软脊膜之间	①充满脑脊液 ②向上经枕骨大孔与脑蛛网膜下隙相通，向下达第2骶椎高度，两侧形成脊神经周围隙 ③该隙在第1腰椎至第2骶椎高度扩大成终池，内有马尾	临床上在第3～4或第4～5腰椎间进行穿刺或麻醉，针穿至终池，一般不会损伤脊髓和马尾

（二）脑的被膜——硬脑膜

（1）形成结构：硬脑膜窦、大脑镰、小脑幕、小脑镰、鞍膈。

（2）海绵窦 cavernous sinus：位于蝶鞍两侧，为两层硬脑膜间的不规则腔隙。窦腔内有颈内动脉和展神经通过；外侧壁自上而下有动眼神经、滑车神经、眼神经和上颌神经通过（图20-2）。

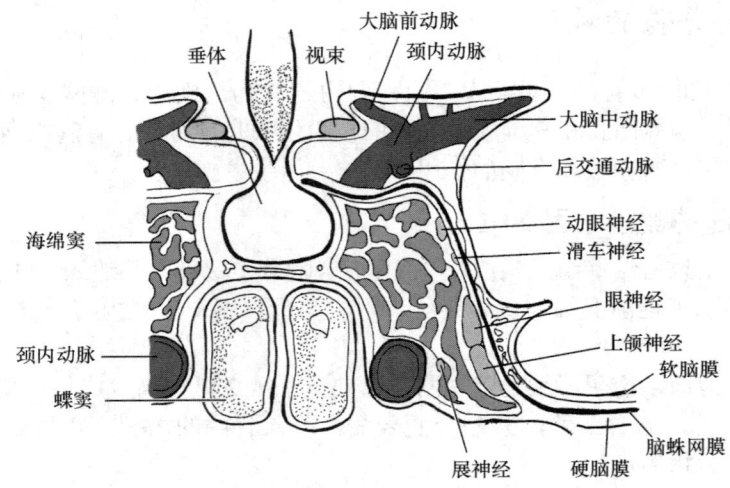

图 20-2 海绵窦

（3）硬脑膜窦的通连关系：

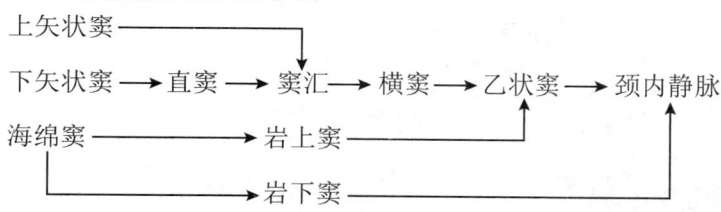

二、脑的血管

（一）脑的动脉

1. 来源和分布

（1）颈内动脉系：供应大脑的前 2/3 和部分间脑。

（2）椎-基底动脉系：供应大脑的后 1/3、部分间脑、脑干和小脑。

2. 脑动脉的主要分支和分布

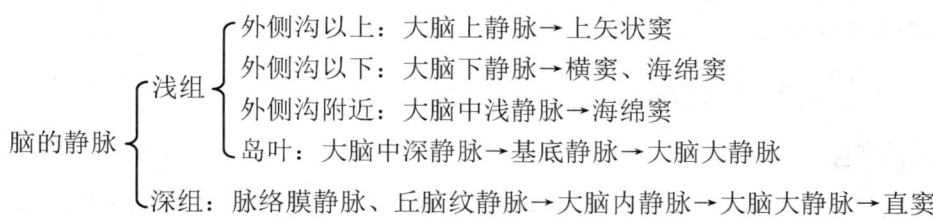

3. 大脑动脉环 cerebral arterial circle 又称 Willis 环。

（1）位置：位于脑底下方、蝶鞍上方，围绕在视交叉、灰结节、乳头体的周围。

（2）组成：由前交通动脉、两侧大脑前动脉起始段、两侧颈内动脉末段、两侧后交通动脉和两侧大脑后动脉吻合而成。

（3）意义：此环使两侧颈内动脉系与椎-基底动脉系相交通。当该动脉环完整时，若构成此环的某一动脉血流减少或被阻断，可通过此环调节使血液重新分配（图 20-3）。

（二）脑的静脉

1. 静脉特点

（1）壁薄，无瓣膜。

（2）不与动脉伴行。

（3）脑的静脉分为浅、深两组，两组之间相互吻合，最终经硬脑膜窦回流至颈内静脉。

2. 脑的主要静脉

脑的静脉
- 浅组
  - 外侧沟以上：大脑上静脉→上矢状窦
  - 外侧沟以下：大脑下静脉→横窦、海绵窦
  - 外侧沟附近：大脑中浅静脉→海绵窦
  - 岛叶：大脑中深静脉→基底静脉→大脑大静脉
- 深组：脉络膜静脉、丘脑纹静脉→大脑内静脉→大脑大静脉→直窦

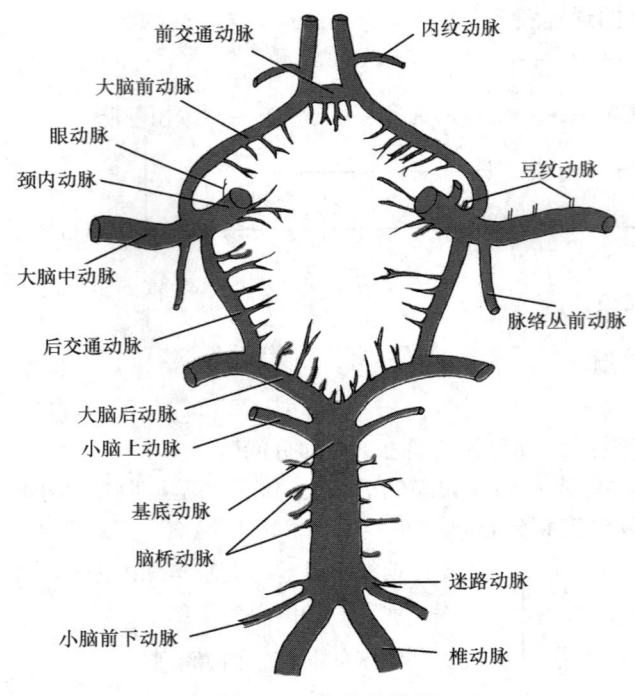

图 20-3 大脑动脉环

三、脊髓的血管

（一）脊髓的动脉

脊髓的动脉有两个来源，即椎动脉和节段性动脉。椎动脉发出脊髓前动脉和脊髓后动脉，它们在下行的过程中，不断得到节段性动脉分支的增补（表 20-2）。

表 20-2 脊髓前、后动脉的比较

名称	行程	分布范围
脊髓前动脉	①椎动脉发出左、右脊髓前动脉在延髓腹侧合成一干，沿前正中裂下行至脊髓末端 ②沿途有前根动脉加入	脊髓前角、侧角、灰质连合、后角基部、前索和外侧索
脊髓后动脉	①椎动脉发出绕延髓的两侧向后走行，沿脊神经后根基部的内侧至脊髓末端 ②沿途有后根动脉加入	脊髓后角的其余部分和后索
动脉冠	脊髓前、后动脉间的环行交通支	

（二）脊髓的静脉

脊髓的静脉较动脉多而粗，收集脊髓内的小静脉，最后汇集成脊髓前、后静脉，通过前、后根静脉注入硬膜外隙的椎内静脉丛。

四、脑脊液及其循环

（一）产生

脑脊液是充满脑室系统、蛛网膜下隙和脊髓中央管内的无色透明液体，功能上相当于外周组织中的淋巴,对中枢神经系统起缓冲、保护、营养、运输代谢产物和维持颅内压的作用。脑脊液主要由脉络丛产生,少量由室管膜上皮和毛细血管产生。

(二)循环途径

侧脑室脉络丛(产生)　　第三脑室脉络丛(产生)　　第四脑室脉络丛(产生)
↓　　　　　　　　　　　↓　　　　　　　　　　　↓
侧脑室→(室间孔)→第三脑室→(中脑水管)→第四脑室(正中孔、外侧孔)→蛛网膜下隙→蛛网膜粒→上矢状窦→颈内静脉

【练习题】

一、名词解释

1. 硬膜外隙 extradural space
2. 蛛网膜下隙 subarachnoid space
3. 大脑动脉环 cerebral arterial circle(Willis 环)

二、A_1 型题(单句型最佳选择题)

1. 关于硬膜外隙的描述,正确的是

   A. 与硬脑膜外隙相通　　B. 充满脑脊液　　C. 与蛛网膜下隙相通
   D. 间隙内无脂肪组织　　E. 有脊神经通过

2. 小脑幕切迹疝移位的结构是

   A. 小脑扁桃体　　B. 海马　　C. 大脑枕叶
   D. 海马旁回和钩　　E. 海马和齿状回

3. 枕骨大孔疝移位的结构是

   A. 海马旁回和钩　　B. 小脑扁桃体　　C. 绒球
   D. 小脑前叶　　E. 小脑蚓

4. 海绵窦外侧壁自上而下排列有

   A. 展神经,动眼神经,眼神经和上颌神经　　B. 动眼神经,滑车神经,眼神经和上颌神经
   C. 滑车神经,眼神经,上颌神经和动眼神经　　D. 眼神经,上颌神经,动眼神经,滑车神经
   E. 上颌神经,动眼神经,滑车神经,眼神经

5. 硬脑膜窦

   A. 窦壁内有较丰富的平滑肌　　B. 损伤后平滑肌收缩而自行止血
   C. 蛛网膜粒突入上矢状窦　　D. 上矢状窦直接注入颈内静脉
   E. 与颅外静脉没有交通

6. 脑脊液产生于

   A. 侧脑室前角　　B. 第三脑室前角　　C. 所有脑室脉络丛
   D. 蛛网膜粒　　E. 上矢状窦

7. 中脑水管通连

   A. 侧脑室　　B. 侧脑室和第三脑室　　C. 第三脑室和第四脑室
   D. 第四脑室和蛛网膜下隙　　E. 第四脑室和脊髓中央管

8. 大脑后动脉

   A. 发自基底动脉　　B. 分布于颞叶、枕叶及额叶　　C. 中央支供应尾状核
   D. 皮质支供应顶叶皮质　　E. 来自颈内动脉

9. 属颈内动脉的分支是
A. 脑桥动脉　　　　　　　　B. 脑膜中动脉　　　　　　　　C. 大脑前动脉
D. 大脑后动脉　　　　　　　E. 小脑上动脉

10. 颈内动脉系与椎-基底动脉系的吻合支是
A. 脑桥动脉　　　　　　　　B. 前交通动脉　　　　　　　　C. 大脑中动脉
D. 脉络丛前动脉　　　　　　E. 后交通动脉

11. 脊髓动脉来自
A. 椎动脉　　　　　　　　　B. 大脑前动脉　　　　　　　　C. 大脑中动脉
D. 大脑后动脉　　　　　　　E. 颈内动脉

12. 不构成大脑动脉环的血管是
A. 大脑前动脉起始段　　　　B. 前交通动脉　　　　　　　　C. 大脑中动脉
D. 颈内动脉末段　　　　　　E. 大脑后动脉

13. 脑的静脉
A. 不与动脉伴行　　　　　　　　　　　　　　　B. 最终注入硬脑膜窦
C. 浅组可收集皮质的静脉血　　　　　　　　　　D. 深组可收集基底核的静脉血
E. 以上均对

14. 关于脑脊液的描述，正确的是
A. 脑脊液呈乳白色　　　　　　　　　　　　　　B. 脑室脉络丛才能产生脑脊液
C. 脑脊液成人约有150ml　　　　　　　　　　　D. 脑脊液在需要的时候才产生
E. 脑脊液最终渗透到硬膜外隙

15. 正中孔及左、右外侧孔位于
A. 脉络丛　　　　　　　　　B. 上矢状窦　　　　　　　　　C. 颈内静脉
D. 第四脑室　　　　　　　　E. 蛛网膜粒

三、A₂型题（病例摘要型最佳选择题）

1. 患者，男性，28岁，拳击运动员。训练过程中头部受到重击，当场昏迷不醒，送往医院过程中出现短暂清醒，在医院等待CT检查过程中再次昏迷。检查发现：左侧颞区有明显打击痕迹，其余部位无明显外伤。其最有可能是下列哪条动脉破裂所致
A. 脑膜中动脉　　　　　　　B. 上颌动脉　　　　　　　　　C. 基底动脉
D. 大脑中动脉　　　　　　　E. 大脑后动脉

2. 患者，女性，42岁，公务员。小区高空抛物致头部上方受到重击，当场昏迷不醒，送往医院过程中出现短暂清醒，在医院等待CT检查过程中再次昏迷。检查发现：颅顶矢状缝有明显打击痕迹，其余部位无明显外伤。其最有可能是下列哪条血管破裂所致
A. 脑膜中动脉　　　　　　　B. 上矢状窦　　　　　　　　　C. 乙状窦
D. 大脑中动脉　　　　　　　E. 颈内动脉

3. 患者，女性，23岁，教师。车祸致使额部受到撞击，伤后鼻腔有无色液体流出伴少量出血，出血自行止住后，无色液体依旧点滴状流出，拟行颅脑CT检查，在影像报告证实之前，该患者最有可能的是
A. 骨折导致硬脑膜和脑蛛网膜撕裂，脑脊液外溢
B. 骨折导致硬脑膜撕裂，脑脊液外溢
C. 骨折导致脊髓蛛网膜撕裂，脑脊液外溢
D. 骨折导致硬脊膜撕裂，脑脊液外溢
E. 骨折导致软脊膜撕裂，脑脊液外溢

4. 患者，男性，17 岁，学生。渐进性头痛入院，CT 检查提示枕骨斜坡纤维异常增生症，下列哪个结构波及最明显

A. 大脑前动脉　　　　B. 大脑中动脉　　　　C. 颈内动脉
D. 基底动脉　　　　　E. 前交通动脉

5. 患者，男性，65 岁。半小时前与路人发生口角，情绪激动后晕倒，紧急入院头颅 CT 检查提示右侧内囊出血。该患者最可能的是下列哪支血管破裂

A. 大脑前动脉　　　　B. 前交通动脉　　　　C. 豆纹动脉
D. 基底动脉　　　　　E. 后交通动脉

四、B₁ 型题（标准配伍题）

（1～3 题共用备选答案）

A. 呈负压状态　　　　B. 有脑脊液　　　　　C. 有脊神经节
D. 有少量液体　　　　E. 与侧脑室相通

1. 硬膜外隙
2. 蛛网膜下隙
3. 硬膜下隙

（4～6 题共用备选答案）

A. 颞浅动脉　　　　　B. 大脑中动脉　　　　C. 面动脉
D. 椎动脉　　　　　　E. 大脑后动脉

4. 颈内动脉的分支是
5. 基底动脉来源于
6. 参与构成大脑动脉环的是

（7～10 题共用备选答案）

A. 窦汇　　　　　　　B. 乙状窦　　　　　　C. 脉络丛
D. 脑蛛网膜粒　　　　E. 海绵窦

7. 与直窦直接沟通的是
8. 内部有神经通行的是
9. 脑脊液汇入静脉的是
10. 颅内静脉出颅的是

五、思考题

患儿，女童，3 岁，因高热、呕吐出现昏迷而紧急送诊。医生检查，眼底无明显改变，颈部僵直，考虑脑膜炎。需进行脑脊液检查协助诊断。

问题：

1. 脑脊液产生于何处？
2. 腰椎穿刺需经过哪些结构才能抽取到脑脊液？

【参考答案】

一、名词解释

1. 硬膜外隙 extradural space：位于硬脊膜与椎管内面的骨膜之间，内含疏松结缔组织、脂肪、

椎内静脉丛等。此间隙向上并不通入颅内，略呈负压状态，内有脊神经根通过。

2. 蛛网膜下隙 subarachnoid space：脊髓蛛网膜与软脊膜之间较宽阔的腔隙称蛛网膜下隙，两层膜之间由许多结缔组织小梁连接，间隙内充满脑脊液。

3. 大脑动脉环 cerebral arterial circle（Willis 环）：由前交通动脉、两侧大脑前动脉起始段、两侧颈内动脉末段、两侧后交通动脉和两侧大脑后动脉吻合而成。位于脑底下方、蝶鞍上方，环绕视交叉、灰结节、乳头体周围，此环使两侧颈内动脉系与椎 - 基底动脉系相交通。

二、A_1 型题（单句型最佳选择题）

1. E   2. D   3. B   4. B   5. C   6. C   7. C   8. A   9. C   10. E   11. A   12. C   13. E   14. C   15. D

三、A_2 型题（病例摘要型最佳选择题）

1. A   2. B   3. A   4. D   5. C

四、B_1 型题（标准配伍题）

1. A   2. B   3. D   4. B   5. D   6. E   7. A   8. E   9. D   10. B

五、思考题（略）

（冯成安　张　祥）

第二十一章　内分泌系统

【实验目的】

一、知识目标

1. 能够阐述内分泌系统的组成、结构特点及功能。
2. 能够说明甲状腺的形态和位置。
3. 能够说出垂体和肾上腺的形态。

二、技能目标

1. 能够辨认甲状腺的位置和外形。
2. 能够辨认垂体和肾上腺的位置。

三、情感、态度和价值观目标

通过对下丘脑与垂体及全身内分泌腺关系的辩证思考，认识形态与功能相互联系、局部与整体相互联系、相互影响的辩证关系。

【实验内容】

一、内分泌系统的概况

（一）功能

内分泌系统 endocrine system 是机体的调节系统，与神经系统相辅相成，共同维持机体内环境的平衡与稳定，调节机体的新陈代谢、生长发育和生殖活动等。

（二）组成

内分泌系统由内分泌腺和内分泌组织组成。

1. 内分泌腺 endocrine gland　是独立存在于体内的内分泌器官，又称无管腺，其分泌的物质称激素 hormone。激素直接入血液或淋巴，随血液循环运送到全身，调节特定靶器官的功能。内分泌腺包括垂体、松果体、甲状腺、甲状旁腺、肾上腺、胸腺。本章仅对一些重要内分泌腺的位置和形态进行简要描述（图 21-1）。

2. 内分泌组织　以细胞团分散于机体的组织或器官内，如胰岛、黄体、卵泡、睾丸间质细胞。

二、主要内分泌腺的形态与功能

主要内分泌腺的形态与功能见表 21-1。

表 21-1　主要内分泌腺的形态与功能

器官	位置	形态	结构	功能
垂体	垂体窝内	椭圆形	腺垂体和神经垂体	腺垂体分泌多种促激素和激素；神经垂体储存和释放来源于下丘脑的激素
松果体	上丘脑的后上方	椭圆形		分泌褪黑素

续表

器官	位置	形态	结构	功能
甲状腺	上达甲状软骨中部,下至第6气管软骨环	形似"H"形	左、右两侧叶和峡部	分泌甲状腺激素
甲状旁腺	甲状腺侧叶背面的中部和下部	黄豆大小、扁椭圆形	上、下两对	分泌甲状旁腺激素
胸腺	胸骨柄后方,上纵隔前部。属淋巴器官,兼有内分泌功能	扁条形,分左、右两叶,两叶间借结缔组织相连	随年龄增长有不同变化	分泌胸腺素和促胸腺生成素
肾上腺	肾筋膜内,肾的上内方	左侧呈半月形;右侧呈三角形	皮质和髓质	皮质分泌盐皮质激素、糖皮质激素、性激素;髓质分泌肾上腺素、去甲肾上腺素

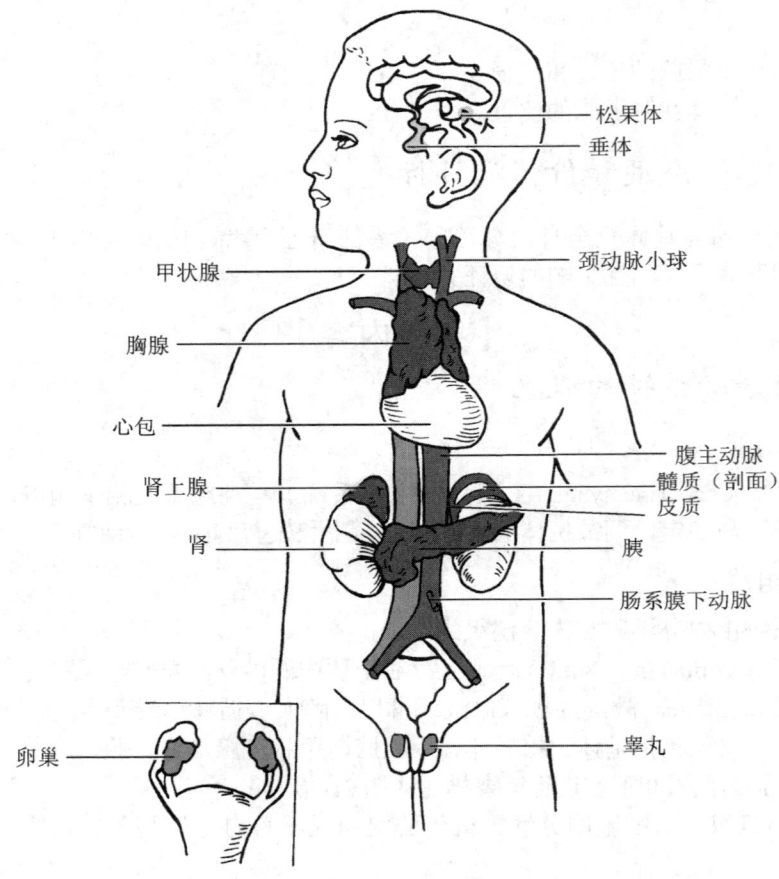

图 21-1 内分泌腺分布概况

【练习题】

一、名词解释

1. 内分泌系统 endocrine system
2. 激素 hormone

二、A₁型题（单句型最佳选择题）

1. 下列属于内分泌腺的是
A. 腮腺　　　　　　　　　B. 前列腺　　　　　　　　C. 肾上腺
D. 舌下腺　　　　　　　　E. 泪腺

2. 关于内分泌腺的特征，叙述正确的是
A. 体积相对较大　　　　　B. 无排泄管　　　　　　　C. 不受神经系统的影响
D. 不能直接进入血液　　　E. 只可调节其周围器官的活动

3. 关于肾上腺的描述，正确的是
A. 是不成对器官　　　　　B. 位于肾筋膜内　　　　　C. 属腹膜内位器官
D. 右侧呈半月形　　　　　E. 左侧呈三角形

4. 含有内分泌组织的器官是
A. 肝　　　　B. 胆　　　　C. 脾　　　　D. 胰　　　　E. 心

5. 关于甲状腺的描述，正确的是
A. 是成对器官　　　　　　B. 只可分泌甲状腺素　　　C. 上达环状软骨
D. 峡部向内伸出锥状叶　　E. 下端约平第6气管软骨环

6. 对于垂体的叙述，正确的是
A. 位于垂体窝上方　　　　　　　　　B. 神经垂体也具有分泌功能
C. 腺垂体仅分泌生长激素　　　　　　D. 可分为腺垂体和神经垂体两部分
E. 借漏斗向下连于下丘脑

7. 甲状旁腺
A. 一般为上、下两对　　　　　　　　B. 贴附于甲状腺的侧面
C. 下一对在甲状腺侧叶中部　　　　　D. 上一对在甲状腺侧叶上端
E. 功能亢进时，有利于钙的吸收和沉积

8. 下列关于内分泌系统相关叙述中，不正确的是
A. 内分泌腺与其他腺的本质区别是没有排泄导管
B. 按存在形式分为内分泌器官和内分泌组织两大类
C. 内分泌腺的分泌物质称为激素
D. 激素直接透入血液和淋巴，随血液循环至全身
E. 内分泌腺体积小，血供缺乏

9. 下列关于松果体的叙述，正确的是
A. 可分泌性激素　　　　　　　　　　B. 松果体在儿童时候不发达，成年后达到最大
C. 位于背侧丘脑的后上方　　　　　　D. 松果体形似黄豆
E. 成年后松果体会退化

10. 关于各内分泌腺的位置描述，以下正确的是
A. 松果体位于背侧丘脑的后下方　　　B. 甲状旁腺在甲状腺的旁边独立存在
C. 垂体位于垂体窝内　　　　　　　　D. 肾上腺位于肾的上外方
E. 甲状腺侧叶上达甲状软骨的中部，向下可至第4气管软骨环

三、A₂型题（病例摘要型最佳选择题）

1. 患者，女性，40岁。出现心跳加快、体温偏高、体重减轻、神经过敏、眼球前凸等症状，诊断为甲状腺功能亢进。下列甲状腺的相关描述中，错误的是
A. 紧贴喉和气管上部的两侧和前方　　B. 呈"H"形，分为左、右侧叶和中间的甲状腺峡

C. 有时甲状腺峡向上伸出一锥状叶　　　D. 甲状腺峡位于第4～5气管软骨环前方
E. 甲状旁腺有时埋入甲状腺侧叶后部实质内

2. 患者，45岁，甲状腺次全切术后，出现手足搐搦，与此症状相关的问题是

A. 甲状旁腺素分泌不足　　　B. 甲状旁腺功能相对亢进
C. 甲状腺侧叶切除过少　　　D. 甲状腺峡部被切除
E. 分布于甲状腺的神经受损

3. 患者，男性，38岁，垂体瘤压迫视交叉中部，该患者合理的说法是

A. 此病可引起患者双眼同向偏盲　　　B. 成年后如生长激素分泌过多可导致肢端肥大症
C. 垂体可分泌抗利尿激素　　　D. 只有腺垂体属于垂体
E. 垂体是受小脑调控的

4. 患者，男性，18岁。被诊断为由肾上腺皮质网状带肿瘤引起的男性女性化，下列关于肾上腺的描述正确的是

A. 在肾筋膜外　　　B. 位于腹膜外，属于腹膜外位器官
C. 右侧肾上腺近似半月形　　　D. 左侧肾上腺呈三角形
E. 肾上腺可调节性腺的分泌

5. 患者，28岁，女性。身高1.0m，智力发育障碍，被诊断为呆小症，是由儿童时期甲状腺激素分泌不足引起的，下列关于甲状腺的描述，错误的是

A. 甲状腺可分泌甲状腺素　　　B. 甲状腺可分泌升钙素
C. 甲状腺可影响新陈代谢和生长发育　　　D. 甲状腺可随吞咽动作上下移动
E. 甲状腺的侧叶可达甲状软骨中部

四、B_1型题（标准配伍题）

（1～5题共用备选答案）

A. 垂体　　　　B. 甲状腺　　　　C. 肾上腺
D. 松果体　　　E. 甲状旁腺

1. 连于上丘脑的腺体是
2. 呈"H"形，分左、右侧叶和中间的峡部的腺体是
3. 位于腹后壁的腺体是
4. 有上、下两对的腺体是
5. 位于颅中窝的腺体是

五、思考题

患者，女性，25岁，大学教师。因发现颈部肿胀，伴性情急躁、消瘦3个月而就诊。检查发现患者消瘦，体温36.7℃，脉搏105次/分；颈部左侧明显肿胀，触诊其颈部包块并随吞咽上、下移动。测定基础代谢率中度增高，血清中T_3、T_4明显高出正常值。

问题：
1. 该患者可能是什么器官发生了病变？
2. 病变累及的器官功能是什么？

【参考答案】

一、名词解释

1. 内分泌系统 endocrine system：由内分泌腺和内分泌组织组成，对机体的新陈代谢和生长

发育、生殖活动等进行调节。内分泌系统与神经系统共同完成机体的神经体液调节作用。

2. 激素 hormone：内分泌腺分泌的物质称激素，其直接渗透入血液或淋巴，随血液循环运送到全身，调节特定靶器官的功能。

二、A_1 型题（单句型最佳选择题）

1. C　2. B　3. B　4. D　5. E　6. D　7. A　8. E　9. E　10. C

三、A_2 型题（病例摘要型最佳选择题）

1. D　2. A　3. B　4. B　5. B

四、B_1 型题（标准配伍题）

1. D　2. B　3. C　4. E　5. A

五、思考题（略）

（杨美凤）

期末模拟试卷

（总分：100分）

一、A₁型题（单句型最佳选择题，每小题1分，共计60分。）

1. 关于椎骨的叙述，下列哪项是正确的
   A. 颈椎棘突水平向后　　　B. 胸椎横突上有孔　　　C. 颈椎横突上有肋凹
   D. 腰椎椎体上有肋凹　　　E. 胸椎棘突呈叠瓦状排列

2. 侧面观可见脊柱有四个弯曲，其中叙述正确的是
   A. 颈曲和腰曲凸向前　　　B. 颈曲和腰曲凸向后　　　C. 腰曲和骶曲凸向后
   D. 胸曲和腰曲凸向后　　　E. 胸曲和骶曲凸向前

3. 关于髋骨的叙述，下列哪项是正确的
   A. 髋臼由髂、坐、耻三骨的体合成　　　B. 髂窝位于耻骨背外侧
   C. 弓状线为坐骨上的结构　　　D. 坐骨大切迹为髂后下棘与坐骨结节间的凹陷
   E. 坐骨小切迹为髂后下棘与坐骨棘间的凹陷

4. 关于肩关节的叙述，下列哪项是正确的
   A. 由肩胛骨、锁骨和肱骨构成　　　B. 由肱骨和锁骨构成
   C. 由肩胛骨和肱骨构成　　　D. 为滑车关节
   E. 仅能沿矢状轴和冠状轴运动

5. 股骨下端与哪些骨块相关节
   A. 胫骨上端和腓骨上端　　　B. 腓骨上端和髌骨　　　C. 胫骨上端和髌骨
   D. 胫骨粗隆和髌骨　　　E. 胫骨内、外侧髁和腓骨头关节面

6. 关于骨盆的叙述，下列哪项是正确的
   A. 由两侧髋骨和骶骨构成　　　B. 界线上方为骨盆上口、下方为骨盆下口
   C. 小骨盆为界线后下方的部分　　　D. 大骨盆又称为骨盆腔
   E. 两侧耻骨下支连成耻骨弓

7. 股四头肌不包括
   A. 股直肌　　　B. 股内侧肌　　　C. 股外侧肌
   D. 股中间肌　　　E. 股方肌

8. 穿经膈裂孔的结构是
   A. 髂外动脉　　　B. 髂内静脉　　　C. 气管
   D. 食管　　　E. 上腔静脉

9. 有腱划的肌是
   A. 腹外斜肌　　　B. 腹内斜肌　　　C. 腹横肌
   D. 腹直肌　　　E. 腰方肌

10. 关于踝关节的描述，正确的是
    A. 关节囊前后壁紧张，两侧壁松弛　　　B. 由胫骨下端与距骨滑车构成
    C. 腓骨不参与构成踝关节　　　D. 背屈位时，关节最稳定
    E. 距骨滑车前窄后宽

11. 关于咽的描述，正确的是
    A. 为上宽下窄的肌性管道　　　B. 上通颅腔、下连食管

C. 可分为鼻咽、口咽和喉 3 部分　　　　D. 鼻咽与口咽以咽峡为界
E. 喉咽与口咽以喉口为界
12. 关于胃的描述，错误的是
A. 是消化管中最膨大的部分　　　　　　B. 入口称贲门、出口称幽门
C. 胃小弯凹向右上方　　　　　　　　　D. 角切迹是胃大弯的最低处
E. 由腹腔干分支供血
13. 食管的第 2 个狭窄部
A. 位于穿膈处　　　　　B. 距中切牙 25cm　　　　C. 前面有右主支气管跨过
D. 后面与主动脉弓相贴　　E. 相当于第 10 胸椎水平
14. 具有肠脂垂、结肠带、结肠袋的肠管是
A. 空肠　　　　B. 回肠　　　　C. 盲肠　　　　D. 直肠　　　　E. 肛管
15. 关于胆囊的描述，下列哪个选项正确
A. 为腹膜内位器官　　　　　　　　　　B. 能产生和储存胆汁
C. 胆囊管与胰管汇合开口于十二指肠小乳头　　D. 胆囊结石最容易嵌顿于胆囊底
E. 胆囊底的体表投影为右锁骨中线与右肋弓交点附近
16. 以下关于胰的描述，正确的选项是
A. 十二指肠包绕胰尾　　　B. 为腹膜内位器官　　　C. 横跨第 1～2 腰椎的平面
D. 位于右季肋区　　　　　E. 外分泌部分泌胰岛素
17. 喉腔最狭窄处是
A. 喉口　　　　B. 喉室　　　　C. 声门裂　　　　D. 前庭裂　　　　E. 喉中间腔
18. 筛窦后群开口于
A. 半月裂孔　　　　　　B. 蝶筛隐窝　　　　　　C. 上鼻道
D. 中鼻道　　　　　　　E. 下鼻道
19. 左肺心切迹位于
A. 肺门　　　　　　　　B. 肺根　　　　　　　　C. 左肺膈面
D. 左肺下缘　　　　　　E. 左肺前缘
20. 胸膜下界在腋中线
A. 与第 6 肋相交　　　　B. 与第 8 肋相交　　　　C. 与第 9 肋相交
D. 与第 10 肋相交　　　　E. 与第 12 肋相交
21. 关于肾的描述正确的说法为
A. 肾皮质表面均覆盖有腹膜　　B. 肾大盏包绕肾乳头　　C. 肾柱属肾髓质的结构
D. 肾被膜的外层为肾筋膜　　　E. 肾盂的尿液流入肾大盏
22. 关于膀胱三角的正确说法是
A. 位于膀胱体的内面　　　　　　　　　B. 膀胱壁缺少肌层
C. 位于两侧输尿管口与尿道内口之间　　D. 不是膀胱镜检查的主要部位
E. 不是膀胱肿瘤和结核的好发部位
23. 肾锥体属于
A. 肾皮质　　　B. 肾小盏　　　C. 肾大盏　　　D. 肾髓质　　　E. 肾窦
24. 关于女性尿道的描述，正确的是
A. 起于膀胱的输尿管　　　　　　　　　B. 穿经尿生殖膈
C. 尿道内口有环形的尿道阴道括约肌　　D. 末端开口于阴道前庭后部
E. 尿道内的管腔短而窄

25. 男性的生殖腺为
A. 前列腺　　　　　　　　B. 精囊　　　　　　　　　　C. 尿道球腺
D. 睾丸　　　　　　　　　E. 附睾

26. 输精管的常用结扎部位是
A. 睾丸部　　　　　　　　B. 精索部　　　　　　　　　C. 腹股沟管
D. 盆部　　　　　　　　　E. 壶腹部

27. 关于前列腺的描述，哪项错误
A. 前列腺底邻接膀胱底　　　　　　　　　　B. 前列腺尖位于尿生殖膈上方
C. 前列腺体的后面平坦　　　　　　　　　　D. 前列腺体的后面有前列腺沟
E. 被尿道贯穿

28. 识别卵巢血管的标志性结构是
A. 卵巢系膜　　　　　　　B. 卵巢悬韧带　　　　　　　C. 输卵管伞部
D. 输卵管系膜　　　　　　E. 子宫阔韧带

29. 关于子宫的描述，下列正确的是
A. 为壁厚、腔大的肌性器官　　　　　　　　B. 子宫体与子宫颈之间为子宫峡
C. 妊娠期，子宫颈延长形成子宫下段　　　　D. 子宫颈被尿生殖膈分为上、下两部
E. 子宫口的前、后缘分别称为前穹隆和后穹隆

30. 卵子与精子结合成为受精卵的部位是
A. 子宫腔　　　　　　　　B. 输卵管漏斗　　　　　　　C. 输卵管壶腹
D. 输卵管峡　　　　　　　E. 输卵管子宫部

31. 体循环起止是
A. 左心房→左心室　　　　B. 右心房→右心室　　　　　C. 右心室→左心房
D. 左心室→右心房　　　　E. 主动脉→肺动脉

32. 三尖瓣位于
A. 肺动脉口　　　　　　　B. 左房室口　　　　　　　　C. 主动脉口
D. 右房室口　　　　　　　E. 以上都不是

33. 供应颅内结构的动脉来源于
A. 颈内、外动脉及锁骨下动脉　　　　　　　B. 颈内动脉及锁骨下动脉
C. 颈内、外动脉　　　　　　　　　　　　　D. 颈内动脉
E. 颈内动脉及椎动脉

34. 腹腔干和肠系膜上动脉的直接分支，不包括
A. 胃左动脉　　　　　　　B. 胃右动脉　　　　　　　　C. 回结肠动脉
D. 中结肠动脉　　　　　　E. 肝总动脉

35. 头静脉
A. 起于手背静脉网尺侧　　　　　　　　　　B. 在肘窝处位于深筋膜深面
C. 沿肱二头肌内侧沟上行　　　　　　　　　D. 延续为肱静脉
E. 在肘窝处通过肘正中静脉与贵要静脉交通

36. 淋巴系统
A. 是心血管的组成部分　　　　　　　　　　B. 由淋巴结和淋巴管共同组成
C. 全身淋巴经左静脉角回流　　　　　　　　D. 淋巴结产生无色的淋巴液
E. 以上都不是

37. 与胃的血供无关的动脉是
A. 肝固有动脉	B. 胃左动脉	C. 脾动脉
D. 胃短动脉	E. 胰十二指肠上动脉

38. 心尖
A. 朝向左后上方
B. 朝向右前下方
C. 位于左侧第 5 肋间，锁骨中线内侧 1~2cm 处
D. 位于右侧第 5 肋间，锁骨中线内侧 1~2cm 处
E. 朝向右后上方

39. 关于视盘的描述，下列正确的是
A. 中央区感光最敏锐	B. 位于黄斑的颞侧	C. 位于眼球的后极
D. 有视网膜中央动脉穿出	E. 有大量的色素和血管，故属血管膜的部分

40. 关于眼球的描述，错误的是
A. 眼球壁的外膜又称纤维膜	B. 眼球壁的中膜又称血管膜
C. 视网膜又分为盲部和视部	D. 睫状肌具有调节晶状体曲度的作用
E. 眼球为本体感受器

41. 听觉感受器是
A. 螺旋器	B. 椭圆囊斑	C. 球囊斑
D. 壶腹嵴	E. 蜗螺旋神经节

42. 鼓室
A. 为一个规则的含气小腔	B. 前壁为颈静脉壁	C. 后壁上有蜗窗
D. 内侧壁上有面神经管凸	E. 下壁为颈动脉壁

43. 脊髓
A. 位于椎间孔内	B. 上端与延髓相连	C. 下端平第 1 腰椎上缘
D. 有颈膨大和骶尾膨大	E. 可分为 24 个脊髓节

44. 位于脑干背侧面的结构是
A. 锥体	B. 橄榄	C. 薄束结节
D. 基底沟	E. 脚间窝

45. 间脑包括
A. 上丘脑	B. 底丘脑	C. 背侧丘脑
D. 后丘脑和下丘脑	E. 以上全部

46. 内囊位于
A. 背侧丘脑与尾状核之间	B. 豆状核与尾状核之间
C. 豆状核与屏状核之间	D. 新纹状体之间
E. 豆状核与尾状核、背侧丘脑之间

47. 关于第Ⅰ躯体运动区说法错误的是
A. 位于中央前回和中央旁小叶前部
B. 下肢的投影区是中央前回最上部和中央旁小叶前部
C. 皮质上各部分投影区的大小与各部分的形体大小无关
D. 发出纤维构成下行的锥体束，管理对侧半身的骨骼肌
E. 一侧运动区受损，对侧躯干、肢体的骨骼肌瘫痪

48. 内侧膝状体是
A. 深部感觉的皮质下中枢　　　　　　　　　B. 痛、温觉的皮质下中枢
C. 自主神经的皮质下中枢　　　　　　　　　D. 听觉的皮质下中枢
E. 视觉的皮质下中枢

49. 头面部的痛、温觉传导至
A. 三叉神经脊束核　　　B. 三叉神经中脑核　　　C. 三叉神经脑桥核
D. 脊神经节　　　　　　E. 三叉神经运动核

50. 基底核不包括
A. 尾状核　　　　　　　B. 豆状核　　　　　　　C. 屏状核
D. 杏仁体　　　　　　　E. 视上核

51. 关于下列语言中枢的叙述，错误的是
A. 听觉性语言中枢位于颞上回后部
B. 书写中枢受损，损伤对侧手运动障碍
C. 视觉语言中枢受损，患者表现为失读症
D. 运动性语言中枢在额下回的后部
E. 书写中枢位于额中回的后部

52. 支配三角肌的神经是
A. 腋神经　　　　　　　B. 肌皮神经　　　　　　C. 肩胛背神经
D. 肩胛上神经　　　　　E. 桡神经

53. 坐骨神经支配
A. 股四头肌　　　　　　B. 臀大肌　　　　　　　C. 缝匠肌
D. 股二头肌　　　　　　E. 股薄肌

54. 动眼神经不支配下列哪块眼肌
A. 上直肌　　　　　　　B. 下直肌　　　　　　　C. 内直肌
D. 上斜肌　　　　　　　E. 下斜肌

55. 有关舌的神经支配，下列描述正确的是
A. 舌的一般躯体感觉由面神经和舌咽神经共同管理
B. 三叉神经的舌神经管理舌前 2/3 的黏膜感觉
C. 舌肌的运动由舌神经控制
D. 舌咽神经的舌支管理舌前 2/3 的味觉
E. 舌后 1/3 味觉由舌下神经传导

56. 脊髓丘脑束传导
A. 意识性本体感觉　　　B. 精细触觉　　　　　　C. 平衡觉
D. 听觉　　　　　　　　E. 痛、温觉

57. 硬脑膜的形成物，不包括
A. 大脑镰　　　　　　　B. 小脑幕　　　　　　　C. 小脑镰
D. 鞍膈　　　　　　　　E. 齿状韧带

58. 关于硬膜外隙的说法，哪项错误
A. 呈负压状态　　　　　B. 有脊神经根通过　　　C. 内含静脉丛
D. 与颅内相通　　　　　E. 位于椎管内骨膜与硬脊膜之间

59. 颈内动脉系与椎-基底动脉系的吻合支是
A. 脑桥动脉　　　　　　B. 前交通动脉　　　　　C. 大脑中动脉

D. 脉络丛前动脉　　　　　　　　E. 后交通动脉

60. 属淋巴器官并兼有内分泌功能的器官是
A. 垂体　　　　　　B. 泪腺　　　　　　C. 腮腺
D. 胸腺　　　　　　E. 松果体

二、A_2 型题（病例摘要型最佳选择题，每小题 1 分，共计 20 分。）

61. 患者，女性，53 岁。近期出现左右交替性偏瘫或双偏瘫，蛛网膜下腔出血，眼底水肿，医生诊断为脑底动脉环综合征，以下说法错误的是
A. 大脑动脉环又称为 Willis 环
B. 大脑动脉环位于脑底部，视交叉、灰结节、乳头体的周围
C. 颈内动脉系营养大脑的前 2/3 和部分间脑
D. 大脑中动脉参与形成脑底的大脑动脉环
E. 由大脑后动脉及后交通动脉等组成

62. 患者，男性，25 岁。突发脐周持续隐痛，伴恶心、呕吐、发热。约数小时后出现右下腹剧烈疼痛。检查：右下腹腹肌紧张，McBurney 点有明显压痛与反跳痛，肠鸣音正常，则该患者最可能的诊断是
A. 急性十二指肠溃疡穿孔　　B. 急性阑尾炎　　　　　C. 急性弥漫性腹膜炎
D. 右侧输尿管结石　　　　　E. 急性胰腺炎

63. 一位风湿性心脏病患者，因左心血栓脱落造成降结肠和乙状结肠急性坏死，此血栓栓塞了以下哪条血管
A. 腹主动脉　　　　　　　B. 腹腔干　　　　　　　C. 肠系膜上动脉
D. 肠系膜下动脉　　　　　E. 髂内动脉

64. 患者，男性，38 岁。因车祸紧急入院，查体时发现鼻腔内有脑脊液和血液流出，诊断为颅前窝骨折，损伤的结构是
A. 筛骨　　　B. 额骨　　　C. 蝶骨　　　D. 鼻骨　　　E. 颞骨

65. 患者，男性，68 岁。近年来出现尿频、尿急并逐渐加重而就诊。临床常见的老年男性排尿困难是下列哪一个器官增生引起
A. 精囊　　　B. 尿道球腺　　　C. 前列腺　　　D. 睾丸　　　E. 附睾

66. 患者，男性，47 岁。因胃癌行胃大部及十二指肠切除术，术中残存的胃应与下列哪段肠管吻合才不易出现术后严重消化不良的症状
A. 空肠　　　B. 回肠　　　C. 盲肠　　　D. 结肠　　　E. 直肠

67. 患者，女性，52 岁。2 天前因子宫肌瘤施行了子宫切除术，术后患者诉腰部不适，B 超检查发现左肾有积水。出现左肾积水的原因可能是
A. 左肾损伤　　　　　　　B. 右侧输尿管损伤　　　　　C. 误扎输尿管动脉
D. 误扎左侧输尿管　　　　E. 膀胱损伤

68. 某患者心脏突然停止跳动，医生决定做心内注射以抢救患者，为避免损伤胸膜，正确的进针部位是
A. 胸骨右缘第 4 肋间隙　　B. 胸骨右缘第 5 肋间隙　　C. 胸骨左缘第 4 肋间隙
D. 胸骨左缘第 5 肋间隙　　E. 以上均不是

69. 患者，男性，49 岁。突发下腹部阵发性剧痛，并向外生殖器和大腿等处放射，伴有发热及膀胱刺激症状，尿路 X 线片可见结石阴影。诊断为输尿管结石，结石嵌顿于输尿管的第 3 个狭窄处，该狭窄位于
A. 输尿管与肾盂相接处　　B. 与髂血管交叉处　　　C. 输尿管穿膀胱壁内处

D. 输精管越过输尿管下端的前方处　　　E. 越过盆壁血管的表面处

70. 一已婚女性要求做绝育手术，最佳的结扎部位是

A. 输卵管子宫部　　　　　B. 输卵管峡　　　　　C. 输卵管壶腹
D. 输卵管漏斗　　　　　　E. 输卵管伞部

71. 某角膜炎患者，近日来感视物不清伴头痛。检查后发现：虹膜充血水肿，房水流畅系数下降，眼内压升高。诊断为急性青光眼。房水直接回流的途径是

A. 内眦静脉　　　　　　　B. 面静脉　　　　　　　C. 眼静脉
D. 巩膜静脉窦　　　　　　E. 睫状突

72. 患者，女性，26 岁。甲状腺次全切术后，出现手足搐搦，与此症状相关的问题是

A. 甲状腺素分泌不足　　　　　　B. 甲状旁腺功能相对亢进
C. 甲状腺侧叶切除过多　　　　　D. 甲状旁腺离甲状腺较远
E. 分布于甲状腺的神经受损

73. 患儿，女性，12 岁。几天前左唇上鼻孔外侧生一疖肿，疼痛难忍，其母用力挤压，排出脓液。当晚患儿高热、头痛、昏睡，急诊入院。查体：体温 39.5℃，白细胞 15 000/mm³，脑膜刺激征阳性，诊断为化脓性脑膜炎。面部的感染可能通过下列哪种途径传播至颅内

A. 翼丛　　　　　　　　　B. 板障静脉　　　　　　C. 岩上窦—横窦
D. 岩下窦—颈内静脉　　　E. 面静脉—内眦静脉—眼静脉—海绵窦

74. 患者，男性，72 岁。经 CT 检查确定其肿瘤位于垂体前叶，患者出现了视力下降，则肿瘤可能压迫了

A. 眼神经　　　　　　　　B. 视神经　　　　　　　C. 动眼神经
D. 滑车神经　　　　　　　E. 展神经

75. 一位患者脑卒中后出现右侧上、下肢运动不能，右侧鼻唇沟消失，口角低垂、流涎，伸舌时偏向左侧，右侧上、下肢感觉缺失，双眼右侧视野偏盲，病变最可能累及

A. 内囊　　　　　　　　　B. 外侧膝状体　　　　　C. 中央前回
D. 中央后回　　　　　　　E. 小脑

76. 患者，男性，30 岁。车祸致头部受伤，检查发现双眼颞侧视野偏盲（管状视野），最可能伤及

A. 一侧视神经　　　　　　B. 视交叉　　　　　　　C. 视束
D. 视皮质　　　　　　　　E. 外侧膝状体

77. 患者因暴力外伤致肱骨中段骨折，X 线片显示骨折近侧端向前错位，远侧端向后错位。检查发现患侧不能伸指伸腕，前臂抬起时，呈"垂腕"征。分析骨折后出现症状的原因是

A. 损伤了桡神经，使前臂后群肌和前臂前群肌瘫痪所致
B. 损伤了桡神经，使前臂前群肌瘫痪所致
C. 损伤了桡神经，使前臂后群肌瘫痪所致
D. 损伤了尺神经，使前臂前群肌瘫痪所致
E. 损伤了尺神经，使前臂后群肌瘫痪所致

78. 某患者食管癌手术后出现左侧乳糜胸，则手术中损伤的结构是

A. 食管　　　B. 气管　　　C. 胸导管　　　D. 心包　　　E. 奇静脉

79. 患者，男性，50 岁。早晨起床时突然出现短暂的"天旋地转"的感觉，站立不稳，不能行走。经检查初步诊断为耳石症。该症状是脱落的耳石刺激以下哪一结构引起的

A. 壶腹嵴　　　　　　　　B. 椭圆囊斑　　　　　　C. 球囊斑
D. 螺旋器　　　　　　　　E. Corti 器

80. 肛门、会阴部手术时，患者取左侧卧位，弯腰低头屈背，两手抱膝。医生采用骶管麻醉技术，将麻醉药物注入骶管。骶管麻醉的体表标志是

A. 骶岬　　　　　　　　　B. 骶粗隆　　　　　　　　C. 骶角
D. 尾骨尖　　　　　　　　E. 骶后孔

三、B₁型题（标准配伍题，每题 1 分，共计 20 分。）

（81～84题共用备选答案）
A. 肝圆韧带裂　　　　　　B. 静脉韧带裂　　　　　　C. 胆囊窝
D. 腔静脉沟　　　　　　　E. 肝门静脉

81. 肝右侧纵沟前部是
82. 肝右侧纵沟后部是
83. 肝左侧纵沟前部是
84. 肝左侧纵沟后部是

（85～88题共用备选答案）
A. 大隐静脉　　　　　　　B. 肺静脉　　　　　　　　C. 脐周静脉网
D. 贵要静脉　　　　　　　E. 颈外静脉

85. 属于上肢静脉的是
86. 易发生静脉曲张的是
87. 注入锁骨下静脉的是
88. 沟通上、下腔静脉的是

（89～92题共用备选答案）
A. 肠系膜上动脉　　　　　B. 腹腔干　　　　　　　　C. 肝总动脉
D. 胃十二指肠动脉　　　　E. 脾动脉

89. 胃网膜右动脉起自
90. 肝固有动脉起自
91. 胃左动脉起自
92. 回结肠动脉起自

（93～96题共用备选答案）
A. 延髓　　　B. 脑桥　　　C. 中脑　　　D. 间脑　　　E. 端脑

93. 视神经的连脑部位是
94. 动眼神经的连脑部位是
95. 三叉神经的连脑部位是
96. 迷走神经的连脑部位是

（97～100题共用备选答案）
A. 硬脑膜　　　　　　　　B. 脑蛛网膜　　　　　　　C. 软脑膜
D. 脊髓蛛网膜　　　　　　E. 软脊膜

97. 形成海绵窦的结构是
98. 形成齿状韧带的结构是
99. 形成脉络丛的结构是

100. 形成蛛网膜粒的结构是

期末模拟试卷参考答案

（总分：100 分）

一、A_1 型题（单句型最佳选择题，每小题 1 分，共计 60 分。）

1. E 2. A 3. A 4. C 5. C 6. C 7. E 8. D 9. D 10. D 11. A 12. D 13. B 14. C
15. E 16. C 17. C 18. C 19. E 20. D 21. C 22. C 23. C 24. B 25. D 26. B 27. A
28. B 29. B 30. C 31. D 32. E 33. E 34. E 35. E 36. E 37. E 38. C 39. D 40. E
41. A 42. D 43. B 44. C 45. E 46. E 47. E 48. E 49. A 50. E 51. B 52. A 53. D
54. D 55. B 56. E 57. E 58. D 59. E 60. D

二、A_2 型题（病例摘要型最佳选择题，每小题 1 分，共计 20 分。）

61. D 62. B 63. D 64. A 65. C 66. A 67. D 68. C 69. C 70. B 71. D 72. C 73. E
74. B 75. A 76. B 77. C 78. C 79. A 80. C

三、B_1 型题（标准配伍题，每小题 1 分，共计 20 分。）

81. C 82. D 83. A 84. B 85. D 86. A 87. E 88. C 89. D 90. C 91. B 92. A 93. D
94. C 95. B 96. A 97. A 98. E 99. C 100. B

（范 艳 叶 频）